Une année de bonheur avec

les almanachs des terroirs de france 2007

15ème année

Avec l'almanach de votre terroir remettez vos pas dans ceux de votre père, de votre grand-père, et vous retrouverez votre terroir, vos racines, vos traditions !

+

+

=

Parcourir les pages de ces almanachs des Terroirs de France, c'est se promener dans une nature parfois sauvage, trop inconsidérément domestique et si mal exploitée. Ici l'océan et son mouvement inexorable, ses tempêtes monstrueuses ; là les montagnes et la neige, les glaces, les orages ; des chemins droits ou sinueux, des talus, des haies, des petits bois, de grandes forêts... Des femmes et des hommes, submergés par un galopant progrès et cherchant, derrière eux, les marques et les souvenirs d'une époque révolue et pourtant si lointaine.

Ce que vous trouverez dans les almanachs des Terroirs de France, c'est un peu les histoires de grand-père, du mien, du vôtre, de celui du voisin... Alors bonne lecture.

OFFRE Spéciale

pour 3 almanachs achetés ou plus un almanach de votre choix

3 = 4ème GRATUIT

Retournez votre bon de commande dûment rempli à l'adresse suivante CPE - 5, Allée de la Tuilerie - BP 57 41202 Romorantin cedex

Côté pratique, un semainier vous permettra d'utiliser votre almanach tous les jours comme agenda !!!

Retrouvez toute la collection des Almanachs des Terroirs de France sur notre site Internet

www.cpe-editions.com

CPE - 5 Allée de la Tuilerie - BP57 - **41202 ROMORANTIN** Cedex **Tél. 02 54 83 41 41**

SUCCÈS 2006 EN LIBRAIRIE !

Retrouvez la vie et les saveurs de votre enfance, les histoires et les traditions de nos grands-mères

Les Recettes de nos Grands-Mères

23,00 € le livre

33 TERROIRS DISPONIBLES
VOIR BON DE COMMANDE

+ de 200 recettes par livre

Couverture cartonnée format : 20 x 29 cm
128 pages couleurs

1 REMPLISSEZ LE BON DE COMMANDE AU VERSO

2 ENVOYEZ VOTRE COMMANDE

3 ET RECEVEZ VOS LIVRES SOUS 3 JOURS*

*3 jours : à partir du jour de réception de votre commande

CADEAU
(VOIR CONDITIONS AU VERSO)

CADEAU

Votre cadeau

2 livres de recettes achetés = le 3ème GRATUIT

soit 23€ d'économie

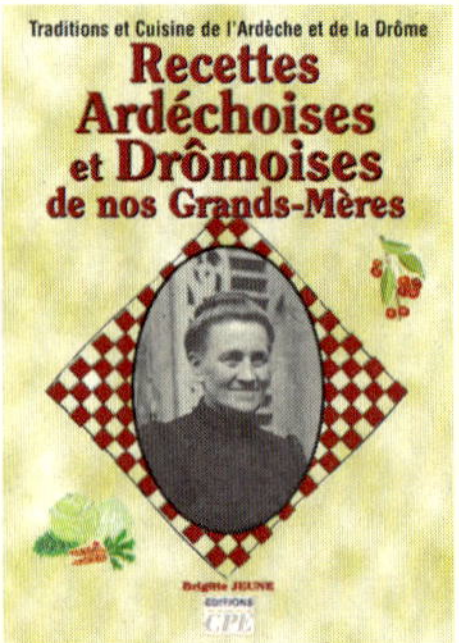

1 LIVRE Recettes de Grands-Mères au choix OFFERT à partir de 2 Recettes de Grands-Mères ACHETÉES

Exemple

Extrait des Recettes Berrichonnes de nos Grands-Mères

Ma grand-mère commençait toujours sa journée par la préparation de la soupe. Elle épluchait ses légumes, prenant soin de varier : des pommes de terre, des carottes, des navets, du poireau et puis, selon les saisons, quelques haricots verts ou des feuilles de salade. Ce mélange mijotait toute la matinée sur la cuisinière à bois, exhalant ses sucs les plus subtils...

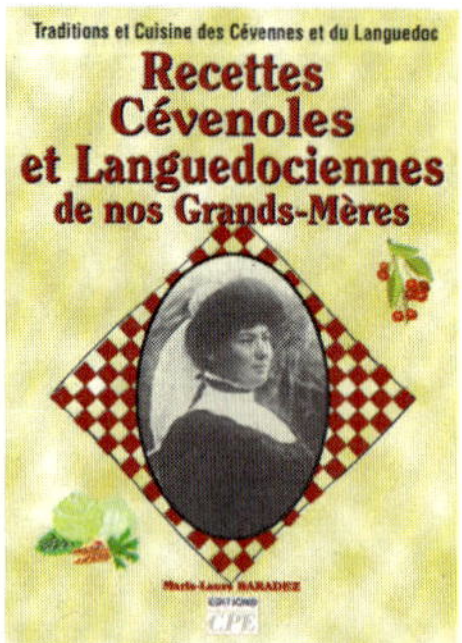

BON DE COMMANDE

BON DE COMMANDE à retourner à : CPE - 5 Allée de la Tuilerie - BP57 - 41202 ROMORANTIN Cedex

23,00 € *le livre, POUR **2 LIVRES ACHETÉES, LE 3ème** DE VOTRE CHOIX **OFFERT !***

QUANTITÉ	TITRE	QUANTITÉ	TITRE
☐	RECETTES ALSACIENNES de nos Grands-Mères	☐	RECETTES DU NORD de nos Grands-Mères
☐	RECETTES ANGEVINES de nos Grands-Mères	☐	RECETTES MAINIOTES de nos Grands-Mères
☐	RECETTES ARDÉCHOISES de nos Grands-Mères	☐	RECETTES NORMANDES de nos grands-mères
☐	RECETTES ARDENNAISES de nos Grands-Mères	☐	RECETTES PÉRIGORDINES de nos grands-mères
☐	RECETTES AUVERGNATES de nos Grands-Mères	☐	RECETTES PICARDES de nos Grands-Mères
☐	RECETTES AVEYRONNAISES de nos Grands-Mères	☐	RECETTES POITEVINES de nos Grands-Mères
☐	RECETTES BASQUES de nos Grands-Mères	☐	RECETTES PROVENÇALES de nos Grands-Mères
☐	RECETTES BEAUCERONNES de nos Grands-Mères	☐	RECETTES du QUERCY de nos Grands-Mères
☐	RECETTES BERRICHONNES de nos Grands-Mères	☐	RECETTES SAVOYARDES de nos Grands-Mères
☐	RECETTES BORDELAISES de nos Grands-Mères	☐	RECETTES SOLOGNOTES de nos Grands-Mères
☐	RECETTES BOURGUIGNONNES de nos Grands-Mères	☐	RECETTES TOULOUSAINES de nos Grands-Mères
☐	RECETTES BRETONNES de nos Grands-Mères	☐	RECETTES TOURANGELLES de nos Grands-Mères
☐	RECETTES CÉVENNOLES ET LANGUEDOCIENNES de nos Grands-Mères	☐	RECETTES VENDÉENNES de nos Grands-Mères
☐	RECETTES CHARENTAISES de nos Grands-Mères		PARUTIONS EN DÉCEMBRE 2006 :
☐	RECETTES FRANC-COMTOISES de nos Grands-Mères	☐	RECETTES CATALANES de nos Grands-Mères
☐	RECETTES GERSOISES de nos Grands-Mères	☐	RECETTES CORSES de nos Grands-Mères
☐	RECETTES LANDAISES de nos Grands-Mères		PARUTIONS EN MARS 2007 :
☐	RECETTES LIMOUSINES de nos Grands-Mères	☐	RECETTES ANTILLAISES de nos Grands-Mères
☐	RECETTES LORRAINES de nos Grands-Mères	☐	RECETTES PIEDS NOIRS de nos Grands-Mères
☐	RECETTES LYONNAISES de nos Grands-Mères		

☐ *J'ai commandé au moins 2 livres "Recettes de nos grands-mères",*

je reçois en cadeau 1 exemplaire : Recettes . . . . de nos Grands-Mères

TOTAL LIVRE(S) RECETTES :
.... x 23,00 € = ...,.... €

+ Frais d'expédition : (1 exemplaire et +) + 4,80 €

TOTAL À PAYER : ....,.... €

☐ Je vous renvoie ce bon complété et je joins mon **chèque bancaire ou postal** à l'ordre de CPE

☐ Je vous renvoie ce bon complété et j'indique ici le numéro de ma **carte bancaire** :

/_/_/_/_/ /_/_/_/_/ /_/_/_/_/ /_/_/_/_/

Signature obligatoire :

CB Date de validité : /_/_/ /_/_/ Clé : /_/_/_/

Destinataire et adresse de livraison :

Nom . . . . Prénom . . . .

Adresse . . . .

. . . . ☎ . . . .

Code postal . . . . Ville . . . .

CONTACT : SYLVAINE DESBOIS - Tél. 02 54 83 41 45 - FAX 02 54 83 41 43

RCS B 398-382-416 - SARL au capital de 416 000€

L'Almanach des 2 Savoie 2007

Rédacteur en chef : **Gérard Bardon**

Yves Bielinski
Jean Daumas
Cyril Jacquin

EDITIONS
CPE

L'Almanach des Terroirs, c'est un peu tout cela...

Préface 2007

Ce qui plaît dans la collection des Almanachs des Terroirs de France (41 terroirs) c'est cette nostalgie positive qui se dégage des récits, des contes, des légendes, des histoires qu'on y trouve. Dans un monde en mouvement, un monde sans visage, un monde omniprésent mais impalpable, le contenu de l'almanach ramène du souvenir, de la tradition, de la vie, presque perdue, des régions françaises, si différentes et si attachantes.

On y parle des fêtes, rythmées par les grands travaux des champs qui eux-mêmes suivaient les saisons. Des processions des Rogations du mois de mai où les prêtres bénissaient les récoltes à venir. Il était admis par les croyances populaires que les trois jours des Rogations, juste avant le jeudi de l'Ascension, annonçaient chacun le temps pour les trois prochains mois à venir, mois décisifs pour les récoltes : fenaison, moisson et vendanges. La fin des fenaisons et le début des moissons, quand les journées s'allongeaient et devenaient plus harassantes, voyaient s'allumer dans chaque paroisse les feux de la Saint-Jean. Réunie autour du bûcher, la communauté villageoise, où les jeunes tenaient le premier rôle et se chargeaient de l'organisation, célébrait le solstice d'été, vieille tradition héritée des Celtes, dans la joie et l'allégresse. Une autre fête marquait la fin des moissons. Célébrée dans chaque hameau, dans chaque grosse ferme qui se respectait, elle représentait un grand moment de bonheur. Lorsque la dernière voiture de grains était déchargée et la dernière meule façonnée, les paysans pouvaient respirer; la récolte était enfin à l'abri après des jours de durs labeurs. Les moissonneurs réalisaient une grosse gerbe qui prenait place en haut de la meule. Dans les régions viticoles, et elles sont nombreuses dans notre beau pays, on fêtait aussi dignement saint Vincent, chaque 22 janvier, le patron des vignerons.

L'hiver s'annonçant, les paysans trouvaient un peu plus de temps pour se réunir. C'était le temps des veillées. Elles occupaient, et rendaient moins pénibles, les longues soirées froides. Elles commençaient en général, après les fêtes de Toussaint qui marquaient véritablement la fin des travaux agricoles. La veillée, c'était la réunion familiale autour du foyer où l'on écoutait attentivement les histoires légendaires des anciens fumant leur pipe, les potins du village... au coin du feu. Elle constituait un moment important de la vie sociale du village, les plus jeunes lisaient les journaux aux plus anciens qui ne savaient pas lire, les adultes jouaient aux cartes, la belote ou la chouine, les garçons et les filles du village se rencontraient et parfois des mariages se nouaient à cette occasion.

Le cycle de la morte-saison se terminait par les réjouissances de l'avant carême, notamment du celles du mardi-gras où les maîtresses de maison concoctaient les fameux beignets et crêpes, et celles du carnaval. Chez les ruraux, le carnaval était un de ses moments de folie précédent le jeune du carême où se déroulaient les fameux " charivaris " réprouvés par l'Eglise et peu à peu interdits par les autorités.

On y parle de pluie, on y parle de beau temps

La lune tenait un rôle très important dans les observations relatives au temps. Son mouvement, qui a une influence prépondérante sur les marées, influe fortement sur la météorologie comme sur la croissance des végétaux. Des dictons populaires sont attachés à sa forme, à sa lumière, à son mouvement :

" La lune pâle fait pluie, l'argentine, temps clair et la rouge vente ".

" La lune qui commence en lion peut finir en mouton ".

Lorsque la lune est entourée d'un cercle blafard, la pluie est fortement prévisible. Si le cercle est rouge, le vent est assuré. Par contre, une lumière blanche et pure annonce le beau temps.

La lune rousse est la plus connue et la plus redoutée. Elle commence après Pâques. Elle est accusée d'apporter des gelées qui effectivement sévissent souvent à ce moment-là. Ces gelées et ces vents secs et froids font " roussir " les jeunes pousses d'où le nom attribué à cette lune.

Les animaux servaient aussi de baromètre : lorsque les canards battaient des ailes en courant sur l'eau, qu'ils se lavaient continuellement, qu'ils se baignaient, plongeaient et reparaissent sur l'eau, c'etait signe d'orage.

Lorsque les hirondelles volaient bas pour chercher des moucherons dans une région moins élevée, c'etait signe de pluie.

Si le corbeau croassait le soir, si les oies criaient et volaient plus que de coutume, si les abeilles n'osaient s'éloigner, si les vers sortaient de terre, si les fourmis s'agitaient, si les grenouilles coassaient plus qu'à l'ordinaire, si les chats s'épouillaient, si les coqs chantaient extraordinairement, si les mouches et les puces mordaient plus fort que de coutume, si les charbons pétillaient, si la lampe ou la chandelle peinaient à s'allumer... l'éclair, le tonnerre, la pluie n'étaient pas bien loin.

Les jeunes filles en espérance d'un mari, pouvaient le voir en rêve doivent en adressant une prière à la lune :

" Belle lune, beau croissant,
Fais-moi voir en mon dormant
Celui que j'aurai de mon vivant ".

Et peut-être que celui-ci, par amour, ira vous la décrocher... la lune ?

Cette petite balade dans un passé relativement récent, vous pouvez la poursuivre dans la lecture de l'almanach de votre terroir, chez vous, tranquille, au coin de la cheminée ou bien calé dans le fauteuil sous le tilleul un jour de grand soleil.

Gérard Bardon

2007

Janvier

1	L	NOUVEL AN	1
2	M	Basile	
3	M	Geneviève	○
4	J	Odilon	
5	V	Edouard	
6	S	Mélaine	
7	D	Epiphanie	
8	L	Lucien	2
9	M	Alix	
10	M	Guillaume	
11	J	Paulin	☾
12	V	Tatiana	
13	S	Yvette	
14	D	Nina	
15	L	Rémi	3
16	M	Marcel	
17	M	Roseline	
18	J	Prisca	
19	V	Marius	●
20	S	Sébastien	
21	D	Agnès	
22	L	Vincent	4
23	M	Barnard	
24	M	François de Sales	
25	J	Conversion S. Paul	☽
26	V	Paule	
27	S	Angèle	
28	D	Thomas d'Aquin	
29	L	Gildas	5
30	M	Martine	
31	M	Marcelle	

Février

1	J	Ella	
2	V	Prés. au Seigneur	○
3	S	Blaise	
4	D	Véronique	
5	L	Agathe	6
6	M	Gaston	
7	M	Eugénie	
8	J	Jacqueline	
9	V	Apolline	
10	S	Arnaud	☾
11	D	N.-D. de Lourdes	
12	L	Félix	7
13	M	Béatrice	
14	M	Valentin	
15	J	Claude	
16	V	Julienne	
17	S	Alexis	●
18	D	Bernadette	
19	L	Gabin	8
20	M	Mardi-Gras	
21	M	Cendres	
22	J	Isabelle	
23	V	Lazare	
24	S	Modeste	☽
25	D	1er Dim. de Carême	
26	L	Nestor	9
27	M	Honorine	
28	M	Romain	

Mars

1	J	Aubin	
2	V	Charles le Bon	
3	S	Guénolé	○
4	D	F. des Grands-Mères	
5	L	Olivia	10
6	M	Colette	
7	M	Félicité	
8	J	Jean de Dieu	
9	V	Françoise	
10	S	Vivien	
11	D	Rosine	
12	L	Justine	☾
13	M	Rodrigue	11
14	M	Mathilde	
15	J	Mi-Carême	
16	V	Bénédicte	
17	S	Patrice	
18	D	Cyrille	
19	L	Joseph	●
20	M	Herbert	12
21	M	PRINTEMPS	
22	J	Léa	
23	V	Victorien	
24	S	Cath. de Suède	
25	D	Humbert	☽
26	L	Larissa	13
27	M	Habib	
28	M	Gontran	
29	J	Gwladys	
30	V	Amédée	
31	S	Benjamin	

Avril

1	D	Rameaux	
2	L	Sandrine	○
3	M	Richard	14
4	M	Isidore	
5	J	Irène	
6	V	Vendredi Saint	
7	S	J.-B. de la Salle	
8	D	PÂQUES	
9	L	DE PÂQUES	15
10	M	Fulbert	☾
11	M	Stanislas	
12	J	Jules	
13	V	Ida	
14	S	Maxime	
15	D	Paterne	
16	L	Benoît-Joseph	16
17	M	Anicet	●
18	M	Parfait	
19	J	Emma	
20	V	Odette	
21	S	Anselme	
22	D	Alexandre	
23	L	Georges	17
24	M	Fidèle	☽
25	M	Marc	
26	J	Alida	
27	V	Zita	
28	S	Valérie	
29	D	Cath. de Sienne	
30	L	Robert	18

Mai

1	M	FÊTE DU TRAVAIL	
2	M	Boris	○
3	J	Philippe, Jacques	
4	V	Sylvain	
5	S	Judith	
6	D	Prudence	
7	L	Gisèle	19
8	M	VICTOIRE 1945	
9	M	Pacôme	
10	J	Solange	☾
11	V	Estelle	
12	S	Achille	
13	D	Rolande	
14	L	Matthias	20
15	M	Denise	
16	M	Honoré	●
17	J	ASCENSION	
18	V	Eric	
19	S	Yves	
20	D	Bernardin	
21	L	Constantin	21
22	M	Emile	
23	M	Didier	☽
24	J	Donatien	
25	V	Sophie	
26	S	Bérenger	
27	D	PENTECÔTE	
28	L	DE PENTECÔTE	
29	M	Aymard	22
30	M	Ferdinand	
31	J	Visitation	

Juin

1	V	Justin	○
2	S	Blandine	
3	D	Trinité/F. des Mères	
4	L	Clotilde	23
5	M	Igor	
6	M	Norbert	
7	J	Gilbert	
8	V	Médard	☾
9	S	Diane	
10	D	Landry	
11	L	Barnabé	24
12	M	Guy	
13	M	Antoine de Padoue	
14	J	Elisée	
15	V	Germaine	●
16	S	Jean-Franç. Régis	
17	D	Fête des Pères	
18	L	Léonce	25
19	M	Romuald	
20	M	Silvère	
21	J	ÉTÉ	
22	V	Alban	☽
23	S	Audrey	
24	D	Jean-Baptiste	
25	L	Eléonore	26
26	M	Anthelme	
27	M	Fernand	
28	J	Irénée	
29	V	Pierre, Paul	
30	S	Martial	○

2007

Juillet

1	D	Thierry	
2	L	Martinien	27
3	M	Thomas	
4	M	Florent	
5	J	Antoine	
6	V	Mariette	
7	S	Raoul	☾
8	D	Thibaut	
9	L	Amandine	28
10	M	Ulrich	
11	M	Benoît	
12	J	Olivier	
13	V	Henri, Joël	
14	S	FÊTE NATIONALE	●
15	D	Donald	
16	L	N.-D.du Mt-Carmel	
17	M	Charlotte	29
18	M	Frédéric	
19	J	Arsène	
20	V	Marina	
21	S	Victor	
22	D	Marie-Madeleine	☽
23	L	Brigitte	30
24	M	Christine	
25	M	Jacques	
26	J	Anne, Joachim	
27	V	Nathalie	
28	S	Samson	
29	D	Marthe	
30	L	Juliette	○
31	M	Ignace de Loyola	

Août

1	M	Alphonse	31
2	J	Julien Eymard	
3	V	Lydie	
4	S	Jean-Marie Vianney	
5	D	Abel	☾
6	L	Transfiguration	32
7	M	Gaétan	
8	M	Dominique	
9	J	Amour	
10	V	Laurent	
11	S	Claire	
12	D	Clarisse	●
13	L	Hippolyte	33
14	M	Evrard	
15	M	ASSOMPTION	
16	J	Armel	
17	V	Hyacinthe	
18	S	Hélène	
19	D	Jean-Eudes	
20	L	Bernard	☽
21	M	Christophe	34
22	M	Fabrice	
23	J	Rose de Lima	
24	V	Barthélemy	
25	S	Louis	
26	D	Natacha	
27	L	Monique	35
28	M	Augustin	○
29	M	Sabine	
30	J	Fiacre	
31	V	Aristide	

Septembre

1	S	Gilles	
2	D	Ingrid	
3	L	Grégoire	36
4	M	Rosalie	☾
5	M	Raïssa	
6	J	Bertrand	
7	V	Reine	
8	S	Nativité N.-D.	
9	D	Alain	
10	L	Inès	37
11	M	Adelphe	●
12	M	Apollinaire	
13	J	Aimé	
14	V	La Croix Glorieuse	
15	S	Roland	
16	D	Edith	
17	L	Renaud	38
18	M	Nadège	
19	M	Emilie	☽
20	J	Davy	
21	V	Matthieu	
22	S	Maurice	
23	D	AUTOMNE	
24	L	Thècle	39
25	M	Hermann	
26	M	Côme, Damien	○
27	J	Vincent de Paul	
28	V	Venceslas	
29	S	Michel	
30	D	Jérôme	

Octobre

1	L	Thérèse de l'E.-J.	
2	M	Léger	40
3	M	Gérard	☾
4	J	François d'Assise	
5	V	Fleur	
6	S	Bruno	
7	D	Serge	
8	L	Pélagie	41
9	M	Denis	
10	M	Ghislain	
11	J	Firmin	●
12	V	Wilfried	
13	S	Géraud	
14	D	Juste	
15	L	Thérèse d'Avila	42
16	M	Edwige	
17	M	Baudouin	
18	J	Luc	
19	V	René	☽
20	S	Adeline	
21	D	Céline	
22	L	Elodie	43
23	M	Jean de Capistran	
24	M	Florentin	
25	J	Enguerran	
26	V	Dimitri	○
27	S	Emeline	
28	D	Simon, Jude	
29	L	Narcisse	44
30	M	Bienvenu	
31	M	Quentin	

Novembre

1	J	TOUSSAINT	☾
2	V	Trépassés	
3	S	Hubert	
4	D	Charles	
5	L	Sylvie	45
6	M	Léonard	
7	M	Carine	
8	J	Geoffroy	
9	V	Théodore	●
10	S	Léon	
11	D	ARMISTICE 1918	
12	L	Christian	46
13	M	Brice	
14	M	Sidoine	
15	J	Albert	
16	V	Marguerite	
17	S	Elisabeth	☽
18	D	Aude	
19	L	Tanguy	47
20	M	Edmond	
21	M	Prés. de Marie	
22	J	Cécile	
23	V	Clément	
24	S	Flora	○
25	D	Christ Roi	
26	L	Delphine	48
27	M	Séverin	
28	M	Jacques de la M.	
29	J	Saturnin	
30	V	André	

Décembre

1	S	Florence	☾
2	D	Avent	
3	L	Xavier	49
4	M	Barbara	
5	M	Gérald	
6	J	Nicolas	
7	V	Ambroise	
8	S	Elfried	
9	D	Pierre Fourier	●
10	L	Romaric	50
11	M	Daniel	
12	M	J.-F. de Chantal	
13	J	Lucie	
14	V	Odile	
15	S	Ninon	
16	D	Alice	
17	L	Judicaël, Gaël	☽
18	M	Gatien	51
19	M	Urbain	
20	J	Théophile	
21	V	Pierre Canisius	
22	S	HIVER	
23	D	Armand	
24	L	Adèle	○
25	M	NOËL	52
26	M	Etienne	
27	J	Jean	
28	V	Innocents	
29	S	David	
30	D	Roger	
31	L	Sylvestre	

2007

Sommaire

2007

Image d'Hier

Image d'Hier

Portrait d'un géant

Portrait d'un terroir

Le Mont-Blanc est à sa manière une sommité. Le sommet des sommets. Une force tranquille, symbole d'une grandeur accessible, une montagne à visage humain. Son histoire est liée à celle des hommes qui longtemps maintenus dans une forme de respect craintif et religieux ont un jour osé. Ce n'est pas un hasard si l'un des premiers à fouler le sommet du Mont-Blanc est un savant, botaniste, géographe. Curieux de tout, féru d'expérimentations Horace Benedict Saussure incarne parfaitement l'esprit des Lumières. Sous les coups de butoir des philosophes, la religion cède le pas devant le pragmatisme scientifique : le XVIIIe siècle coïncide avec le basculement de la pensée. Tout est vu, revu avec un œil neuf. Ainsi le Mont-Blanc n'est plus cette puissance mystérieuse, inatteignable voire menaçante, mais un élément significatif de la nature, un sujet remarquable d'études qu'il convient donc en tous points d'étudier. Il est vrai que les hommes n'avaient jusqu'alors aucune raison d'y aller voir. Les conquérants de l'inutile n'étaient pas encore d'actualité. Saussure lui-même le reconnaît : «la nature n'a point fait l'homme pour ces hautes régions ; le froid et la rareté de l'air l'en écartent; et comme il n'y trouve ni animaux, ni plantes, ni même des métaux, rien ne l'y attire ; la curiosité et un désir ardent de s'instruire peuvent seuls lui faire surmonter pour quelques instants les obstacles de tout genre qui en défendent l'accès». Lorsqu'il arrive au sommet Saussure n'a pas seulement vaincu le Mont-Blanc mais aussi des siècles d'ignorance. Toutefois il n'est pas le premier…

Le docteur et le guide

La première ascension victorieuse a été réalisée un an plus tôt, le 8 août 1786. On la doit à deux chamoniards, le docteur Michel Paccard et le guide Jacques Balmat lequel accompagne également le botaniste géographe genevois. C'est Saussure qui officialise les grands débuts de l'alpinisme en publiant un captivant «Voyage dans les alpes». Un témoignage historique qui relate, entre autres courses, son expédition mémorable au Mont-Blanc, en août 1787. Avant de narrer dans le détail son ascension, Saussure rappelle les différentes tentatives effectuées pour atteindre le majestueux sommet. «En 1760 et 1761», écrit-il, « j'avais fait publier dans toutes les paroisses de la vallée que je donnerais une récompense assez considérable à ceux qui trouveraient une route praticable pour parvenir à la cime du Mont-Blanc. J'avais même promis de payer les journées de ceux qui feraient des tentatives infructueuses. Ces promesses n'aboutirent à rien». Les premiers courageux à se lancer dans l'aventure sont d'après Saussure «quatre guides de Chamonix qui en 1775 tentent de parvenir au sommet «par la montagne de la côte». Ils échouent à cause «de la réverbération du soleil sur la neige et la stagnation de l'air dans une grande vallée de neige qui leur fit éprouver, à ce qu'ils ont dit une chaleur suffocante, [..] si bien qu'excédés d'inanition et de lassitude ils eurent la douleur d'être forcés à revenir sur leurs pas»….En 1783 nouvelle tentative de trois autres guides chamoniards. Cette fois l'échec vient d'un des membres du trio «saisi presque subitement d'une envie de dormir absolument insurmontable». Ses compagnons refusent de le laisser seul comme il le leur demande «persuadés qu'il serait mort d'un coup de soleil».Bref ils renoncent et regagnent Chamonix. L'un d'eux explique à Saussure «qu'il est inutile d'emporter aucune provision dans ce voyage et que s'il devait y retourner par cette route il ne prendrait avec lui qu'un parasol et un flacon d'eau de senteur»!

Une récompense pour trouver la bonne voie

De fait l'alpiniste qu'on appelle encore «voyageur alpestre», n'a rien à voir avec le technicien professionnel d'aujourd'hui. C'est un intrépide montagnard dont la réputation locale attire naturellement l'attention des riches excentriques et des doctes savants gagnés par la fièvre des hauteurs. Son intérêt pour la botanique, la géologie et la physique entraîne Horace-Benedict de Saussure de plus en plus haut, sur les pentes des alpes . Lorsqu'il décide d'offrir une forte récompense à celui qui trouverait la voie conduisant au sommet du Mont-Blanc c'est dans le but précis de calculer l'altitude du plus haut sommet alpin. S'agissant de la «route» victorieuse suivie par le docteur Paccard et le guide Jacques Balmat, Saussure note que «c'est elle qui se présente le plus naturellement à ceux qui regardent le Mont Blanc depuis Chamonix». Horace-Benedict de Saussure nous offre un récit vivant, plein de fraîcheur. L'imaginaire débridé et les sensations notées sur le vif de l'émotion, se mêlent à des considérations purement scientifiques. Il a des étonnements, des naïvetés, qui ravissent aujourd'hui. « je ne sais par quel prestige, écrit-il, quelques voyageurs ont pu croire que nos sens en particulier le goût et l'odorat, ne reçoivent pas sur les montagnes les mêmes impressions que dans la plaine[..] le pain, le vin, la viande, les fruits, les liqueurs nous ont toujours paru avoir exactement leur saveur et leur odeur ordinaires». Arrivé près de la cime Saussure aperçoit deux papillons «l'un était une petite phalène grise, l'autre un papillon de jour qui me parut être le myrtil». Il s'intéresse aussi à la flore «la plante parfaite, à fleurs distinctes que j'ai rencontrée à la plus grande élévation est le silene acaulis ou carnillet moussier » On est loin des touristes estivaux, de plus en plus nombreux à «s'offrir» chaque année le Mont-Blanc, comme on s'offre un week-end à Djerba. Qu'en penserait Saussure, lui qui écrivait «le repos et le profond silence qui régnaient dans cette vaste étendue, agrandie encore par l'imagination m'inspiraient une sorte de terreur, il me semblait que j'avais survécu seul à l'univers et que je voyais son cadavre étendu sous mes pieds». Lorsqu'il parvient au sommet le savant helvétique s'extasie: «je n'en croyais pas mes yeux, il me semblait que c'était un rêve lorsque je voyais sous mes pieds ces cimes majestueuses, ces redoutables aiguilles...». Mais le scientifique reprend vite le dessus. Des cimes majestueuses, Saussure ne retient bientôt plus que «leurs rapports, leur liaison, leur structure, un seul regard levant des doutes que des années de travail n'avaient pu éclaircir».

La pauvre servante au sommet

La première femme a grimpé jusqu'à la cime du Mont-Blanc se qualifie elle-même de «pauvre servante». Une novice qui n'entend rien à la montagne et qui prend les choses comme elles viennent: «les guides me dirent un jour: nous allons au Mont-blanc vient avec nous[..] Cela me décida et je partis avec eux..». C'était le 14 juillet 1809 ! La «pauvre servante» n'en fait pas une montagne. Tout juste éprouve-t-elle quelque angoisse au lieu dit les «Rochers-Rouges». Ne pouvant plus avancer, elle s'écrie «ficha moa dans une cravasse et allaz où vo vodra». La suite est d'une paysanne simplicité: «ils me prennent, me tirent et enfin nous sommes arrivés». Cependant la cime atteinte la «pauvre servante» éprouve à nouveau quelque embarras: «je ne voyais plus clair, je ne pouvais plus souffler». A travers elle c'est en quelque sorte le peuple qui accède pour la première fois au sommet du Mont-Blanc .La mythique montagne a également suscité une belle histoire d'amour. C'était en 1875. Isabelle Straton, fille d'un clergyman anglais, passionnée d'alpinisme, réussit la première hivernale du Mont-Blanc en compagnie du guide Jean Charlet. Un homme distingué dont le charme viril et le style so british font succomber la jeune britannique. Le 29 novembre 1876, Miss Straton épousait le guide-paysan, ce qui on s'en doute fit jaser dans les cercles victoriens de Londres et la besogneuse vallée Chamoniarde. Uni dans la vie comme sur les parois, le couple effectua de nombreuses autres courses dans le massif alpin.

En bottines sur la mer de glace

L'équipement et le matériel de l'alpiniste ont été longtemps réduits à leur plus simple expression. Les premiers guides sont de rudes montagnards qui ont mis au point quelques techniques rudimentaires en chassant le chamois. Ce sont eux qui inventent les premiers crampons, les premiers qui s'aventurent sur les pentes du Mont-Blanc pour quérir les améthystes et le cristal de roche utilisé pour orner les lustres de la cour des rois de Savoie. Si les paysans-guides ne s'encordent pas encore – la technique est employée seulement après 1860- ils connaissent déjà le danger des crevasses et sondent la neige au moyen d'un long bâton. Pour franchir la mer de glace et les séracs, les bûcherons ont, de leur côté, appris à tailler de petites encoches qui leur servent de marches. Vers 1900, on pouvait voir de riches touristes arpenter la mer de glace comme s'ils se trouvaient sur la promenade des Anglais. A part l'alpenstock version à peine modernisée des bâtons d'autrefois, leur équipement et leur habillement n'ont rien de «montagnard». Une photo d'époque témoigne de l'insoutenable légèreté de l'être, au temps où la grande aventure était d'abord celle des élégances. Sur ce sol glacé et fuyant, un petit groupe grand chic grand genre, prend la pose: petites bottines vernis, complet veston et canotier pour monsieur, chapeau garni, longue robe et corsage seillant pour madame; le Mont-Blanc a de tout temps enflammé les imaginations. Certains s'y sont parfois brûlé les ailes, y laissant toutes leurs plumes en l'occurrence leur notoriété. Le physicien Tyndall dût démissionner de «l'Alpine club» après les moqueries dont ses communications furent l'objet. Il affirma entre autres que la température était au Mont-Blanc «de 137 centigrades au dessous de zéro et qu'avec ce froid s'il se trouvait encore de l'ozone dans l'atmosphère c'est qu'il était encore plus bête que je ne le croyais». En août 1859 il constate qu'au sommet, «dans un récipient non couvert, l'eau entre en ébullition à 184,95° Fahrenheit». Sans crainte du ridicule le savant va jusque à écrire «qu'en dépit de laborieuses recherches il me fut impossible de retrouver le thermomètre». Les temps ont bien changé. Désormais l'alpiniste, n'emporte vers les sommets ni éprouvettes ni instruments de mesure. A travers les hautes montagnes c'est son c?ur et ses reins qu'il cherche à sonder.

Yves Bielinski

Image d'Hier

38. CHAMBÉRY.— Pont de la Garatte. Edition Nouvelles Galeries.

Image d'Hier

Chambéry - Rue du Lycée, Tour Bossue (1507), Portail de St-Dominique
Ecole Préparatoire

JANVIER 2007

vient de januaris mensis
qui signifie
" mois de Janus ",
dieu romain
du commencement.

" Beau temps
à la
Saint-Guillaume
Donne plus de blé
que de chaume. "

Le 10 Janvier

En janvier

- 49 : César franchit le Rubicon à la tête de son armée marquant ainsi le début de la guerre civile.
1879 : Révolte de Zoulous à Isandhlwana.
1906 : Loi sur la dévolution des biens culturels.
1926 : L'Institut Pasteur annonce la découverte d'un sérum contre le tétanos.

L'amitié n'exige rien en échange, que de l'entretien
[Georges Brassens]

ROSELINE ou ROSELYNE ou ROSALINDE ;
de rosa signifiant rose en latin, et de lind signifiant doux en langue germanique. Prieure de la Chartreuse de Celle-Roubaud, dans le Var, elle est honorée le 17 janvier.

Étymologie mythologique

La langue française s'est beaucoup inspirée des mythologies. Chaque mois vous trouverez un mot qui doit son origine à un héros ou à une divinité.

Le mot " adonis " vient d'ADONIS, héros réputé pour sa beauté.
Tué par un sanglier, son sang se serait répandu et une fleur en serait née.
(un adonis désigne un bel homme).

Le dicton du mois

Après Ste Angèle (27)
Le jardinier ne craint plus le gel.

L'aventure d'Air Alpes

L'histoire de la création de cette entreprise est liée à celle d'un destin : celui d'un entrepreneur un peu fou dénommé Michel Ziegler. Il est le fils d'un grand résistant, son père deviendra chef d'état-major du général Koenig. Michel Ziegler verra son père remonter, après la Libération, la compagnie Air France, puis se lancer dans l'aventure d'Airbus. On comprend donc son goût pour l'aviation. Son amour de la montagne, il le doit à un hasard né des affres de la vie dans les années quarante. En effet, pendant la guerre, sa mère, Gisèle, se bat pour assurer la protection des siens : elle décide de se cacher dans le Vercors avec ses quatre enfants. Pendant trois ans, Michel va vivre comme un petit montagnard et aller à l'école d'Autrans. De retour à Paris, pour lui, la « montagne » rime désormais avec « vacances » : l'hiver à Talloires ou l'été à Argentière. Michel est attiré par ce milieu naturel, mais son destin professionnel en est alors bien éloigné : pour lui ce sera l'aviation et l'ingénierie en aéronautique.

Redevenu parisien, il ne manque aucun des galas de la montagne à la salle Pleyel, il y fait des rencontres exceptionnelles, comme celle avec les Herzog. En 1960, il se lie d'amitié avec Hermann Geiger, le « pilote des glaciers », et l'accompagne à Sion dans le Valais pour l'observer en plein travail. Michel, en bon ingénieur, est convaincu qu'une piste d'atterrissage en pente douce serait idéale pour un aérodrome en altitude, et pourquoi pas dans une station de sport d'hiver ? L'idée séduit son père et un ami qui lui fournissent les capitaux de départ. En 1961, Robert Merlioz et Michel Ziegler donnent naissance à Air Alpes. Leurs locaux sont installés sur l'aéroport du Bourget du Lac. Il leur faut trouver des liaisons, c'est chose faite : Courchevel et Méribel y voient immédiatement l'occasion de séduire une nouvelle clientèle. A Courchevel, les premiers clients doivent utili-

Suite ci-contre

Image d'Hier

AIX-LES-BAINS. - Rue du Casino et de Genève

La Recette de la Semaine

Crème brûlée

Pour 4 personnes

• 3 jaunes d'oeufs • 50 g de sucre en poudre • 30 g de sucre glace • 10 cl de lait • 25 cl de crème fleurette • 1 gousse de vanille •

Dans une terrine, battez les jaunes d'œufs au fouet. Fendez la gousse de vanille et, avec la pointe d'un couteau, prélevez-en la pulpe, que vous ajoutez aux jaunes. Incorporez ensuite le sucre et continuez à battre jusqu'à obtention d'un mélange blanc et mousseux.

Versez le lait dessus, peu à peu, puis ajoutez la crème fleurette, sans cesser de remuer.

Laissez reposer pendant 30 minutes. Remplissez d'eau la lèchefrite du four (1 cm de hauteur) et faites-la chauffer à 160 °C (th.4).

Versez la crème dans 4 ramequins, que vous placez dans le bain-marie frémissant.

Faites cuire ainsi pendant 20 à 25 minutes; la crème doit rester un peu molle.

Laissez la crème refroidir hors du four avant de déposer les ramequins au réfrigérateur pendant 30 minutes.

Saupoudrez ensuite la crème de sucre glace et passez les ramequins quelques secondes sous le gril du four pour que le sucre caramélisé.

Royal-Seyssel

ser un téléski pour atteindre la piste, puis, très vite, Michel obtient le droit de construire le premier « Altibar » pour accueillir dans de meilleures conditions ses passagers. Les premiers avions, les « Pilatus », emportent sept passagers, puis c'est au tour des « Dash 7 » d'en accueillir jusqu'à cinquante. Les stations de Tignes, de l'Alpes d'Huez, de Megève et Avoriaz sont alors reliées avec les aéroports de Lyon et Genève. Une ligne est créée au Népal en 1971 et en Corée du Sud !

Riche de son expérience, Air Alpes est appelée à la rescousse par Air Inter qui n'a pas les moyens de desservir la Savoie. Dès 1967, une liaison Chambéry- Lyon est créée. Bientôt, avec plus d'une vingtaine d'avions, ce sont quarante vols quotidiens dans l'hexagone et vers Düsseldorf qui sont assurés. Michel Ziegler fonde le syndicat des transporteurs aériens régionaux (ATAR). Cette réussite fait des envieux : en 1978 la compagnie TAT l'absorbe, tout en conservant tout le personnel. Michel Ziegler ne renonce pas à ces deux passions, il décroche ses galons de guide de haute montagne et continue à voler sur Boeing ou Airbus. Il ne quittera pas la montagne et devient même maire de Courchevel. Pour l'ensemble de son œuvre, ce pionnier devenu entrepreneur, reçoit fort logiquement, en 2005, la légion d'honneur au Château des Ducs, à Chambéry.

Cyril Jacquin

2007 JANVIER

SEMAINE N° 1

Lundi 01 — JOUR DE L'AN

Matinée

Après-midi

Soirée

Mardi 02 — St Basile

Matinée

Après-midi

Soirée

Mercredi 03 — Ste Geneviève

Matinée

Après-midi

Soirée

Jeudi 04 — St Odilon

Matinée

Après-midi

Soirée

Vendredi 05 — St Edouard

Matinée

Après-midi

Soirée

Samedi 06 — Ste Melaine

Matinée

Après-midi

Soirée

Dimanche 07 — ÉPIPHANIE

Matinée

Après-midi

Soirée

2007

2007 JANVIER
SEMAINE N°2

Lundi 08 St Lucien
Matinée
Après-midi
Soirée

Mardi 09 Ste Alix
Matinée
Après-midi
Soirée

Mercredi 10 St Guillaume
Matinée
Après-midi
Soirée

Jeudi 11 St Paulin
Matinée
Après-midi
Soirée

Vendredi 12 Ste Tatiana
Matinée
Après-midi
Soirée

Samedi 13 Ste Yvette
Matinée
Après-midi
Soirée

Dimanche 14 Ste Nina
Matinée
Après-midi
Soirée

Le poids du bois en Savoie

Quand on pense au bois, on pense naturellement aux arbres : épicéas, sapins ou hêtres sont le plus souvent vus chez nous. Notre département est-il particulièrement recouvert d'arbres ? Pas plus qu'un autre, il est dans la moyenne française, avec un tiers de sa superficie seulement recouverte de forêts. Ce qui représente tout de même 2000 KmÇ ! On retrouve en tête des secteurs boisés, les massifs des Bauges et de la Chartreuse ; à l'opposé, les moins boisés, sont les zones d'altitudes des vallées de la Tarentaise et de la Haute- Maurienne. Ce patrimoine naturel est synonyme de richesse, car il fournit très tôt à la Savoie une réserve en matière première non négligeable, que ce soit pour la construction ou le chauffage. Dès le Moyen- Age, il existe des gardes forestiers, puis l'Etat prenant le relais, il met en place successivement le premier code forestier en 1827, puis les administrations des « Eaux et Forêts », et enfin l'Office National des Forêts (ONF) en 1966. Celui - ci assure la gestion de la forêt savoyarde, qui est pour 50 % la propriété de communes, du conseil général ou même de l'Etat.

Il s'agit de bois de montagne, difficiles d'accès et dominés par les résineux. Les spécificités de la topographie savoyarde font de cette forêt un élément essentiel de la protection contre tous les risques naturels liés au relief (éboulement, glissement de terrain, etc.) ou au climat (crues torrentielles, avalanches). Mais dans un département où le tourisme joue un rôle économique majeur, la forêt, quelle que soit la saison, apporte son lot d'attractions. L'été, elle est traversée par les randonneurs et les vététistes ; l'hiver par les fans de glisse.

Enfin, il ne faut pas oublier que le bois est une source de revenus non négligeables. Chaque année, 160 000 m3 de bois sont extraits de ce réservoir de matière première. Le département, après enquête, considère que 500 m3 de bois récoltés représentent un emploi à plein-temps. La proximité de cette forêt est à l'origine d'une tradition liée au, travail du bois dont la filière est fort présente en Savoie. L'ONF surveille, entretient, prévoit et plante, tel un jardinier à grande échelle afin de faire vivre ce réservoir ; un travail très spécial puisque la récolte se fait quelque 150 ans plus tard ! Puis interviennent les débardeurs, qui selon la pente, vont tout mettre en ? uvre pour couper et acheminer le bois en toute sécurité. Même si

Suite ci-contre

La Recette de la Semaine

Cuisses de lapin en papillote à la citronnelle et au piment

Pour 2 personnes

• 2 cuisses de lapin •
• 2 carottes •
• 1 courgette •
• 1 échalote •
• 2 bâtons de citronnelle •
• 1 cuillère à café de piment •

Laver et couper finement la citronnelle.

Éplucher les carottes, les courgettes et les râper finement à l'aide d'une mandoline ou d'une râpe à légumes.

Éplucher et hacher une échalote.

Au centre d'un grand carré de papier sulfurisé, placer le mélange de carottes, courgettes, échalotes.

Saler et poivrer la cuisse de lapin et la recouvrir de citronnelle puis de piment.

Fermer la papillote et faire cuire 35 minutes.

Thermostat 7/200°C. Éplucher les carottes, les courgettes et les râper finement à l'aide d'une mandoline ou d'une râpe à légumes.

Éplucher et hacher une échalote.

Au centre d'un grand carré de papier sulfurisé, placer le mélange de carottes, courgettes, échalotes.

Saler et poivrer la cuisse de lapin et la recouvrir de citronnelle puis de piment .

Fermer la papillote et faire cuire 35 minutes. Thermostat 7/200°C.

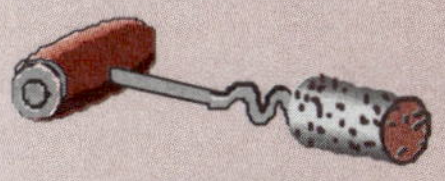

Savoie rouge

tout est très mécanisé aujourd'hui, il n'est pas rare de les voir monter des « remontées mécanique » pour troncs d'arbres lorsque le dénivelé est trop important. Le lycée professionnel de Poisy, soutenu pas l'Assemblée des Pays de Savoie, dispense l'unique formation de l'hexagone en débardage. Une fois coupés, les troncs sont entreposés dans des parcs à bois, qui fonctionnent comme des marchés de gros. Celui de l'ONF se trouve à Saint-Martin- la – Porte en Maurienne ; le parc d'illets s'étend sur 2,5 hectares et peut accueillir jusqu'à 25 000 m3 de bois. Une fois vendus, les troncs d'arbres sont transformés dans les scieries de toute l'Europe. En Savoie, les entreprises spécialisées dans les produits transformés à partir du bois local, fabriquent essentiellement des jouets, des meubles, des charpentes, des cartons d'emballages, des plaquettes ou des granulats pour les chaufferies.

Cyril Jacquin

2007 JANVIER SEMAINE N°3

Lundi 15 St Rémi
Matinée
Après-midi
Soirée

Mardi 16 St Marcel
Matinée
Après-midi
Soirée

Mercredi 17 Ste Roseline
Matinée
Après-midi
Soirée

Jeudi 18 Ste Prisca
Matinée
Après-midi
Soirée

Vendredi 19 St Marius
Matinée
Après-midi
Soirée

Samedi 20 St Sébastien
Matinée
Après-midi
Soirée

Dimanche 21 Ste Agnès
Matinée
Après-midi
Soirée

2007

Deux pointes pour une grande aiguille

Dès la naissance de l'alpinisme, l'aiguille du Dru fascina les alpinistes. Ses lignes parfaites, ses parois verticales, la pureté de sa roche en faisaient l'image de la montagne idéale, celle qu'on rêve de conquérir un jour. C'est d'ailleurs ce sommet que choisit Roger Frison-Roche comme cadre central de son roman « Premier de cordée ». Les dizaines de milliers de touristes qui se rendent au Montenvers pour voir ce qu'il reste de la Mer de Glace, portent leur regard vers cette cime mythique qui jaillit au-dessus du glacier comme un glorieux obélisque. Chaque nouvelle conquête de ses parois a marqué une nouvelle avancée de l'histoire de l'alpinisme et les plus grands noms de la montagne se sont affrontés sur son granit rugueux.

Longtemps considérée comme inaccessible, la cime lança un véritable défi face à des prétendants sans cesse plus nombreux dans la deuxième moitié du XIXe siècle. La première tentative sérieuse se déroula en 1873, sous l'impulsion d'un alpiniste et chirurgien britannique, Clinton Thomas Dent (1850-1912). Ce dernier s'obstina, multiplia les tentatives. En 1878, cinq années après sa première expérience, il repartit une nouvelle fois à l'assaut, en compagnie des guides Alexandre Burgener et Kaspar Maurer. Il avait subi, auparavant, seize échecs mais la dix-septième tentative fut la bonne : il se dressait pour la première fois au sommet du Grand Dru.

Le problème n'était pas résolu pour autant. Le Dru possède en effet deux sommets, le Grand et le Petit Dru, séparés seulement par 21 m de différence d'altitude (3 754 m et 3 733 m). Or, le sommet qu'on aperçoit depuis Chamonix est le Petit Dru et pour les Chamoniards, seule comptait l'ascension du Petit Dru. Les mauvaises langues prétendirent que, parmi les candidats à la victoire, se trouvait un guide de Chamonix, Jean Charlet-Straton, un personnage excentrique et attachant (il n'hésita pas à épouser une de ses clientes, la richissime Miss Isabela Straton) qui lui aussi multipliait le nombre de ses tentatives. Après la victoire de Dent au Grand Dru, il se tourna vers le Petit Dru et, en 1979, en réussit la première escalade avec deux de ses collègues de Chamonix, Payot et Folliguet. Pour les gens de la vallée, l'honneur était sauf !

La première ascension des deux sommets du Dru n'arrêta pas la quête des conquérants de l'inutile. La cime, ou les cimes, ayant été vaincues, les regards se tournèrent vers les autres parois. Si la face Ouest, se dressant d'un jet sur près de 1 000 m de hauteur, découragea longtemps les plus intrépides, la face Nord semblait à la portée des meilleurs alpinistes. Elle devint vite le théâtre d'une compétition internationale.

Deux alpinistes suisses, Robert Gréloz et André Roch, espéraient bien épingler cette paroi à leur tableau de « premières ». Pour se donner plus de chance, ils accomplirent la première descente de la face Nord en 1932 avant d'entreprendre des sérieuses tentatives. Malheureusement, comme la plupart de leurs concurrents, ils ne parvinrent pas à dépasser la « Niche », cette sorte de coup de pouce donné dans l'immensité de la paroi et dans le creux duquel, précisément, se niche un névé.

C'est alors qu'intervint Pierre Allain, un alpiniste d'origine parisienne, formé à l'école des rochers de Fontainebleau, un des meilleurs techniciens de l'époque. Il avait déjà réussi les premières ascensions de la face Sud de la Meije, en Dauphiné, et de l'arête Est du Crocodile, dans les aiguilles de Chamonix. En 1935, il se présenta au pied de la face Nord du Dru (en l'occurrence, la face Nord du Petit Dru) avec son compagnon de cordée Raymond Leininger. Les deux hommes atteignirent sans grande difficulté le névé de la Niche. Mais au-delà, les choses se corsaient. Pourtant, Pierre Allain parvint, au prix d'un effort inouï et d'une prise de risque considérable à surmonter une étroite fissure de rocher qui porte son nom et qui donnait accès aux pentes supérieures moins soutenues et que les deux amis parvinrent à gravir.

Suite page 18

La Recette de la Semaine

Gaufres à la noix de coco

Pour 24 gaufres environ:

- **250 g de farine**
- **75 g de noix de coco râpée**
- **140 g de sucre en poudre**
- **1 pincée de sel**
- **1 sachet de levure chimique en poudre**
- **4 œufs**
- **125 g de beurre**
- **200 g de lait de coco** (pack ou boîte)
- **20 cl de lait entier**
- **sucre glace**

Casser les œufs en séparant les blancs des jaunes.

Battre les jaunes et deux blancs dans un saladier avec le sucre en poudre jusqu'à ce qu'ils blanchissent et forment un ruban.

Ajouter alors la farine, la noix de coco râpée, le sel, la levure, le lait de coco et le lait entier.

Bien mélanger au robot ou au batteur électrique.

Monter les deux blancs restants en neige, les incorporer également à la pâte ainsi que le beurre juste fondu.

Bien fouetter au batteur électrique : la pâte peut être utilisée tout de suite, elle n'a pas besoin de reposer.

Brancher le gaufrier électrique et le faire chauffer selon les instructions du mode d'emploi.

Dès qu'il est à bonne température, verser une petite louche de pâte, de manière à remplir le moule au ras des alvéoles.

Fermer le gaufrier et laisser cuire : ces gaufres cuisent plus vite que les gaufres traditionnelles.

Lorsqu'elles sont cuites, les décoller du gaufrier à l'aide d'une spatule, les laisser tiédir sur une grille, puis les saupoudrer d'un voile de sucre glace.

Les disposer sur une grande assiette et les déguster aussitôt.

Mondeuse

Le saviez Vous ?

Les taillerins et les crozets

A partir du XVII è Siècle, la Savoie s'est approprié les crozets et les taillerins (nouilles plates). Ces pâtes sont faites avec de la farine de sarrasin et de blé. En Maurienne, on préparait les crozets en forme de petits rouleaux appelés les « crayons ». Concernant l'étymologie, on prétend que le mot « croé » signifie « petit » en patois et aurait dérivé en « crozet ».

Lundi 22 St Vincent
Matinée
Après-midi
Soirée

Mardi 23 St Barnard
Matinée
Après-midi
Soirée

Mercredi 24 St Fr. de Sales
Matinée
Après-midi
Soirée

Jeudi 25 Conv.de St Paul
Matinée
Après-midi
Soirée

Vendredi 26 Ste Paule
Matinée
Après-midi
Soirée

Samedi 27 Ste Angèle
Matinée
Après-midi
Soirée

Dimanche 28 St Thomas d'Aquin
Matinée
Après-midi
Soirée

Deux pointes pour une grande aiguille

(suite)

La fissure Allain, à la face Nord du Dru, resta longtemps comme une référence. Considérée comme le passage technique le plus difficile en haute montagne, elle devint une sorte de test, réservé aux virtuoses de l'escalade. Désormais, il ne restait plus que la face Ouest pour assouvir la passion des alpinistes en quête de premières.

Au lendemain de la Seconde Guerre mondiale, la fin du conflit se traduisit par une ivresse de liberté. La haute montagne, par le défi qu'elle suscitait et par les valeurs morales qu'elle représentait attira un nombre grandissant d'alpinisme. Les regards se tournèrent à nouveau vers l'aiguille du Dru. Le Dru… La cime chère à Roger Frison-Roche.

La face Ouest, immense, d'une verticalité quasi dolomitique semblait cligner de l'œil à la nouvelle génération de grimpeurs. Elle représentait une nouvelle étape dans la longue histoire de l'alpinisme. Pierre Allain avait aperçu l'abîme de cette paroi, lors de sa conquête de la face Nord. « Vouloir s'attaquer à la face Ouest ne serait pas de l'alpinisme mais du travail en montagne » avait-il alors confié à son compagnon de cordée en guise de boutade.

Pourtant ce sont ses amis, des grimpeurs parisiens comme lui, adeptes de l'école de Fontainebleau, qui allaient en venir à bout. Guido Magnone, André Dagory, Lucien Bérardini (décédé en 2006) et Marcel Lainé surmontèrent, lors de l'été 1952, une à une les difficultés pour vaincre la paroi considérée comme inaccessible. Cette première souleva une polémique. Les puristes de l'alpinisme refusaient de reconnaître la victoire car il y avait, à leurs yeux, un problème éthique. En effet, la face avait été gravie en deux étapes. Les grimpeurs avaient d'abord conquis la moitié de la paroi, s'étaient ensuite échappés par le haut de la face Nord. Ils étaient revenus quelques jours plus tard, avaient rejoint le point extrême atteint lors de la première tentative par un chemin détourné avant de terminer leur parcours.

Un jeune grimpeur italien, nommé Walter Bonatti, âgé de 22 ans, observait d'un regard amusé cette polémique. Dans son esprit, la cordée française avait bien vaincu la face Ouest. Il en était d'autant plus heureux que le nouvel itinéraire passait nettement à côté d'un superbe éperon de granit, véritable obélisque de rocher s'élevant d'un jet dans le ciel, qu'il se promettait bien d'escalader un jour. L'opportunité lui fut offerte quelques années plus tard, au lendemain de l'expédition italienne au K 2, dans le Pakistan, le deuxième sommet du monde avec ses 8 611 m. Au printemps 1954, Achille Compagnoni et Lino Lacedelli, se dressaient à la cime. Ils devaient en grande partie leur victoire au jeune Bonatti qui avait transporté à plus de 8 000 m d'altitude des précieuses bouteilles d'oxygène. Mais une lamentable polémique accompagna cette victoire. Pour diminuer son rôle, on l'accusa des pires maux.

Déprimé, dépité, écœuré par de tels comportements, Walter chercha refuge dans la montagne. Il se souvint de l'éperon de granit situé en bordure de la face Ouest des Drus. En 1955, il partit seul à l'assaut du pilier qui porte aujourd'hui son nom pour signer un des plus fantastiques exploits de l'histoire de l'alpinisme. En cinq jours, au prix d'un effort et d'une prise de risque inouïs, il réussit son entreprise et trouva, dans l'action et le dépassement de son entreprise, les réponses psychologiques à ses problèmes.

Mais la face Ouest des Drus n'était pas au bout de ses conquêtes. Il y eut d'abord, en 1957, la première ascension hivernale de la paroi, réalisée par un jeune français, encore inconnu du monde de la montagne mais qui allait faire parler beaucoup de lui quelques années plus tard : René Desmaison. En 1962, les Américains entraient en lice. Garry Hemming et Royal Robbins réussissaient la « directe » américaine. Trois années plus tard, en 1965, Robbins revenait sur la même paroi avec son compatriote John Harlin pour réaliser la « directissime » américaine ! Désormais, les itinéraires allaient se croiser sur cette paroi que bon nombre de grimpeurs considéraient comme inaccessible au lendemain de la Libération…

Toujours en 1965, la face Ouest des Drus était le théâtre d'une nouvelle polémique. Deux Allemands

Suite ci-contre

La Recette de la Semaine

Filet mignon de porc aux coings

Pour 4 personnes

• 600 g de filet mignon de porc •
• 1 cuillère à soupe de sucre •
• 1 cuillère à café de gingembre râpé •
• 1 pincée de cannelle • sel • poivre •
• 4 coings •

Laver les coings.
Les découper en quartiers pour ôter le cœur puis couper les quartiers en deux dans la longueur.
Les pocher 10 minutes à l'eau bouillante.
Les égoutter soigneusement puis les laisser refroidir.
Peler les tranches de coing
Détailler un filet mignon de porc en tranches.
Les faire bien colorer au beurre dans une sauteuse à feu vif. Ajouter les coings.
Saupoudrer de gingembre râpé et de cannelle.
Saler, poivrer.
Mélanger délicatement.
Laisser mitonner 15 minutes.
Servir très chaud avec du riz.

Savoie rouge@

se trouvaient bloqués sur une étroite vire. Pour les tirer de là, les guides de Chamonix et l'Ecole militaire de haute montagne furent sollicités. Ils établirent une véritable main courante sur la face Nord pour tenter de les rejoindre après une courte traversée sur le versant Ouest. Mais, au moment où ils s'apprêtaient à effectuer la jonction, une cordée se trouvait déjà sur place, composée, entre autres, de René Desmaison et de Garry Hemming, surnommé le « beatnik des cimes ». Loin de s'entendre, les deux cordées se livrèrent une sorte de concurrence. Les deux naufragés de la paroi furent descendus par la cordée franco-américaine. Les guides et les militaires durent plier bagage. Dès son retour dans la vallée, René Desmaison fut exclu de la Compagnie des guides de Chamonix.

La face Ouest des Drus continua à attirer les regards de convoitise des prétendants à la victoire. Les plus grands noms de l'alpinisme contemporain, de Patrick Bérhault (décédé en 2004) à Marc Batard, en passant par Jean-Cristophe Lafaille (disparu dans l'Himalaya en 2006) et Catherine Destivielle, se sont mesurés sur le granit fauve de la paroi pour repousser toujours plus loin les limites de l'escalade.

Jean Daumas

2007 JANVIER

SEMAINE N°5

Lundi 29 St Gildas

Matinée

Après-midi

Soirée

Mardi 30 Ste Martine

Matinée

Après-midi

Soirée

Mercredi 31 Ste Marcelle

Matinée

Après-midi

Soirée

Notes

2007

Côté Jardin en Janvier

A la St Sébastien, l'hiver reprend ou se casse les dents

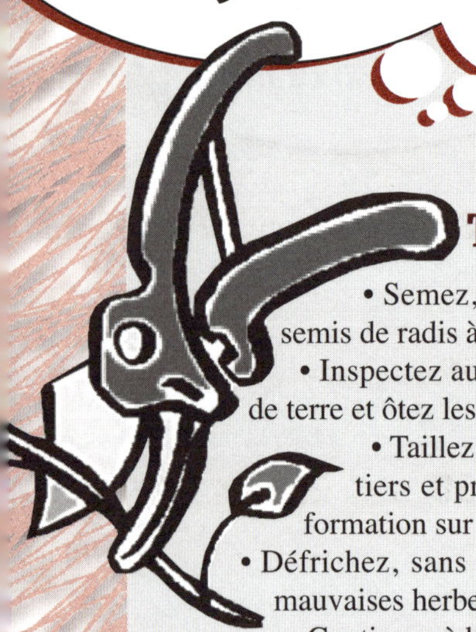

Travaux du mois :

• Semez, sous un tunnel ou un châssis chaud, des semis de radis à forcer et laitue de printemps.
• Inspectez au moins une fois par semaine vos pommes de terre et ôtez les germes si besoin est.
• Taillez les arbres fruitiers à pépins. Sur les abricotiers et pruniers, on effectue seulement la taille de formation sur les jeunes sujets, sans toucher aux adultes
• Défrichez, sans désherbant, en arrachant les racines des mauvaises herbes arbustives et vivaces.
• Continuez à bêcher pour prendre de l'avance.

Ce qu'il ne faut pas faire ce mois-ci :

• Effectuez bêchage, plantations et autres travaux lorsque la terre du jardin est boueuse.
• Taillez les arbustes à floraison printanière dans la foulée des élagages d'hiver. Cela supprimerait la floraison de cette année.
• Donnez aux plantes des engrais. Même dans la maison, les plantes se reposent faute de lumière.

Matériel :

• Désinfectez les outils de coupe entre deux arbres ou arbustes. Maladies et champignons trouvent en effet là leur meilleur vecteur de propagation. Profitez d'un jour de pluie pour gratter et brosser vos outils des pieds à la tête. Passez les manches en bois à l'huile de lin, pour les fortifier et les rendes plus lisses. Essuyez au chiffon sec les manches en plastique. Poncez et huilez les fers.
• Donnez les sécateurs et les scies à affluer.

Plantes d'intérieur :

• Placez dans un endroit frais (12° à 15°) les plantes fleuries reçues en cadeau pour les fêtes. C'est la condition indispensable pour les garder fraîches quelque temps.
• Pulvérisez chaque jour de l'eau à température ambiante sur vos plantes vertes, bégonias et plantes grasses exceptées

Entretien :

• Arrosez les conifères si la terre est prise par le gel durant plus de deux semaines. Ils souffriront en effet de la soif plus que du froid. Pensez à entrouvrir, par eau temps les protections des arbustes, afin de leur offrir un peu d'air

TRUCS et ASTUCES

Récupérez vos cendres de cheminée, elles sont riches en potassium et en phosphore et constituent un amendement performant (ne pas faire d'apport de fumier en même temps).

L'eau de vos poissons rouges contient des déchets organiques, c'est un bon engrais naturel.

Les eaux de cuisson des légumes sont comme les tisanes ou les fonds de théière, riches en éléments nutritifs.
Versez le précieux liquide froid sur la terre de vos plantes d'appartement.

FÉVRIER 2007

vient
de februarus mensis
qui signifie
" mois des purification ".

" A la Sainte Jacqueline, froid et bruine. "

Le 8 Février

En Février

962 : création du Saint Empire romain germanique.

1945 : ouverture de la conférence de Yalta.

1953 : inondations meurtrières aux Pays-Bas.

1954 : appel de l'abbé Pierre en faveur des sans-logis.

VÉRONIQUE ;

Signifie " qui porte la victoire ", honorée le 4 février. Femme juive atteinte d'un flux de sang, elle fut guérie par Jésus et vint témoigner en sa faveur lors de son procès devant Pilate. La légende prétend qu'elle essuya le visage du Christ montant au Calvaire avec un linge blanc. Elle est la patronne des photographes et des lingères.

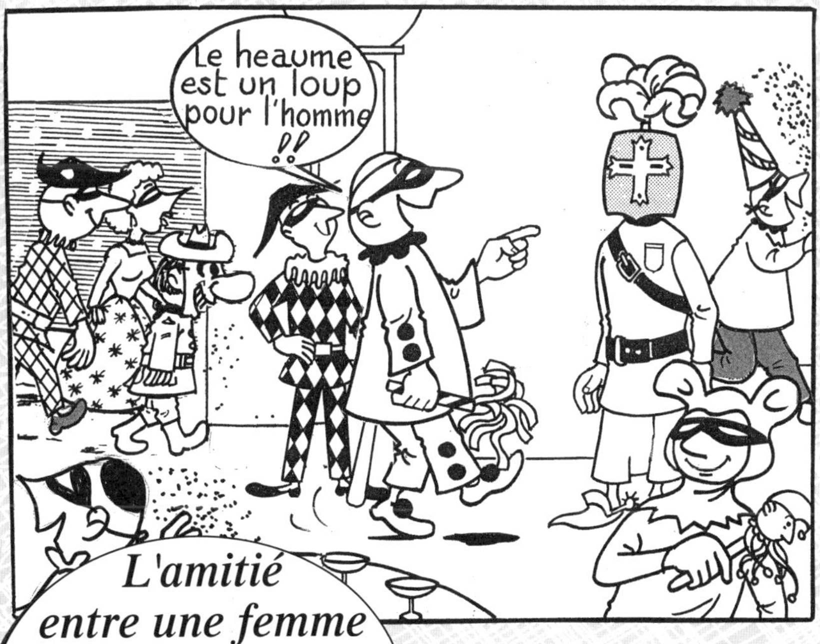

Étymologie mythologique

La langue française s'est beaucoup inspirée des mythologies. Chaque mois vous trouverez un mot qui doit son origine à un héros ou à une divinité.

L'adjectif " aphrodisiaque " vient d'APHRODITE, déesse grecque de l'Amour. *(Substance qui favorise l'amour et ses prouesses physiques)*

L'amitié entre une femme et un homme s'arrête au seuil de la chambre.

[Grégoire Lacroix]

FÉVRIER 2007

Le dicton du mois

À la St Barthélemy (17)
La grenouille
sort de son nid.

Pierre Dumas « le bâtisseur »

Le 4 février 2004, Pierre Dumas s'est éteint à l'âge de 74 ans à Chambéry, dans sa ville natale. Toute sa vie, il fut un homme d'engagement. Adolescent, il connaît les malheurs de l'Occupation et s'engage dans la Résistance. Avec ses amis lycéens, il voit en De Gaulle, le symbole de la France à restaurer, il fonde donc les « jeunesses gaullistes » et distribue des tracts contre le Service du Travail Obligatoire. A la fin de la guerre, ses convictions n'ont pas changé, il milite donc fort logiquement au Rassemblement pour le Peuple Français, le nouveau parti du général. Il en devient le responsable national des étudiants. Dans la continuité, à seulement 37 ans, il devient ministre. Il le sera de 1962 à 1969, dans les cabinets Pompidou et Couve de Murville. Il occupe successivement les postes de ministres des travaux publics, des relations avec le Parlement, du Tourisme, de la Promotion sociale et des Affaires sociales. En 1969, De Gaulle est désavoué par référendum, il quitte le pouvoir, Pierre Dumas aussi, après trente ans de fidèles et loyaux services.

Son destin national ne le coupe pas de sa Savoie natale, il y est régulièrement élu en parallèle, puis exclusivement. Il aime d'ailleurs à répéter : « c'est à l'échelle locale que se trouve la conjugaison des gens qui ont des approches philosophiques différentes ». De 1958 à 1986, il est conseiller général puis député de Chambéry et de la Maurienne (1958-1973) et, enfin, Maire de Chambéry de 1959 à 1977, puis de 1983 à 1989. Il y fait bâtir le quartier de Chambéry le haut. Des zones industrielles sont aménagées aux abords de l'agglomération. Cette dernière d'ailleurs, absorbe les communes de Bissy et de Chambéry le Vieux. Enfin, Pierre Dumas fait mettre en valeur le patrimoine historique de la ville. Pierre Dumas met en marche aussi de grands projets pour son département. Il est à l'initiative de la création du Parc National de la Vanoise et de l'Université de Savoie. A force d'acharnement, il participe à l'obtention de

Suite ci-contre

Image d'Hier

32 THONON-LES-BAINS. — Rue Vallon. — Entrée de la Caserne. — LL. SELECTA

La Recette de la Semaine

Crêpes aux marrons et à l'orange

Pour 4 personnes

- 4 grandes crêpes
- 4 cuillerées à soupe de crème de marrons
- 4 cuillerées à soupe de crème fraîche épaisse
- 1 cuillerée à soupe de rhum ambré
- 2 oranges
- 1 peu de sucre glace
- 1 morceau d'orange confite

Dans un saladier, battre la crème de marrons, la crème fraîche et le rhum.

Réservez au frais.

Peler les oranges à vif et les détailler en quartiers en éliminant les pépins.

Réchauffer les crêpes au micro-ondes, en les couvrant d'un film spécial, 1 minute 30 environ à puissance moyenne.

Etaler le quart de la crème de marrons sur chaque crêpe, puis répartir les quartiers d'oranges par-dessus et replier en forme d'éventail.

Disposer chaque crêpe sur une assiette individuelle, la saupoudrer d'un peu de sucre glace et la décorer avec des petits dés d'orange confite.

Servir aussitôt.

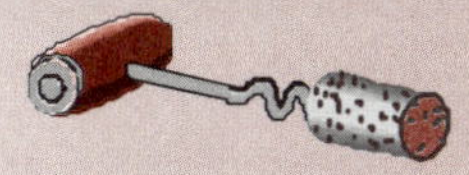

Mondeuse

Le saviez Vous ?

En piste

La vallée blanche. Le nom fait rêver. Une descente particulièrement prisée des skieurs dont la réputation a depuis longtemps dépassé les frontières. Longue de plus de 20 km elle offre un dénivelé de 2 750 m de l'Aiguille du Midi à Chamonix. Piste non balisée il convient de la pratiquer avec un guide.

l'Appellation d'Origine Contrôlée Beaufort. Il n'oublie pas ses affaires personnelles en fondant la société pour le percement du tunnel de Fréjus. Son surnom de « bâtisseur » ne le quitte désormais plus. Il obtient la construction de l'autoroute de la Maurienne. L'un de ses derniers combats se porte sur la liaison ferroviaire transalpine Lyon- Turin. Convaincu de son bien fait pour sa ville et son département, il est à l'origine du dossier. Ses derniers mandats électifs le conduisent au Sénat de 1986 à 1995, ainsi qu'au conseil régional dont il sera Vice-président, chargé des transports et des communications. Pierre Dumas, en visionnaire, a donc tout bâti pour faire de « sa » Savoie un département moderne et prêt à affronter la modernité.

Cyril Jacquin

Notes

Jeudi 01 — Ste Ella

Matinée

Après-midi

Soirée

Vendredi 02 — Prés. du Seigneur

Matinée

Après-midi

Soirée

Samedi 03 — St Blaise

Matinée

Après-midi

Soirée

Dimanche 04 — Ste Véronique

Matinée

Après-midi

Soirée

2007 FÉVRIER
SEMAINE N° 6

Lundi 05 Ste Agathe
Matinée
Après-midi
Soirée

Mardi 06 St Gaston
Matinée
Après-midi
Soirée

Mercredi 07 Ste Eugénie
Matinée
Après-midi
Soirée

Jeudi 08 Ste Jacqueline
Matinée
Après-midi
Soirée

Vendredi 09 Ste Apolline
Matinée
Après-midi
Soirée

Samedi 10 St Arnaud
Matinée
Après-midi
Soirée

Dimanche 11 N.-D. de Lourdes
Matinée
Après-midi
Soirée

2007

Le bouquetin au service de la protection de la nature

Le parc national de la Vanoise, le premier parc de ce type créé en France, en 1963, évoque la présence du bouquetin qui en est devenu un des symboles. Animal majestueux mais relativement docile, le bouquetin vivait déjà il y a 100 000 ans dans les régions rocheuses d'Europe. Sa présence est attestée par de nombreuses représentations dans les grottes préhistoriques comme Lascaux, en Dordogne, ou Chauvet, en Ardèche. Jusqu'au XVIe siècle, il resta très présent dans les montagnes, principalement dans tous les massifs des Alpes. L'invention de l'arme à feu lui porta un coup fatal qui faillit même devenir la cause de son extermination.

Victime de l'adresse et de la passion des chasseurs, les populations de bouquetins s'étiolaient un peu plus chaque année au point qu'un 1823, il avait pratiquement disparu des Alpes françaises et qu'il n'en restait que quelques centaines d'unités dans le massif du Grand Paradis. C'est au moment où l'espèce était sur le point de disparaître que le roi Victor Emmanuel II créa, en 1856, la réserve royale du Grand Paradis. En 1922, cette réserve prit le statut de parc national.

En France, au lendemain de la Libération, la réflexion sur le respect de l'environnement entrait dans les mœurs et on projetait la mise en place de zones de protection. Dès 1943, sous l'impulsion du Club alpin français et du Touring club de France, l'idée de créer une réserve naturelle dans le massif de la Vanoise avait déjà été abordée. Elle fut reprise et déboucha, au terme de nombreuses hésitations et controverses, sur le projet d'ouvrir un parc national en Vanoise. A son intérêt de protéger quelques-uns des plus beaux paysages alpins s'ajouta l'opportunité de jouxter le parc national du Grand Paradis sur plusieurs dizaines de kilomètres. Le bouquetin bénéficiait ainsi d'un espace plus important pour se développer. Il colonisa très vite les pentes de la Vanoise au point de constituer, avec à la présence de 2 000 têtes, la plus grande population de bouquetins de France.

En 1972, le jumelage entre les parcs de la Vanoise et du Grand Paradis permettait d'offrir officiellement une zone privilégiée de 1 250 km2, l'espace protégé le plus étendu de l'Europe occidentale.

Jean Daumas

La Recette de la Semaine

Crêpes au citron

Pour 6 à 8 personnes (20 à 24 crêpes)

Pâte à crêpes :
• 250 g de farine • 30 g de sucre en poudre •
• 1/2 cuillerée à café de sel • 6 œufs • 1/2 l de lait •
• 25 cl de crème fleurette • 50 g de beurre fondu •

Crème au citron :
• 2 citrons non traités • 2 œufs • 100 g de sucre en poudre •
• 1 cuillerée à café bombée de maïzena • 25 g de beurre •
• 1 cuillerée à soupe de limoncello •
• 5 cl de crème fraîche liquide uht • 25 g de sucre glace •

Préparer la pâte à crêpes : dans une terrine, mélanger la farine, le sucre et le sel. Creuser un puits, y casser les œufs, râper finement le zeste d'un des trois citrons destinés à la préparation de la crème au citron, puis délayer peu à peu avec le lait. Lorsque la pâte est lisse et homogène, ajouter la crème fleurette et le beurre fondu. Bien battre et laisser reposer 1 heure.

Au bout de ce temps, préparer les crêpes selon la méthode habituelle, en graissant bien la poêle à chaque fois.

Préparer la crème au citron : laver les citrons en les brossant. Râper finement le zeste du dernier citron. Presser les jus des 2 citrons. Mettre zeste et jus dans une petite casserole et faire chauffer sur feu doux.

Pendant ce temps, battre les œufs avec le sucre en poudre jusqu'à ce que le mélange blanchisse et devienne mousseux. Ajouter la maïzena, puis verser peu à peu le jus de citron chaud en continuant à battre. Reverser la crème obtenue dans la casserole, puis la faire épaissir sur feu doux, sans cesser de remuer à la spatule. Ne pas faire bouillir et ne pas laisser attacher.

Hors du feu, incorporer le beurre et le limoncello, puis bien lisser au fouet ou au batteur électrique, car la crème doit être de texture très fine et très lisse. Laisser refroidir complètement. Fouetter la crème fraîche avec le sucre glace et l'incorporer délicatement à la crème au citron.

Pour servir, garnir chaque crêpe d'une cuillerée de crème au citron, puis la rouler en cornet. Ranger les crêpes au fur et à mesure sur un grand plat.

Royal-Seyssel

Le saviez Vous ?

Lieu de mémoire

Le grand cimetière de Chambéry compte 7000 tombes. Ouvert en 1933 à Charrière-Neuve sur la commune de Bissy, quelques personnalités savoyardes y reposent comme la poétesse Amélie Gex native de la Chapelle Blanche, Césarine de Lamartine sœur d'Alphonse, la troisième épouse de l'Aga Khan ou bien encore le sculpteur Mars-Vallet qui en réalité s'appelait Marius Vallet. On lui doit notamment la statue de Jean –Jacques Rousseau visible au Clos Savoiroux.

2007 FÉVRIER

SEMAINE N°7

Lundi 12 — St Félix

Matinée

Après-midi

Soirée

Mardi 13 — Ste Béatrice

Matinée

Après-midi

Soirée

Mercredi 14 — St Valentin

Matinée

Après-midi

Soirée

Jeudi 15 — St Claude

Matinée

Après-midi

Soirée

Vendredi 16 — Ste Julienne

Matinée

Après-midi

Soirée

Samedi 17 — St Alexis

Matinée

Après-midi

Soirée

Dimanche 18 — Ste Bernadette

Matinée

Après-midi

Soirée

2007

De Marie Paradis à l'éclosion de l'alpinisme féminin

Le 12 février 1779, la naissance de Marie Paradis, dans une ferme misérable du quartier de Beaulieu, près de Saint-Gervais, passa totalement inaperçue. Rien ne laissait présager au bébé turbulent qu'il entrerait un jour dans la longue histoire de l'alpinisme. L'alpinisme, d'ailleurs, n'existait pas à cette époque. Le seul sommet à caractère alpin vaincu par l'homme se trouvait en terre dauphinoise. Il s'agissait du mont Aiguille qui, avec ses 2 097 m d'altitude ne pouvait rivaliser avec les géants des Alpes. Par ailleurs, son ascension avait été réalisée sur ordre du roi Charles VI. C'est à peine, à cette époque, si on savait que le mont-blanc était le plus haut sommet des Alpes.

Le 8 août 1786, Marie Paradis n'avait que six ans. Etablie au village des Houches, le premier de la vallée de Chamonix, elle se trouvait sur les alpages, du côté du col de Voza, pour tenir compagnie à sa famille, à ses parents, à ses cousins qui gardaient les troupeaux. Il faisait un temps superbe en cette journée. Le soleil inondait les neiges et les glaciers du mont-blanc. La petite Marie était loin de se douter qu'à quelques kilomètres de là, un événement aller bouleverser la vie de la vallée de Chamonix : Jacques Balmat et le docteur Gabriel Paccard venaient de réussir la première ascension du mont-blanc.

En 1799, Marie célébrait son vingtième anniversaire. En fait, aucune festivité ne marqua ce passage symbolique de l'adolescence à l'âge adulte. La vie était si rude à la ferme qu'elle ne tolérait aucune fantaisie. De plus, en ce 12 février, l'hiver cloîtrait les familles dans leur ferme. Il fallait veiller à la bonne santé des animaux et même sous la torpeur hivernale les travaux quotidiens mobilisaient tous les membres de la famille.

Marie ne levait pas souvent la tête vers les sommets. Ce monde de neige, battu par les tempêtes représentait une terre hostile, dangereuse et maléfique. Elle ne comprenait pas pourquoi des hommes s'étaient à plusieurs reprises aventurés dans ces pentes. Elle assistait, toujours incrédule, dès le printemps venu, à l'arrivée des premiers touristes. A l'aube du XIXe siècle, Chamonix comptait déjà trois auberges qui accueillaient une clientèle étrangère malgré des conditions de confort et de salubrité plus que limitées. Les jours de beau temps, une trentaine de visiteurs arrivaient de la plaine de Sallanches, souvent en provenance de Genève. Mais, dès que l'orage grondait, Chamonix retrouvait sa solitude.

Le plus souvent, les voyageurs se rendaient dans la vallée pour prolonger leur séjour jusqu'aux glaciaires qui, en cette époque atteignaient presque les premières maisons. Pour les conduire en montagne, d'intrépides chasseurs de chamois ou des prospecteurs de cristaux se transformaient en accompagnateurs, préfigurant ainsi les futures générations de guides.

En 1808, Marie Paradis, alors âgée de 29 ans, travaille comme servante dans un hôtel de Chamonix. Les mauvaises langues prétendent que l'enfant qu'elle porte dans ses bras, de père inconnu, est à l'origine de la disgrâce familiale. Dans l'hôtel qui l'emploie, elle croise souvent des touristes et même les ancêtres des alpinistes qui se hasardent sur quelques cimes du massif du mont-blanc ou des aiguilles Rouges. Ceux qui tentent l'ascension du sommet du mont-blanc restent une exception. Une dizaine d'expéditions, tout au plus, ont conduit des caravanes jusqu'au sommet.

En ce 13 juillet la jeune Marie traverse les rues de Chamonix en discutant avec Euphrasine Ducroz, une de ses amies. C'est alors qu'elle croise un groupe de guides dont le célèbre Jacques Balmat, dit « Mont Blanc ». Ses deux fils l'accompagnent ainsi que quatre autres personnes. Ils devaient tenter une nouvelle ascension du mont-blanc mais leur riche client vient de se désister. Ils ont tout de même décidé d'entreprendre l'ascension pour leur compte. La dose de breuvages locaux qu'ils ont ingurgitée explique sans doute leur décision. Ils expliquent leur projet à Marie qui ne comprend toujours pas une telle attirance pour les cimes.

Suite page 28

La Recette de la Semaine

La soupe de chou-fleur au fromage

• **500 g de chou-fleur** (pesé épluché) •
• **2 grosses cuillères à soupe de farine • sel • poivre • muscade •**
• 12 tranches fines de pain de campagne rassis •
•1 gros croûton de pain rassis • 1,5 litre d'eau •
• 1 grosse noix de beurre • 50 g de râpé •

Coupez le chou-fleur en bouquets, lavez-les. Faites-les blanchir 5 minutes dans une grande casserole d'eau bouillante salée, dans laquelle vous aurez mis le croûton, qui a la réputation, vous le savez, d'éviter qu'une trop forte odeur de chou se répande dans la maison. Enlevez le croûton et égouttez le chou.

Mettez la farine dans la casserole et délayez-la avec l'eau froide, portez à ébullition en tournant ; ajoutez alors le chou, le sel, le poivre, la muscade.

Laissez cuire une bonne demi-heure, jusqu'à ce que le chou soit tendre, couvert, mais pas complètement, de façon à éviter que cela déborde.

Pendant ce temps, disposez dans la soupière, la moitié du pain, puis le râpé, et le reste du pain.

Lorsque le chou est cuit, passez au moulin à légumes, mettez le beurre et versez avec précaution ce bouillon bien chaud dans la soupière. Laissez gonfler quelques minutes avant de servir.

Suivant les goûts, on peut faire une liaison avec un jaune d'œuf et 2 cuillères à soupe de crème.

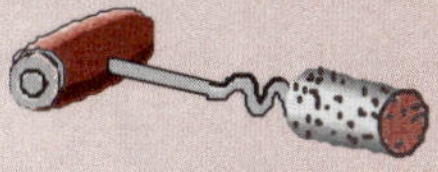

Savoie rouge

Le saviez Vous ?

Débroussaillage adapté

La ville de Chambéry a opté pour la fauche tardive. Elle consiste à traiter les bords de routes de façon plus homéopathique dans un souci de protection de l'environnement mais aussi d'économie. Dans un premier temps fin mai, les services techniques municipaux procèdent à une première phase de débroussaillage en fauchant des bandes de 1,50 m de large, ceci pour optimiser la visibilité. Toutefois les points sensibles de circulation comme les carrefours sont traités en une seule fois La deuxième phase, engagée en septembre, nécessite un désherbage complet. Les avantages de cette démarche sont multiples : elle minore le phénomène d'érosion, favorise le maintien et le développement de la faune et de la flore, permet un emploi plus rationnel des engins donc un moindre coût en carburant. Sans compter que les employés passent moins de temps sur le site de débroussaillage.

2007 FÉVRIER

SEMAINE N°8

Lundi 19 — St Gabin
Matinée
Après-midi
Soirée

Mardi 20 — Mardi Gras
Matinée
Après-midi
Soirée

Mercredi 21 — Cendres
Matinée
Après-midi
Soirée

Jeudi 22 — Ste Isabelle
Matinée
Après-midi
Soirée

Vendredi 23 — St Lazare
Matinée
Après-midi
Soirée

Samedi 24 — St Modeste
Matinée
Après-midi
Soirée

Dimanche 25 — 1er de Carême
Matinée
Après-midi
Soirée

De Marie Paradis à l'éclosion de l'alpinisme féminin (suite)

- Pourquoi ne viendriez-vous pas avec nous, suggère soudain l'un des guides.

La proposition, pour le moins surprenante, a pour effet de mettre en fuite Euphrasine. Mais Marie reste, écoute, plus par curiosité que par intérêt. Et puis, il y a la notoriété de Jacques Balmat.

- Tu as besoin de gagner ta vie, tu as un enfant à nourrir, ajoute un des interlocuteurs. Tu es une fille costaude, tu parviendras jusqu'à la cime. Pense aux étrennes que les gens ne manqueront pas de te donner lorsque tu leur raconteras ton ascension. »

Au fil de la discussion, Marie prend conscience de l'opportunité d'une telle démarche, même si, en levant la tête vers le Dôme du Goûter et la cascade de glace des Bossons, elle ne peut repousser un sentiment d'effroi.

Pourtant, quelques heures plus tard, Marie s'engage sur l'étroit sentier qui conduit à la Montagne de la Côte, cette échine rocheuse qui sépare les glaciers des Bossons et de Taconnaz. Elle emboîte le pas des guides et ne comprend pas dans quel traquenard elle vient de tomber. Elle a laissé son enfant à Euphrasine. Chez elle, elle a récupéré les vêtements les plus chauds qu'elle possède. Un des guides lui a trouvé des chaussures d'hommes qui lui vont à merveille.

L'équipe installe son bivouac sous le sommet de la Montagne de la Côte, à près de 2 500 m d'altitude, en bordure des glaces de la Jonction. Dès la tombée du jour, le froid surprend la jeune femme. Elle commence, mais un peu tard, à réaliser que l'aventure qu'elle vient d'entreprendre ne sera pas de tout repos... Heureusement les guides veillent. Pendant la nuit, ils se serrent contre elle pour lui apporter un peu de chaleur. Mais le lendemain, à l'aube, Marie n'a pas fermé l'œil de la nuit. Transis de froid, impressionnée par l'univers de glace qui la domine et vers lequel les guides comptent la conduire, elle exige le retour vers la vallée. Mais comment pourrait-elle résister au pouvoir de persuasion de Balmat et de ses compagnons ?

Solidement encadrée par les sept guides, Marie pose pour la première fois de sa vie le pied sur un glacier. Les premiers pas sont hésitants. Mais les guides veillent, encouragent, rassurent. Le cheminement se poursuit dans un dédale de crevasses, de séracs. Parfois, un sinistre craquement ébranle la cataracte de glace. Marie n'en peut plus. Les effets de l'altitude se font sentir. Son manque de technique lui impose trois fois plus d'effort pour monter. Le froid la paralyse. Même le soleil, en cette belle matinée, ne parvient pas à la réchauffer. Et puis, il y a cet environnement hostile, cette neige, cet univers minéral, stérile, effrayant. Marie hurle, pleure, supplie le groupe de redescendre vers Chamonix dont elle aperçoit là-bas, très bas, les maisons et le clocher de l'église. Mais rien n'y fait. Imperturbables, les guides poursuivent leur marche vers le sommet.

- Ficha mé din na crevasse é alla o vo vodra ! »

Marie Paradis est affalée dans la neige, à 4 000 m d'altitude, à la hauteur du Grand Plateau. C'est déjà un exploit pour une personne non entraînée à la marche en altitude d'être montée si haut. Les mots d'encouragement des guides ne servent plus à rien. Marie est épuisée. Elle ne peut plus se tenir debout. Balmat lui-même le reconnaît. Alors les guides la relèvent, la soutiennent, la portent. Parfois, ils la tirent dans la neige. Marie est inconsciente. Pour elle, sa dernière heure ne va pas tarder à arriver. Elle pense à son enfant, à sa famille, à son amie Euphrasine.

Mais la progression se poursuit. Par fierté, par orgueil, les guides tiennent absolument à mener Marie jusqu'à la cime. Ils viennent d'atteindre le niveau du col de la Brenva et abordent le Mur de la Côte. Après, ils le savent, il n'y a plus de grande difficulté. Depuis plusieurs heures, Marie n'est plus qu'un fardeau qu'ils traînent sur la neige. Les paroles qu'elle bredouille n'ont aucun sens et ils ne tiennent pas compte de ses supplications.

Pourtant, en début d'après midi de ce 14 juillet 1808, Marie Paradis devient la première femme à réussir l'ascension du mont-blanc. L'arrêt ne se prolonge que quelques minutes, bien insuffisantes pour permettre à Marie de récupérer. La descente qui s'amorce n'est que le début d'un long calvaire qui se prolonge pendant des heures et des heures. Ce n'est que le lendemain que la caravane arrive à Chamonix, saluée par quelques pétards pour célébrer la première ascension féminine du Toit des Alpes.

Suite ci-contre

La Recette de la Semaine

Pain perdu aux poires et aux pistaches

Pour 4 personnes

• 3 ou 4 poires de saison mûres mais fermes •
• 8 tranches de pain rassis, de pain brioché ou de brioche un peu rassise •
• 100 g de beurre • 2 petits œufs • 20 cl de lait entier •
• 60 g de sucre en poudre • 1 sachet de sucre vanillé •
• 40 à 50 g de pistaches mondées •

Eplucher les poires, les couper en quartiers, puis les recouper en lamelles épaisses en éliminant les parties dures du centre et les pépins.

Faire fondre 40 g de beurre dans une poêle, y déposer les poires et la moitié du sucre en poudre. Faire cuire en retournant plusieurs fois délicatement, jusqu'à ce que les poires soient légèrement caramélisées des deux côtés.

Parsemer d'éclats de pistaches grossièrement concassées.

Simultanément, fouetter les œufs dans un plat creux avec le lait et le sucre vanillé.

Etaler le reste de sucre en poudre sur une assiette plate.

Tremper les tranches de pain dans le mélange, puis les passer dans le sucre.

Faire fondre 30 g de beurre dans une autre poêle. Y déposer la moitié des tranches.

Les faire dorer quelques minutes à feu doux, des deux côtés, puis les retirer à l'aide d'une spatule souple ou d'une écumoire et les dresser, côte à côte, dans le plat de service.

Les maintenir au chaud en recouvrant avec une feuille d'aluminium.

Remettre 30 g de beurre dans la poêle et y faire dorer le reste des tranches.

Les dresser à côté des autres, puis répartir les poires équitablement sur les tranches de pain.

Servir aussitôt.

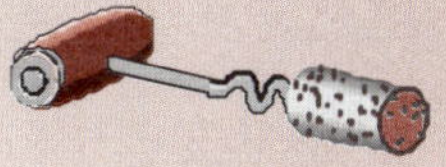

Mondeuse

Elle ne garda de son aventure que des images confuses. Celle d'un immense trou noir au fond duquel elle crut apercevoir le village de Chamonix. Elle ne devint pas la riche personne, croulant sous les étrennes, que lui avaient promises les guides. Elle se contenta de tenir une buvette, au départ du sentier de la Montagne de la Côte. Et si, effectivement, beaucoup de promeneurs et d'alpinistes lui demandaient de leur raconter son odyssée, les quelques pièces de monnaie qu'ils lui laissaient ne correspondaient pas à son abnégation et aux efforts consentis tout au long de l'ascension.

Si Marie Paradis avait gravi le mont-blanc contre son grès, il en fut tout autrement d'Henriette d'Angeville (1794-1871) qui réussit à atteindre le sommet en 1 838. Fascinée par la beauté de la cime, elle s'était livrée à une longue préparation et garda des quelques minutes passées à la cime un souvenir inoubliable et des images qui devaient l'accompagner jusqu'au terme de son existence. Ce fut elle qui donna en quelque sorte le coup d'envoi de l'alpinisme féminin.

Jean Daumas

Lundi 26 St Nestor

Matinée

Après-midi

Soirée

Mardi 27 Ste Honorine

Matinée

Après-midi

Soirée

Mercredi 28 St Romain

Matinée

Après-midi

Soirée

Notes

Côté Jardin en février

Neige à la Ste Isabelle, rend fleur belle

TRUCS et ASTUCES

Pas besoin de serre pour vos semis. Mettez-les dans les creux de votre compost et posez une vitre dessus. Effet garanti.

Quand vous épandez du sulfate de fer, évitez d'en mettre sur les dalles ou les murs car il tache, sinon laver vite au jet.

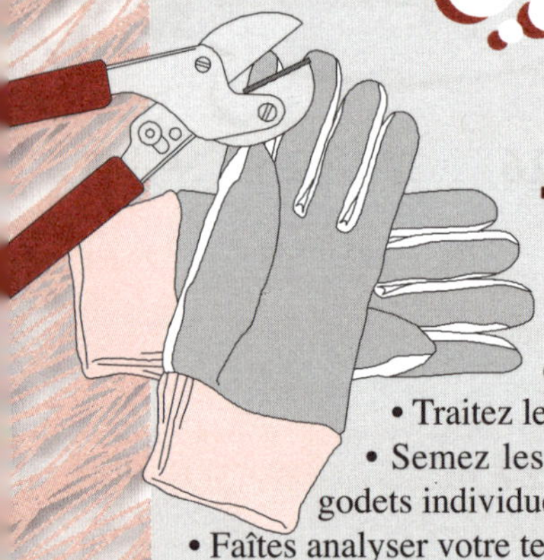

Travaux du mois :

• Surveillez les limaces qui ne feront qu'une bouchée, par temps doux des jeunes pousses de vivaces commençant à pointer

• Traitez les pieds de vigne puis procédez au sulfatage.

• Semez les tomates et aubergines en barquettes ou en godets individuels.

• Faîtes analyser votre terre si vous venez d'acquérir un jardin.

• Posez des nichoirs à mésanges au jardin, bêchez sous les arbres fruitiers et les noisetiers pour exposer les larves de parasites au gel.

• Faîtes réviser la tondeuse.

• Nettoyez toutes les parcelles de terrain libre en vue des plantations de printemps

• Taillez les arbres fruitiers à pépins.

Achat du mois :

• Vivaces toutes fraîches

• Le produit pour détruire les mousses du gazon.

• C'est la pleine saison des orchidées

Fenêtres et balcons :

• Cherchez les forsythias de variétés naines capables de vivre en pot (boucle d'or)

• Composez des jardinières avec pensées, myosotis, pâquerettes et primevères vendues en godets prêts à fleurir.

• Augmentez la fréquence des arrosages (tous les 8 jours)

Arbres et arbustes :

• Soignez les plaies des troncs et branches suite à un choc malencontreux, la vieillesse ou tout simplement une taille maladroite. Grattez les parties pourries et les écoulements de gomme. Appliquez à la spatule ou au pinceau un mastic cicatrisant ou du goudron de lin.

• Amusez-vous à marcotter ficus, philodendron, yucca, croton.

• Nettoyez les dalles avec un nettoyeur haute pression et traitez les contre les mousses.

Travaux divers :

• Dès que la terre ne colle plus, prenez de l'avance en préparant les emplacements des futures plantations, remuez la terre avec une fourche à bêcher afin de l'aérer et la rendre meuble.

• C'est le moment pour restructurer un massif qui ne vous plaît pas ou qui a mal vieilli. Toutes les plantes peuvent être arrachées et transplantées en ce moment (sauf s'il gèle)

MARS 2007

vient
de martius mensis
qui signifie
" mois de Mars ",
dieu romain de la guerre.

" Au jour
de Sainte-Colette
Commence à chanter
l'alouette. "

Le 6 Mars

En mars

1904 : réouverture du dossier Dreyfus.
1930 : inondations dévastatrices dans le Languedoc.
1980 : Marguerite Yourcenar première femme élue à l'Académie Française.
1982 : Hagler champion du monde de boxe en 67 secondes.

Il y a une
avarice de la sympathie :
on l'accorde de préférence
à ceux qui la recherchent
plutôt qu'à ceux
qui la méritent.
[Gilbert Choquette]

BÉNÉDICTE ;

Signifie " bénie " en latin. Religieuse clarisse au treizième siècle, elle succéda à sainte Claire, fondatrice du couvent Saint-Damien, où elle mourut.
Elle est honorée le 16 mars.

Étymologie mythologique

La langue française s'est beaucoup inspirée des mythologies. Chaque mois vous trouverez un mot qui doit son origine à un héros ou à une divinité.

Le mot " amphitryon " vient d'AMPHITRYON, personnage dont Zeus pris la forme pour séduire Alcimène, femme du véritable Amphitryon. De cette tromperie est né Hercule. *(un amphitryon désigne un hôte, par allusion au dîner donné par Zeus Amphitryon à Alcimène.)*

MARS 2007

Le dicton du mois

S'il pleut
à l'Annonciation (25)
Il pleuvra à toutes les
fêtes de la Vierge.

Carré d'as

Emblématiques de la faune alpine, le bouquetin, le chamois, l'Isard ou bien encore la marmotte, n'ont pas usurpé l'intérêt que nous leur portons. Il n'en a pas toujours été ainsi. Le bouquetin a même failli disparaître. Au début du XIXe siècle il ne restait guère plus qu'une centaine d'individus, conséquence d'une chasse anarchique « dynamisée » par la création et le développement des armes à feu. Le roi de Sardaigne Victor Emmanuel II dont dépendait alors la Savoie, prit une mesure de protection radicale en interdisant qu'on le chasse. Trente ans plus tard le bouquetin bénéficiait d'une réserve royale (1 856), futur parc national du Grand Paradis (1 922). La création du parc de la Vanoise en 1963 marqua un nouveau progrès mais il fallut attendre 1 976 pour que soit édictée une loi de protection du bouquetin sur l'ensemble du territoire national. Le massif alpin français abrite 3 000 individus soit 10 % de la population européenne. Des opérations de repeuplement ont lieu actuellement pour améliorer ce chiffre. Parfaitement adapté à son environnement le bouquetin ravit par ses bonds spectaculaires de rocher en rocher. Cela vaut également pour le chamois et l'isard nettement plus nombreux. Les Alpes comptent 40 000 chamois et 15 000 isards. La marmotte, quant à elle, est indissociable des petits ramoneurs savoyards, animal fétiche et symbole de l'alpage. On connaît l'expression dormir comme une marmotte. Réputation non usurpée puisque le cher petit mammifère hiberne de la mi-octobre au mois d'avril, parfois jusqu'en mai. L'aigle royal est son ennemi mais l'attachant petit rongeur possède de bonnes armes défensives : un long sifflement pour prévenir du danger, un large champ de vision et un puissant odorat. Animal grégaire et sociable la marmotte vit en colonies et passe ses journées à. prendre du bon temps.

Yves Bielinski

Image d'Hier

2117. - St-PIERRE-d'ALBIGNY. - ALBIGNY (Savoie). - La Grande-Rue

La Recette de la Semaine

Galette aux pommes en jalousie

Pour 8 personnes

• 400 g de pâte feuilletée •
• 500 g de pommes golden du Limousin •
• 40 g de sucre en poudre • 1 gousse de vanille • 1 œuf •

Diviser la pâte feuilletée en deux parts égales.

Sur le plan de travail légèrement fariné, les abaisser en deux disques égaux de 30 centimètres de diamètre. Réserver au réfrigérateur.

Peler les pommes, les couper en morceaux, en retirant les parties dures du centre et les pépins. Les mettre dans une casserole avec le sucre en poudre et la gousse de vanille fendue en deux et bien grattée. Ajouter un tout petit peu d'eau.

Mettre la casserole sur le feu doux et faire cuire en compote en mélangeant de temps en temps et en écrasant les fruits avec une fourchette. Lorsque la compote est bien sèche, la retirer du feu et la laisser tiédir. Oter la gousse de vanille.

Préchauffer le four (thermostat 7 – 210°C).

Sortir les disques de pâte du réfrigérateur et déposer l'un deux sur la tôle du four tapissée d'une feuille de papier sulfurisé (ou légèrement humidifiée).

Garnir l'abaisse avec la compote de pommes à 3 centimètres du bord. Enfouir la fève dans la compote. A l'aide d'un couteau pointu ou d'une roulette, faire des fentes de 3 centimètres les unes des autres, en hauteur et en largeur. Procéder de manière à ce que les fentes ne soient pas toutes à la même hauteur sur les lignes verticales. Poser cette abaisse sur la galette en l'étirant très légèrement.

Mouiller le pourtour avec un pinceau et appuyer avec une fourchette pour bien souder tout en guillochant la bordure. Dorer la pâte à l'œuf battu avec un peu d'eau.

Enfourner à mi-hauteur. Laisser cuire la galette 20 minutes, puis baisser la température du four à 6 (180°C) et poursuivre la cuisson encore 10 minutes. Au sortir du four, faire glisser la galette sur une grille.

Déguster tiède ou froid.

Cidre brut

Le saviez Vous?

A vos Arcs prêts... !

Aux Arcs il n'y en n'a pas que pour le ski. Après les belles glisses hivernales place aux estivales sensations. Le golf du Chantel permet de « putter » dans un cadre montagnard, sous les yeux du Mont-Blanc. Deux parcours de 9 et 18 trous sont proposés aux amateurs de la petite balle « swinguante ». Les Arcs ne pouvaient pas non plus ignorer le tir à l'arc. Une activité originale, encouragée localement par le label qualité décerné par la fédération française

Notes

Jeudi 01 St Aubin

Matinée

Après-midi

Soirée

Vendredi 02 St Charles le Bon

Matinée

Après-midi

Soirée

Samedi 03 St Guénolé

Matinée

Après-midi

Soirée

Dimanche 04 St Casimir

Matinée

Après-midi

Soirée

2007 MARS

SEMAINE N° 10

Lundi 05 Ste Olivia

Matinée

Après-midi

Soirée

Mardi 06 Ste Colette

Matinée

Après-midi

Soirée

Mercredi 07 Ste Félicité

Matinée

Après-midi

Soirée

Jeudi 08 St Jean de Dieu

Matinée

Après-midi

Soirée

Vendredi 09 Ste Françoise R.

Matinée

Après-midi

Soirée

Samedi 10 St Vivien

Matinée

Après-midi

Soirée

Dimanche 11 Ste Rosine

Matinée

Après-midi

Soirée

La jeunesse d'un guide

Michel Croz (1830-1865) fut sans doute le plus brillant des guides de Chamonix. Pourtant, lors des trente premières années de sa vie, rien ne laissa présager une carrière aussi brillante. Il était né le 22 avril 1830 au village du Tour, le plus haut village de la vallée, le plus enneigé aussi avec parfois, plus de trois mètres de neige en hiver. Certes, le monde de la montagne le fascinait et le regard qu'il portait sur les cimes, notamment sur l'aiguille Verte, traduisait une grande passion. Il vivait dans la ferme familiale, en compagnie de son frère, Jean-Baptiste, de ses deux sœurs et des autres membres de sa famille.

Curieusement, il ne manifestait aucune volonté pour appartenir à la caste encore confidentielle des guides de la vallée. Cependant, sa robuste corpulence, sa résistance au froid et son endurance à toutes épreuves le faisaient souvent choisir comme porteur par plusieurs guides. Parfois, sur certains sommets faciles, comme le mont Buet ou l'aiguille du Belvédère, il prenait la direction d'une cordée. On sentait, au fond de lui-même, un potentiel exceptionnel. En fait, Michel Croz attendait son heure, persuadé qu'elle viendrait. D'ailleurs, pour être disponible le moment venu et pouvoir se consacrer à la montagne en toute quiétude, il refusait les contraintes familiales et poussa le zèle jusqu'à refuser les propositions de mariage !

La chance se manifesta au printemps 1860, grâce à sa rencontre avec William Mathews (1828-1901), un riche industriel britannique, membre fondateur du prestigieux Alpine Club, le premier des clubs alpins européens. Mathews disait de Croz « il ne se sent heureux que lorsqu'il se trouve à plus de 3 000 m d'altitude ». l'alpiniste anglais présenta son jeune guide à des camarades de cordée, comme Bonney, Tuckett et surtout Edouard Whymper avec qui il passa les plus belles années de sa brillante mais courte carrière de guide.

Incapable de jalousie et de mesquinerie, Michel Croz accepta la présence des guides étrangers, principalement celle de Christian Almer, le plus célèbre des guides suisses, avec lequel il réussit, entre autres, la première ascension des Grandes Jorasses (Pointe Whymper) et de la Barre des Ecrins.

Jean Daumas

La Recette de la Semaine

Le lapin en saupiquet

• 1 lapin coupé en morceaux •
• 4 cuillerées à soupe d'huile d'olive + 1 verre •
• thym • laurier • fenouil • sauge •
• 1 cuillerée à dessert de farine • 1/2 verre d'eau •
• 50g de câpres • 5 filets d'anchois • 1 gousse d'ail •
• 3 branches de persil • sel • poivre • vinaigre •

Mettez de côté le foie du lapin.

Faites chauffer les 4 cuillères d'huile dans une poêle. Faites dorer les morceaux de lapin, et mettez-les à mesure dans une sauteuse, sur feu doux, dans laquelle vous aurez mis les aromates attachés en bouquet.

Saupoudrez ensuite avec la farine, donnez un tour, puis mouillez avec l'eau chaude, salez, poivrez. Couvrez, et laissez cuire à feu doux 30 à 40 minutes.

Pendant ce temps, préparez la sauce : hachez finement le foie, les câpres, les anchois, le persil et l'ail.

Faites légèrement chauffer le verre d'huile dans une casserole, mettez le hachis, donnez un tour. Salez (attention aux anchois), poivrez, ajoutez une feuille de laurier.

Couvrez, et laissez cuire très doucement une vingtaine de minutes. Vérifiez alors cuisson et assaisonnement.

Dressez le lapin, qui doit alors être cuit, sur un plat de service chauffé. Servez avec la sauce en saucière.

Certains ajoutent un peu de vinaigre dans la sauce.

On peut faire mariner le lapin la veille, avec un peu d'huile d'olive et des aromates.

Beaujolais

Le saviez Vous ?

La note juste

Créées en 1997, les Rencontres musicales de Savoie montent en puissance. La 9è édition qui s'est déroulée du 18 juillet au 4 août 2006, comprenait dix concerts au lieu de six auparavant et une semaine de programmation supplémentaire. La précédente édition avait enregistré une augmentation sensible du nombre d'auditeurs (40 %). Sur les dix concerts, six ont été donnés à Albertville, les autres à Saint-Pierre-d'Albigny, Tours-en-Savoie, Saint Oyen et La Lechère-les-Bains. Au programme : Mozart servi par l'orchestre des Pays de Savoie et le pianiste Franck Braley, une soirée violon avec à l'archet Gilles Apap, un spectacle poétique consacré à Rimbaud avec le grand pianiste François-René Duchable ainsi que des chansons traditionnelles napolitaines. Des Rencontres éclectiques à l'image de ces deux pique-niques dégustation de produits locaux proposés en sus de la programmation musicale.

Lundi 12 — Ste Justine

Matinée

Après-midi

Soirée

Mardi 13 — St Rodrigue

Matinée

Après-midi

Soirée

Mercredi 14 — Ste Mathilde

Matinée

Après-midi

Soirée

Jeudi 15 — Mi-Carême

Matinée

Après-midi

Soirée

Vendredi 16 — Ste Bénédicte

Matinée

Après-midi

Soirée

Samedi 17 — St Patrice

Matinée

Après-midi

Soirée

Dimanche 18 — St Cyrille

Matinée

Après-midi

Soirée

La mémoire engloutie

Au printemps 1952, en amont d'une immense digue de béton, les eaux de l'Isère commençaient à s'accumuler pour former un lac. Le barrage de Tignes, un des plus grands complexes hydroélectriques d'Europe voyait le jour. Un authentique village de montagne commençait à disparaître.

Dès 1933, les ingénieurs de la société des Forces motrices du Rhône avaient observé le verrou des Boisses, au bas duquel grondaient les eaux du torrent. Il suffirait de dresser une muraille pour emprisonner l'eau et constituer ainsi un énorme potentiel d'énergie. Certes, il y avait un village en amont, un authentique village de montagne avec son église, ses chalets, ses habitants, sa mémoire, une vie immuable, traditionnelle, toute une mémoire, une existence qui vit et qui palpite au rythme des saisons. Au village de Tignes, s'ajoutaient d'autres hameaux, échelonnés au fond de la vallée ou accrochés au flanc de la montagne : Villastrassiaz, Ronnaz, la Chaudanne, le Millégaz... Mais que pèsaient-ils fasse aux milliards de kilowattheures espérés ?

Les Tignards avaient bien observé les premiers repérages de ces hommes venus de la ville. Mais ils n'en avaient cure, trop préoccupés par leurs propres problèmes qui consistaient surtout à survivre dans cet environnement hostile, couvert de neige près de six mois par an.

Pourtant, en 1941, alors que la France se trouvait coupée en deux zones, le va-et-vient des techniciens s'amplifia. Certains plantaient des jalons, d'autres effectuaient des mesures. Alors le projet du barrage se répandit dans la vallée. Il déferla avec la puissance et la violence d'une avalanche. Un barrage aux Boisses, d'une hauteur de 180 m, c'en était fini de leur village, de leur église, de leurs cultures, de leurs troupeaux, de leurs morts qui reposaient dans le cimetière.

D'abord, ils ne crurent pas au projet. Il semblait tellement démesuré, tellement utopique. Mais, lorsque la société des Forces motrices du Rhône commença à rencontrer les habitants pour négocier l'achat des terrains, un vent de révolte se leva. Oui, ils allaient voir à qui ils avaient à faire, ces gens de la ville avec leurs lunettes de visée, leurs compas, leurs feuilles de papier. Inutile de s'affoler, tempérèrent les élus du village et les représentants des hameaux. Adressons-nous aux autorités. Ces gens nous défendrons, ils seront de notre côté.

Les premiers contacts n'apportant pas les réponses espérées, les tignards allèrent frapper à d'autres portes. Ils se rendirent à Albertville, puis à Chambéry. Ils adressèrent des courriers à Lyon, à Paris. Ils reçurent, en retour, des lettres aux paroles apaisantes mais rien de réellement concret. La fin de la guerre arriva. Dans les montagnes, jusque dans les glaciers, les combats firent rage. Il y eut beaucoup de morts. On parla moins du barrage. La Libération apporta un vent de liberté qui sembla balayer toutes inquiétudes.

En 1946, un habitant, venu de Bourg-Saint-Maurice, se précipita dans les rues de Tignes. Il annonçait la disparition de la société Forces motrices du Rhône. L'ensemble des entreprises de production électrique venait d'être nationalisé. Plus de société Forces motrices du Rhône, plus de projet de barrage. Electricité de France, la nouvelle entreprise nationale qui rayonnait sur l'ensemble du pays n'allait pas s'enquiquiner avec ce petit coin de montagne. Il y avait, en France, d'autres rivières, d'autres fleuves, pour mener à bien des projets plus ambitieux.

Mais ne voilà-t-il pas que ces maudits gens de la ville revinrent, au beau milieu de l'été, à l'époque des grands travaux des champs. Ce n'était plus une entreprise régionale, presque confidentielle qui pointait le bout de son nez dans la haute vallée de l'Isère mais une pieuvre gigantesque qui arrimait ses tentacules jusque dans les plus hautes instances nationales. Dans les dialogues de sourd qui s'amorçaient, revenaient des termes comme « utilité publique », « impératif économique », « besoin d'énergie »

Ils parlaient bien, les gens de la ville. Ils savaient aussi se montrer rassurants quand les Tignards leur demandaient : « Qu'allons nous devenir ? », ils répondaient : « Vous pourrez vous reconvertir dans le tourisme, les sports d'hiver. Regardez, tout près de chez vous le village de Val d'Isère. » Mais, depuis des siècles, ils étaient paysans, fromagers, éleveurs. Ils souhaitaient tout simplement perpétuer la vie de leurs parents. Le ski, le tourisme, ils n'y croyaient pas. La seule idée d'abandonner leur village, la ferme familiale aux murailles séculaires, les bouleversait. Et leurs morts, oui, les dépouilles de leurs pères, de leurs grands-mères, qui reposaient au cimetière, qu'allaient-elles devenir ?

Suite page 38

La Recette de la Semaine

Pommes farcies à la crème de citron

Pour 4 personnes

• 4 pommes reinettes • 80 g de sucre en poudre •
• 20 g de beurre + 1 noix • 1 citron non traité • 3 jaunes d'œufs •
• 1 cuillerée à soupe de maïzena •
• 100 g de crème fraîche épaisse • sucre coloré •

Préchauffer le four (thermostat 6 - 180°C). Beurrer un plat à four avec la noix de beurre.

Laver les pommes, les couper en deux, puis ôter les cœurs et les pépins en les évidant légèrement. Les ranger côte à côte dans le plat, côté creux vers le haut, les saupoudrer de 20 g de sucre en poudre, parsemer le beurre en petites noisettes et ajouter 1/4 de verre d'eau.

Enfourner à mi-hauteur et laisser cuire 30 minutes environ.

Pendant ce temps, préparer la crème au citron : laver le citron en le brossant, râper finement son zeste et presser 2 cuillerées à soupe de son jus. Dans un saladier, mélanger le sucre en poudre restant et les jaunes d'œufs jusqu'au blanchiment. Incorporer le zeste de citron, les 2 cuillerées à soupe de son jus, puis la maïzena et enfin la crème fraîche. Répartir cette préparation sur les demi-pommes et remettre au four 10 minutes environ, jusqu'à ce que la surface soit un peu dorée.

Au moment de servir, saupoudrer un peu de sucre coloré sur les demi-pommes.

Servir chaud ou tiède.

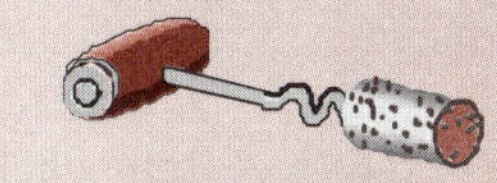

Cidre brut

Le saviez Vous ?

Régions internationales

La région Rhône-Alpes voit loin. Dans le cadre d'un accord de coopération signé avec l'Etat de Pennsylvanie elle a reçu au cours du premier semestre 2006, de jeunes américains diplômés venus découvrir les secteurs professionnels correspondant à leur cursus. Durant leur séjour- entre 6 et 12 semaines- ils ont été accueillis dans des entreprises rhônalpines notamment savoyardes, spécialisées dans diverses branches : cosmétologie, tourisme, développement économique, agroalimentaire. Des stages d'observation, des échanges de pratiques qui ont des objectifs clairs et précis : mieux faire connaître la région, ses atouts économiques ses savoirs faire, mettre en relation les entreprises porteuses de projets à vocation internationale et de jeunes professionnels étrangers.

2007 MARS

SEMAINE N° 12

Lundi 19 — St Joseph

Matinée

Après-midi

Soirée

Mardi 20 — St Herbert

Matinée

Après-midi

Soirée

Mercredi 21 — PRINTEMPS

Matinée

Après-midi

Soirée

Jeudi 22 — Ste Léa

Matinée

Après-midi

Soirée

Vendredi 23 — St Victorien

Matinée

Après-midi

Soirée

Samedi 24 — Ste Cath. de Suède

Matinée

Après-midi

Soirée

Dimanche 25 — St Humbert

Matinée

Après-midi

Soirée

2007

La mémoire engloutie (suite)

Les Tignards comprenaient qu'ils auraient du mal à défendre leur village face au rouleau compresseur d'une institution qui les écrasait. Alors que les négociations pour vendre les terrains et les maisons n'en étaient qu'à leurs balbutiements, de lourds engins de terrassement furent acheminés dans la vallée. Bulldozers, scrapers, perforeuses entraient bientôt en action. Certes, pour l'instant, il ne s'agissait que de travaux préparatoires mais, sur les flancs des gorges des Boisses, le profil du futur barrage se devinait grâce aux balises mises en place.

Les habitants de la vallée ne baissaient pas les bras pour autant. Les méthodes douces, les pétitions (avec de nombreuses signatures venues des villages extérieurs et même de gens étrangers à la vallée), les lettres recommandées n'ayant débouché sur aucun effet, des actions plus musclées furent alors entreprises : crevaison des pneus des véhicules EDF, abattage d'arbres en travers de la chaussée, pose de blocs de rocher sur les chemins d'accès au chantier. Au moment où résonnèrent les premiers tirs de mine, les déflagrations d'opérations de sabotage retentirent dans la vallée. Les Tignards ne s'en prenaient pas aux gens. Il n'y eut d'ailleurs aucune victime corporelle malgré les incidents, mais aux engins, au matériel, aux baraques de chantiers.

Conscient de l'inégalité des chances et de l'inutilité de lutter pour une cause perdue d'avance, certains habitants commençaient à se résigner. Cédant aux pressions, ils vendaient leurs biens, leurs terres et leurs chalets. Dès que la signature de vente était signée, sitôt le bâtiment évacué, il était incendié puis rasé. Il ne restait que quelques pierres calcinées de son histoire.

Chaque jour, des contingents d'ouvriers arrivaient, toujours plus nombreux. Ils se répartissaient sur les différents postes du chantier. Certains se retrouvaient sur la carrière de la Laye pour extraire les matériaux nécessaires à la confection du béton. Compte tenu du relief accidenté, les ingénieurs chargés de la construction aménagèrent deux téléphériques pour acheminer sur place plus rapidement le sable, le ciment, le béton et les hommes. Au début des années 1950, au moment le plus fort des travaux, près de 5 000 personnes travaillaient sur le site.

De cette véritable fourmilière commença à émerger la muraille d'une candide blancheur. Chaque jour le barrage prenait un peu plus de hauteur, semblant emprisonner les habitants dans une sorte de nasse. Dans cet environnement, les passions se faisaient plus vives au fil des jours. Foutu pour foutu, les Tignards se disaient qu'ils n'avaient plus rien à perdre. S'ils résistaient toujours aux belles paroles des conciliateurs dont la tâche était loin d'être facile, ils comprenaient que l'issue ne souffrait d'aucun doute. Chaque semaine, au grand désappointement des irréductibles, on assistait au départ d'une famille. Les gens partaient pour Chambéry, Grenoble, Lyon ou même Marseille. Leur maison était aussitôt brûlée et rasée. En quelques mois, le village de Tignes donna une image de tristesse et de désolation avec ses ruelles éventrées, ses champs désertés, ses ponts coupés.

L'instant le plus dramatique concerna l'évacuation du cimetière. Dans cette vallée, marquée par un foi religieuse sincère et intense, arc bouté sur son passé, le cimetière représentait un espace privilégié, un lieu intouchable. Le déménagement des sépultures se déroula sous la haute protection des compagnies de CRS. Chaque tombe retrouva une place, à proximité de la nouvelle église de Tignes, accrochée sur une épaule rocheuse au-dessus des gorges des Boissesà à quelques centaines de mètres du barrage. Dans le même temps, les gendarmes se chargèrent de récupérer les archives de la mairie qui recelaient toute la mémoire de la commune. L'église se voyait vidé de ses tableaux, de son retable, de ses objets de culte, sous le regard bienveillant du curé qui assistait au dépouillement sans comprendre.

Les derniers Tignards qui résistaient encore dans un village défiguré, sans église, sans cimetière, sans enfant qui courait dans les rues, sans âme, exigeaient qu'on les laissât sur place. Plutôt mourir que d'abandonner leur bien le plus précieux. Il fallut beaucoup de tact et de psychologie ainsi que la présence de plusieurs compagnies de CRS pour déloger les ultimes résistants d'une époque révolue. Le 24 mars 1952, alors qu'une muraille de béton de 160 m (180 m avec les fondations) fermait la vallée, le village de Tignes était rayé de la carte. La mise en eau du barrage commençait. Quelques mois plus tard, un lac de 270 hectares, contenant 230 millions de mètres cubes, s'étalait au-dessus de l'ancien village.

Jean Daumas

La Recette de la Semaine

Dinde rôtie aux raisins verts

Pour 4 personnes

• 1 dinde de 5 kg • 2 c. à soupe de beurre •
• 2 c. à soupe d'huile •
• 1 branche de céleri coupée en petits dés •
• 1 carotte coupée en petits dés •
• 1 oignon haché • 2 tasses de bouillon de volaille •
• miel •

Pour la farce au pain et aux épices :

• 1 c. à soupe de beurre • 2 c. à soupe d'huile •
• les abats (cœur, foie et gésier) hachés finement •
• 3 gousses d'ail hachées finement •
• 1 tasse 1/2 de cidre •
• 2 tasses de pain rassis coupé en dés •
•2 œufs • 1 tasse de lait •
• 1/2 orange, dénoyautée, pelée, coupée en petits morceaux •
• 1/2 citron, dénoyauté, pelé, coupé en petits morceaux •
• 1/2 c. à café de chacune de ces herbes : thym, romarin, sarriette et marjolaine •
• 1 pincée de muscade •

Pour la sauce aux raisins :

• 25 g de beurre •1/4 de tasse de farine •
• 1 tasse de cidre •
• 1/4 de tasse de sucre brun (cassonade) •
• 6 gousses d'ail émincées finement •
• sel • poivre du moulin •
• 500 g de raisins verts frais •

Pour préparer la farce, faîtes chauffer le beurre et l'huile dans une poêle.

Faîtes revenir les abats, puis ajouter l'ail et la moitié du cidre.

Dans un grand récipient, émiettez le pain, battre les œufs et le lait et versez le mélange sur les miettes de pain.

Ajoutez ce mélange au contenu de la poêle, de même que tous les autres ingrédients de la farce, mélangez bien. Farcissez la dinde de cette préparation refroidie.

Dans une rôtissoire, faîtes revenir la dinde dans le beurre et l'huile. Ajoutez les légumes et 1/2 tasse de bouillon. Recouvrez d'un papier aluminium et laissez cuire pendant environ 3 heures à four chaud. Arrosez à quelques reprises durant la cuisson. Découvrez la dinde 30 minutes avant la fin de la cuisson. Pour une belle dorure, badigeonnez la dinde à plusieurs reprises du miel mélangé à un peu de bouillon. Retirez la dinde du four et réservez au chaud.

Pour la sauce, passez le jus de cuisson et versez-le dans une casserole avec le reste du bouillon, le beurre manié (beurre et farine mélangés), le cidre, le sucre brun, l'ail, le sel et le poivre. Laissez mijoter pour obtenir une sauce onctueuse mais légère. Lavez les raisins, ajoutez-les à la sauce, puis prolongez la cuisson 5 minutes.

Bourgogne

Dégustez.

2007 MARS

SEMAINE N° 13

Lundi 26 — Annonciation

Matinée ______

Après-midi ______

Soirée ______

Mardi 27 — St Habib

Matinée ______

Après-midi ______

Soirée ______

Mercredi 28 — St Gontran

Matinée ______

Après-midi ______

Soirée ______

Jeudi 29 — Ste Gwladys

Matinée ______

Après-midi ______

Soirée ______

Vendredi 30 — Ste Amédée

Matinée ______

Après-midi ______

Soirée ______

Samedi 31 — St Benjamin

Matinée ______

Après-midi ______

Soirée ______

Notes

2007

Côté Jardin en mars

S'il gèle à la St Gontran, le blé ne deviendra pas grand

TRUCS et ASTUCES

Pour avoir de belles roses enterrez au pied des peaux de bananes entre les racines (azote, potassium, fer et magnésium).

Pour chasser les taupes mettez dans les taupinières des poils de chien. Vous êtes tranquilles pendant toute une saison.

Lorsque vous faites des semis, déposez dessus de la poussière de charbon de bois (pour barbecue), à l'aide d'un tamis. Les plans seront beaucoup plus résistants aux maladies.

Travaux du mois :

- Pulvérisez un produit total (insecticide et fongicide) sur les arbres fruitiers et rosiers quand gonflent les bourgeons, et quand ils éclatent.
- Maintenez en place la nuit les protections contre le gel.
- Augmentez peu à peu la fréquence d'arrosage sur les plantes en appartement.
- Arbustes proposés à racine nue.
- Taillez la vigne avant la fin du mois.
- Bêchez superficiellement les massifs d'arbustes et incorporez un bon engrais complet.
- Taillez les rosiers avant que les bourgeons n'éclatent. (coupez à 3 yeux de la base).
- Préparez le sol pour les semis et les plantations. Utilisez une moto bineuse.
- Semez en terrine à la maison pétunias, bégonias, œillets d'inde, sauge etc.

Fenêtres et balcons :

- Semez des radis en pot, en choisissant des variétés rondes à forcer. Eclaircissez après la levée.
- Parez les jardinières de primevères, myosotis, pensées, pâquerettes et autres bisannuelles

Matériel d'entretien :

- Faites réviser la tondeuse.
- Affûtez la lame des outils de coupe.
- Après les labours, vidangez le motoculteur, changez le filtre à air ainsi que la bougie. .

Les rosiers :

- A la fin du mois, retirez les buttes de terre qui protégeaient les pieds du froid.
- Il est encore temps d'acheter des rosiers. Evitez les sujets présentés en sachet plastique et aux bourgeons déjà développés.

Les fruitiers :

- Traitez les pêchers et les pruniers avec un fongicide contre la cloque ou avec une bouillie bordelaise.
- Taillez les pêchers au moment ou les boutons floraux commencent à rosir.
- Taillez votre vigne sans plus tarder, si ce n'est déjà fait.

Image d'Hier

Image d'Hier

Image d'Hier

8. MÉGÈVE et le Calvaire

Image d'Hier

528. - Haute-Savoie. - MEGÈVE. — Route de Flumet - Sports d'Hiver.

AVRIL 2007

vient de aprilis mensis qui signifie " mois d'Aphrodite ", déesse de l'Amour.

“ Quand arrive la Saint-Fulbert, Dans la campagne tout est vert . ”

Le 10 Avril

En avril

1795 : adoption du système métrique en France.
1865 : fin de la guerre de sécession.
1954 : mort d'Auguste Lumière.
1973 : mort de Picasso.

GEORGES ;

de Georgius (qui travaille à la terre, en grec), martyr en Orient au quatrième siècle, il est honoré le 23 avril.
Saint Georges, né en Cappadoce, d'une famille illustre, est ordinairement représenté à cheval, armé d'une lance, ayant un dragon sous ses pieds, pour marquer qu'il a vaincu par sa foi le démon, désigné dans l'Apocalypse sous le nom de dragon.

Étymologie mythologique

La langue française s'est beaucoup inspirée des mythologies. Chaque mois vous trouverez un mot qui doit son origine à un héros ou à une divinité.

Le mot “ atlas ” vient d'ATLAS, titan qui supportait sur ses épaules la voûte céleste.
(L'attribution du nom atlas à un recueil géographique serait de Mercator)

Le plus court chemin du plaisir au bonheur passe par la tendresse.
[Grégoire Lacroix]

AVRIL 2007

Le dicton du mois

À la St Georges (23)
L'épi est
dans la gorge.

Notes

2007
AVRIL
SEMAINE N°13

Dimanche 01 RAMEAUX

Matinée

Après-midi

Soirée

Les Grandes Jorasses ou la cime de référence

S'il est un sommet connu du grand public, c'est bien celui des Grandes Jorasses. Comme pour le Cervin ou pour l'aiguille Verte, son nom impose le respect par l'importance et surtout par la difficulté et l'engagement des itinéraires qui jalonnent sa redoutable face Nord. Son histoire est émaillée de péripéties, de passions, d'exploits, de drames aussi.

Sa première ascension s'est curieusement déroulée en deux phases. Le 24 juin 1865, Edouard Whymper, accompagné de ses guides Christian Almer et Michel Croz, atteignit l'antécime qui porte son nom. Il n'alla pas jusqu'au point culminant car il n'avait réalisé cette escalade que pour repérer sur l'aiguille Verte, située face aux Jorasses, la possibilité d'un éventuel itinéraire. Le 30 juin 1868, Horace Walker, un grimpeur britannique (un de plus...) acheva le travail réalisé par Whymper en atteignant la plus haute pointe (point Walker).

C'est surtout la face Nord des Grandes Jorasses qui fascina le monde des alpinistes. Dans les années 1930, une époque où l'éthique de la montagne se heurtait avec le fanatisme des idéologies nazies, cette paroi attira les meilleurs grimpeurs. « La montagne sera à nous ou nous serons à elle », précisaient les alpinistes allemands avant d'entreprendre une ascension. Les 28 et 29 juin 1935, deux d'entre eux réussirent l'escalade de la partie centrale de la paroi. Mais l'accès à la plus haute pointe par le versant Nord restait à réaliser. Du 4 au 6 août 1938, quatre alpinistes italiens conduits par Ricardo Cassin en venaient à bout malgré l'arrivée de la tempête.

L'histoire de cette montagne ne s'arrêta pas là. Sur son immense face Nord, d'autres possibilités d'itinéraires existaient. Elles permirent à un alpiniste français, René Desmaison de signer quelques-uns de ses plus grands exploits mais également de vivre le drame le plus poignant de sa carrière. Du 17 au 25 janvier 1968, il réussit la première du mur de glace,

Suite ci-contre

2007

La Recette de la Semaine

Cailles farcies aux figues et aux abricots secs

Pour 6 personnes

• 6 cailles • sel • poivre •
• 1 bouquet de sauge fraîche •
• 1 bouquet de romarin frais •

Pour la farce :

• 4 tranches de pain de mie sans la croûte •
• 30 g de beurre •
• 1 oignon émincé •
• 1 gousse d'ail •
• 8 belles figues fraîches ou sèches •
• 8 abricots secs •
• 1/2 verre de romarin et de thym frais fraîchement ciselés •
• sel • poivre •

Préchauffez votre four à 180°C.

Préparez les cailles.

Préparez un mélange de feuilles sauge et de romarin grossièrement ciselées.

Frottez les cailles avec ces herbes fraîches. Déposez sous la peau de chaque caille une feuille de sauge entière dessus et dessous.

Préparez la farce.

Coupez en petits morceaux les figues et les abricots secs.

Dans une poêle, faîtes revenir au beurre les oignons et l'ail émincés. Lorsqu'ils deviennent fondants, recouvrez-les d'eau bouillante et laissez frémir 2 minutes.

Dans une jatte, déposez les mies de pain en morceaux. Versez dessus le mélange eau, oignons et ail de façon à bien imbiber toutes les mies et laissez tiédir.

Malaxez les mies de pain, ajoutez les fruits en morceaux, les herbes, salez, poivrez.

Farcissez les cailles puis refermez-les.

Placez-les dans un plat préalablement huilé et enfournez pour environ 45 à 50 minutes.

Servez les cailles accompagnées de semoule aux raisins secs ou de riz blanc.

Bourgogne

sinistrement baptisé le Linceul. Trois années plus tard, il retournait encore vers la paroi, toujours en hiver, en compagnie d'un jeune alpiniste Serge Gousseault. Bloquée à moins de cent mètres du sommet, la cordée ne put surmonter les dernières difficultés et Desmaison assista, impuissant, à l'agonie et à la mort de son compagnon. Deux années plus tard, au mois de janvier 1973, il revenait sur le même itinéraire et malgré des conditions météorologiques défavorables, il réussissait enfin à venir à bout de l'éperon qui porte le nom de Serge Gousseault. Montagnes, quand tu nous tiens...

Jean Daumas

2007 AVRIL

SEMAINE N° 14

Lundi 02 Ste Sandrine

Matinée

Après-midi

Soirée

Mardi 03 St Richard

Matinée

Après-midi

Soirée

Mercredi 04 St Isidore

Matinée

Après-midi

Soirée

Jeudi 05 Ste Irène

Matinée

Après-midi

Soirée

Vendredi 06 St Marcellin

Matinée

Après-midi

Soirée

Samedi 07 St J.-B. de la Salle

Matinée

Après-midi

Soirée

Dimanche 08 PÂQUES

Matinée

Après-midi

Soirée

2007

Lundi 09 St Gautier

Matinée

Après-midi

Soirée

Mardi 10 St Fulbert

Matinée

Après-midi

Soirée

Mercredi 11 St Stanislas

Matinée

Après-midi

Soirée

Jeudi 12 St Jules

Matinée

Après-midi

Soirée

Vendredi 13 Ste Ida

Matinée

Après-midi

Soirée

Samedi 14 St Maxime

Matinée

Après-midi

Soirée

Dimanche 15 St Paterne

Matinée

Après-midi

Soirée

La préhistoire de Chamonix

La vallée de Chamonix, encore obstruée par les glaces il y a quelques millénaires, connut les premiers mouvements de populations au début de notre ère. Mais son entrée officielle dans l'histoire date de l'an 1 091. Cette année-là, le comte Aymon 1er de Genevois fit dotation de cette vallée, dont il ne savait que faire, à l'abbaye bénédictine de Saint-Michel-de-la-Cluze, dans le Piémont. Rassuré par la présence du prieuré, quelques maisons se hasardèrent à s'ériger à proximité pour constituer un petit hameau. Au début du XVIIIe siècle, Chamonix, qui s'appelait encore Chamouny, regroupait quelques dizaines de familles qui parvenaient à subvenir grâce à la culture de quelques arpents de seigle et d'avoine et à la présence d'animaux domestiques.

La visite des « glaciaires » par les Anglais William Windham et Richard Pocock amorça un tournant décisif. Ils ramenèrent de leur séjour dans la vallée, des récits tellement excentriques ou enthousiastes qu'ils donnèrent envi à d'autres de marcher sur leurs traces.

En 1770, les visiteurs (on ne pouvait pas encore parler de touristes) arrivèrent plus nombreux. Ils se plaignaient de ne pas trouver sur place, un hébergement si rustique soit-il pour faciliter leur séjour. Il n'en fallut pas plus pour, comme on dit, mettre la puce à l'oreille d'une certaine Mme Goutterand qui décida d'ouvrir la première auberge de la vallée. Elle baptisa pompeusement du nom « d'hôtel d'Angleterre » son établissement, sans doute à cause de la prédominance de ressortissants britanniques qui se rendaient au pied du Mont-Blanc.

En 1783, on estimait à 1 500, le nombre de visiteurs ayant franchi la cluse de Servoz avant de pénétrer dans le sanctuaire de Chamonix. Mais il fallut attendre le début du XIXe siècle et la naissance de l'alpinisme pour assister à l'inauguration du premier hôtel de luxe de la vallée, l'hôtel de l'Union. Nous étions alors en 1 816. Désormais, les événements se précipitèrent. En 1821, la compagnie des guides de Chamonix voyait le jour et en 1825, l'arrivée de Victor Hugo ouvrait la vallée aux visiteurs prestigieux. Quelques années plus tard, en 1860, pour permettre la venue de l'empereur Napoléon III, on entreprit la construction d'une route carrossable. Mais déjà, Chamonix s'était hissé au firmament des grandes stations alpines.

Jean Daumas

La Recette de la Semaine

Sablés aux épices

Pour 60 sablés

• 300 g de farine • 1 bonne pincée de sel •
• 200 g de sucre en poudre • 2 blancs d'œufs •
• 400 g de beurre mou •
• 1 cuillerée à soupe de vanille liquide ou en poudre •
• 1 cuillerée à soupe de cannelle en poudre •
• 1 cuillerée à soupe de gingembre en poudre •
• 1 cuillerée à soupe de grains d'anis •
• un peu d'huile •

Mettre la farine, le sel et le sucre dans un saladier avec les blancs d'œufs légèrement battus et le beurre ramolli en morceaux. Mélanger et diviser la pâte en quatre parts égales. Incorporer la vanille à l'une d'elles, la cannelle à la seconde, le gingembre à la troisième et les grains d'anis à la quatrième. Rouler en boules et laisser reposer 30 minutes au réfrigérateur.

Préchauffer le four (thermostat 6 - 180°C).

Abaisser les quatre sortes de pâtes au rouleau sur 5 millimètres d'épaisseur et y découper des motifs de Noël à l'emporte-pièce (sapins, étoiles, lunes...). Disposer une sorte de biscuits sur la plaque de cuisson en silicone (type Flexion), idéale pour les sablés. Enfourner à mi-hauteur et laisser cuire de 10 à 15 minutes.

Dès que les sablés sont cuits, les décoller à la spatule, puis les laisser refroidir et sécher complètement sur une grille. Procéder alors à la cuisson des autres fournées.

Mondeuse

Ces biscuits se conservent plusieurs jours dans une boîte en fer hermétique.

Le petit plus : pour obtenir des sablés tout ronds, rouler chaque pâte en boudin, la mettre au réfrigérateur 30 minutes, puis la couper en rondelles comme du saucisson.

Le saviez Vous ?

Un palais remis en lumière

Le Palais Lumière, à Evian a été construit en 1902. C'était à l'origine un établissement thermal que la ville redevenue propriétaire du bâtiment a décidé en 2002 de reconvertir en espace culturel. Il abritera notamment un centre de congrès de dimension internationale, une médiathèque et un pôle d'exposition destiné à accueillir les œuvres de grands artistes. A l'image de la Fondation Gianada à Martigny ou la Fondation de l'Hermitage à Lausanne. La position emblématique du Palais Lumière, au centre-ville et en face du lac devrait ajouter à l'attractivité de cette nouvelle offre culturelle et touristique.

Lundi 16 — St Benoît-Joseph

Matinée

Après-midi

Soirée

Mardi 17 — St Anicet

Matinée

Après-midi

Soirée

Mercredi 18 — St Parfait

Matinée

Après-midi

Soirée

Jeudi 19 — Ste Emma

Matinée

Après-midi

Soirée

Vendredi 20 — Ste Odette

Matinée

Après-midi

Soirée

Samedi 21 — St Anselme

Matinée

Après-midi

Soirée

Dimanche 22 — St Alexandre

Matinée

Après-midi

Soirée

Comment retenir l'Arche de Noé

Les croyants bien avisés connaissent tous le fameux épisode du déluge, mentionné dans la Genèse. Le récit biblique nous informe que Dieu, constatant la méchanceté des hommes, se repentait déjà de les avoir créés. A titre d'exemple, rappelons seulement la désobéissance d'Eve et d'Adam, ainsi que le meurtre d'Abel tué par son frère Caïn, deux événements fâcheux qui précèdent notre propos.

Dieu commence à douter et se résout finalement à anéantir son œuvre, la montée des eaux lui permet de faire disparaître tous les êtres vivants. Mais, Dieu décide cependant de sauver l'irréprochable patriarche Noé, âgé alors de six cents ans selon la Bible, ainsi que sa famille. Il le prévient et lui donne alors une mission, celle de sauver un couple de toutes les créatures divines. Pour survivre au déluge, Noé devra leur construire une arche gigantesque. Il le fait, l'arche est construite en cyprès et enduite de bitume pour s'assurer de sa flottaison. Une fois terminée, les anciens précisent qu'elle atteint plus de trois cents coudées, soit environ cent trente mètres de long. Dieu peut, dès lors, déclencher le fameux déluge durant quarante jours et quarante nuits. Les eaux montent alors plus haut que toutes les montagnes connues.

En Savoie, cette leçon de catéchisme, nombreux la connaissent par cœur et voudraient qu'elle ait eu lieu en leurs terres. Ils imaginent alors comment ce serait déroulée l'histoire. Le pays ne manque pas de montagnes immenses. Alors à la place de Noé, qu'auraient fait les paysans savoyards voyant monter les eaux ? Le plus naturellement du monde, ils auraient pris sur eux de s'arrimer pour ne pas se laisser emporter par la tempête. Mais où et comment ? Au sommet des montagnes, cela aurait été la plus sage des décisions. Les Alpes sont une garantie suffisante, en hauteur du moins. La topographie des massifs ne tarde pas à fournir à cette légende des points d'ancrage. La découverte de trous sur les rochers de Montmin près de Faverges, et, plus loin, sur la montagne de Culoz, est venue apporter de l'eau au moulin d'une telle théorie. En effet, en fixant dans ces trous des anneaux de fer, et en dotant l'arche d'une énorme chaîne, celle-ci aurait ensuite pu flotter bien au-dessus du niveau du Rhône qui sépare les deux montagnes. Tout laisse à penser que cette croyance est devenue fort populaire dans la région, puisque les lieux cités plus hauts ont été baptisés les « anneaux du déluge ». On retrouve d'ailleurs le même genre d'histoires dans le département de la Haute- Savoie. De telles légendes donnent lieu à la propagation de rumeurs improbables. Ainsi, des témoins auraient-ils vu de leurs yeux, les véritables anneaux de fer, mais bien évidemment, ils ont aujourd'hui totalement disparu !

Enfin, des recherches plus sérieuses viennent, elles-aussi, faire ressurgir cette légende. Les archéologues n'ont eu de cesse de mettre à jour des embarcations ou des objets ayant un lien avec la navigation. Ce qui rend évident l'existence d'une telle activité en un temps où le climat n'avait rien à voir avec celui de notre ère.

Pour finir, il est temps de rendre à Noé, ce qui est à Noé. Retournons à la source, c'est-à-dire à l'Ancien Testament. Que nous dit-on ? Noé a réussi les deux premières missions que Dieu lui a confiées. Il a terminé la construction de son Arche et il a réuni les fameux couples de toutes les espèces vivantes créées par la volonté divine. Durant le déluge, l'Arche part à la dérive, il n'est jamais question d'un quelconque arrimage. Après sept mois d'errance, l'Ache atteint le Mont Ararat. Cette montagne se trouve au cœur de l'Arménie et culmine à plus de 5 165 mètres. Trois mois plus tard, les sommets des montagnes apparaissent, signifiant que la décrue est en route. C'est alors qu'à deux reprises, Noé décide d'envoyer une colombe en éclaireur. De retour de son second vol, l'oiseau revient à Noé avec un rameau d'olivier dans le bec. Ce qui indique à tous, que le moment est venu de quitter l'Arche puisque les arbres sont accessibles et productifs à nouveau. Après un an et dix jours, le

Suite ci-contre

La Recette de la Semaine

Entrecôte Marchand de Vin à la moelle

Pour 2 personnes

• 2 entrecôtes de 175 à 200 g chacune •
• 100 g de moelle ou un os à moelle • 1 échalote •
•10 cl de vin rouge • 80 g de beurre • gros sel •
• sel • poivre au moulin •

Préparer un beurre marchand de vin : peler et hacher finement l'échalote, mettre sur feu doux dans une petite casserole avec le vin et quelques tours de moulin à poivre.

Laisser réduire jusqu'à évaporation du liquide, sans laisser dessécher, jusqu'à obtenir la consistance d'une purée

Laisser refroidir.

Dans un bol, malaxer le beurre avec cette purée, à la fourchette, en salant légèrement.

Rouler en forme de saucisson, emballer dans une feuille d'aluminium et mettre au frais.

Couper la moelle en 4 rondelles égales (la sortir de l'os en la décollant avec la lame fine d'un couteau).

Les faire pocher dans de l'eau frémissante, sans laisser bouillir, jusqu'à ce qu'elles deviennent translucides.

Pendant ce temps, faire griller les entrecôtes selon les goûts.

Ne pas les assaisonner.

Pour servir, poser les entrecôtes sur des assiettes chaudes.

Trancher le beurre en rondelles, placer deux rondelles de beurre et deux de moelle sur chaque entrecôte.

Parsemer de gros sel et de poivre au moulin.

Châteauneuf-du-Pape

patriarche libère son équipage sur une terre lavée et saine. En remerciement, il décide de consacrer un autel à Dieu. Réconcilié avec les hommes après cette épreuve, du moins avec la famille qu'il a voulu sauver, Dieu se résout à sceller avec eux son alliance. En signe de cet engagement, il promet qu'il n'y aura plus jamais de déluge, et, en gage, il crée l'arc- en -ciel, qui viendra rappeler aux hommes que leur destin est désormais lié au sien. A la lecture de la Genèse, il n'y a pas de preuve d'un dispositif pour retenir l'Arche, on ne sait d'ailleurs pas exactement d'où elle part, même si la géographie biblique se cantonne à un Moyen - Orient élargi. Les non- dits sont donc autant d'espaces laissés libres aux croyances populaires pour les combler avec des légendes plus ou moins bien fondées. La Savoie offre de nombreuses curiosités naturelles suffisamment monumentales et spectaculaires pour assouvir la soif mystique des hommes. Alors, face aux éléments, pourquoi ne pas se laisser aller à imaginer l'Arche de Noé voguant au-dessus des Alpes, en direction de l'Anatolie…

Cyril Jacquin

2007 AVRIL

SEMAINE N° 17

Lundi 23 — St Georges

Matinée

Après-midi

Soirée

Mardi 24 — St Fidèle

Matinée

Après-midi

Soirée

Mercredi 25 — St Marc

Matinée

Après-midi

Soirée

Jeudi 26 — Ste Alida

Matinée

Après-midi

Soirée

Vendredi 27 — Ste Zita

Matinée

Après-midi

Soirée

Samedi 28 — Ste Valérie

Matinée

Après-midi

Soirée

Dimanche 29 — Souv. Déportés

Matinée

Après-midi

Soirée

2007

La Savoie des cols

Le rapport à la montagne n'a jamais été vraiment le même selon les époques et les origines géographiques. Les peuples des vallées savoyardes vivant aux pieds de ces colosses posés ici par la nature ont ainsi vu leur rôle évoluer, au gré des modes, des voyageurs, et, plus récemment, des touristes. Les Alpes sont une barrière difficilement franchissable ou contrôlable et ceci dès l'Antiquité. Mais elles sont sur la route d'un peuple conquérant : les romains. La première route des cols alpins connue officiellement est celle empruntée maintes fois par les légions, la fameuse « voie impériale » reliant Aoste à Vienne. L'armée romaine a ainsi construit, selon le même principe qu'ailleurs, une voie romaine passant par le Graius Mons, notre petit- Saint Bernard. Son tracé nous est fort bien connu, en voici les principales étapes : Aoste, Pré St Didier, La Thuile, le Petit Saint Bernard, Bourg Saint Maurice, Aime, Moutiers, La Bathie, Albertville, Saint- Pierre d'Albigny, Chambéry, Les Echelles, saint Genix d'Aoste, Bourgoin et enfin Vienne. Depuis Albertville, il était possible de rejoindre la rive gauche du lac d'Annecy, puis Genève. Ou alors, en passant par Yenne puis Seyssel, on pouvait alors aussi rallier Genève. Les sources romaines n'ont point d'admiration pour nos montagnes, bien au contraire, les écrits des fonctionnaires et autres géographes ne font que s'attarder sur les difficultés du franchissement des cols, tous attendent de revoir la plaine avec impatience. Les grands généraux ne gardent pas non plus de grands souvenirs de leurs rendez-vous avec les peuples alpins, à l'image d'Hannibal, César, Claude ou Septime Sévère, pour ne citer que les plus célèbres.

Délaissant le col du Petit- Saint Bernard, le Moyen-Age, lui, préfère le Mont- Cenis. Dès 754, Pépin le Bref inaugure ce passage, qui deviendra un classique pour les invasions franques puis françaises, qui, durant des siècles, déferleront sur l'Italie. Ils seront nombreux après lui, voyageurs, commerçants, simples pèlerins ou grands conquérants (Charlemagne, François Ier pour les plus célèbres). Mais la montagne n'est pas toujours un lieu accueillant, à l'image de la mer, elle est imprévisible et mal fréquentée : le clergé s'en méfiait déjà, n'était- elle pas sortie des entrailles de la terre ! Le fléau le plus inquiétant demeure l'insécurité. L'afflux des voyageurs attirant automatiquement ceux dont la spécialité est de les dépouiller. Les bandes organisées, mais aussi les Sarrasins qui y effectuent de nombreuses razzias, obligeant même le Roi de France Charles le Chauve à effectuer une expédition durant laquelle il trouvera la mort, empoisonné dans un chalet d'Arvrieux. Les rumeurs colportées alors sont bien loin de blanchir les autochtones. Il en relève alors de l'honneur même des comtes de Savoie, qui, a force de répressions, réussissent à pacifier leurs montagnes. Selon une légende issue d'un chroniqueur du XVe siècle, cette entreprise est saluée partout en Europe. On cesse alors de parler de la « Male voie » pour évoquer désormais la « Sauve voie », devenue notre « Savoie » (une explication très contestée par les spécialistes mais fort sympathique). L'essor de la Maison de Savoie de part et d'autre des Alpes va faire exploser les liaisons transalpines. Les messagers des Ducs gagnent très vite le surnom évocateur de « Tranche-Montagne », grâce à eux l'administration ducale devient un modèle d'efficacité. Les communications, mais aussi et surtout l'économie, dépendent en grande partie de ces liaisons.

Les archives de Turin nous apprennent que les chemins sont alors entretenus par les particuliers : encore une tâche faisant partie des corvées chères au Moyen- Age ! Les inspections ont lieu deux fois l'An et sont à la charge des châtelains, elles visent à s'assurer de la praticabilité des routes. Les contrôles ont lieu en septembre et en mars pour vérifier si l'hiver n'a pas tout bouleversé en altitude. Mais la Cour qui n'a de cesse de se déplacer, fait aussi, par là même, sa ronde. A l'occasion, le Duc peut décider d'engager des travaux sur sa cassette personnelle, mais cela reste exceptionnel. La coutume, en effet, veut que les travaux, y compris les plus imposants, restent toujours à la charge des habitants. Il faut également préciser que l'on retrouve souvent, à la tête des opérations, un homme d'Eglise.

Le moyen de transport le plus rapide reste le cheval, mais l'étiquette lui préfère les chaises à porteurs pour les Dames de la bonne société. On place ainsi deux hommes ou deux chevaux aux extrémités de ce que l'on appelle aussi une « litière ». Marie de Savoie possède une voiture à huit chevaux richement décorée et entièrement démontable, elle l'utilise en 1 428 pour rejoindre le Duc à Milan. Ce sont les guides qui se chargent de porter les voyageurs et leurs bagages au travers des Alpes. Ils mettent entre trois et quatre jours pour mener un cavalier de Thonon à Aoste, il faut compter une semaine en moyenne pour relier Turin. Le passage des cols à la mauvaise saison réclame un équipement approprié, comme

Suite ci-contre

La Recette de la Semaine

Carré d'agneau en croûte persillée

Pour 4 à 8 personnes

• 2 carrés d'agneau • 100 g de chapelure •
• 100 g de persil haché • 50 g d'échalotes • 1 gousse d'ail •
• 80 g de beurre • 1 branche de thym • sel • poivre •

Quadriller la graisse des carrés d'agneau, les saler, les poivrer et les placer dans un plat allant au four.

Les faire rôtir 15 à 20 minutes à four chaud et préchauffé (Th. 7 - 210°) en les arrosant souvent. Les laisser reposer 10 minutes, recouverts de papier d'aluminium, sur la porte du four restée ouverte et enlever l'excédent de graisse du plat de cuisson.

Hacher le persil et les échalotes, les mélanger avec l'ail écrasé et la chapelure.

Recouvrir les carrés d'agneau de cette préparation et les parsemer de copeaux de beurre.

Passer les carrés d'agneau quelques minutes sous le gril pour faire colorer la persillade. Les réserver au chaud sur une assiette placée sur la porte ouverte du four.

Dégraisser le plat de cuisson, ajouter un demi-verre d'eau, faire réduire et incorporer le reste du beurre, ajouter le thym émietté, saler et poivrer.

Servir les carrés d'agneau accompagnés de pommes de terre en robe des champs et de sauce en saucière.

aujourd'hui d'ailleurs. On fait alors monter des fers cloutés aux chevaux pour franchir la glace, les piétons, quant à eux, chaussent des bottes pour ne pas glisser. Tout un secteur économique vit grâce au flux des voyageurs : les héritiers de la Maison de Savoie sont assurés d'être nourris et logés par les cités. Le voyageur « lambda » fait vivre le commerce local. Un décret de 1 586 rappelle à tous les hôteliers les obligations liées à leurs services. Ils doivent être capables de répondre de leurs serviteurs et accueillir, dans des conditions acceptables, les clients. Ils sont responsables des objets qu'ils transportent durant leurs séjours chez eux et doivent donc posséder un lieu sûr pour les entreposer. Les prix doivent être raisonnables, toutes augmentations conjoncturelles ne peuvent être décidées que par l'administration du duché. Il est aisé de comprendre l'intérêt que revêt un tel règlement pour une profession qui reste indispensable à la prospérité et à la réputation de la Savoie.

En quelques siècles, le statut des cols alpins a bien changé : lieux redoutés et redoutables jadis, ils sont devenus des points stratégiques sur les routes de l'Europe. Pas étonnant qu'il ait alors aussi contribué à faire naître une dynastie de comtes, puis de ducs influents…

Cyril Jacquin

Lundi 30 St Robert

Matinée ______

Après-midi ______

Soirée ______

Notes

Côté Jardin en Avril

Pâques pluvieux, blé graîneux

TRUCS et ASTUCES

Pour faire fuir les taupes, déposer dans les trous de simples boules d'antimite, l'odeur les fait fuir chez le voisin !!!

Pour éviter que les fourmis n'entrent dans la maison, saupoudrez de la cannelle sur leurs trajets. Le marc de café fait fuir les fourmis

Pour chasser les fournis, il suffit de semer du Basilic, cette plante les fera fuir

Travaux du mois :

• Taillez les arbustes précoces dès qu'ils sont défleuris en éliminant les vieux bois sur les arbres fruitiers.

• Placez des appâts anti-limaces près des jeunes cultures au feuillage tendre.

• Plantez les arbres et arbustes présentés en conteneur, même en floraison.

• Taillez les derniers rosiers si les bourgeons commencent seulement à éclater. Dès que les feuilles apparaissent il est trop tard.

• Semez les annuelles grimpantes au jardin ou sur le balcon.

• Apportez de l'engrais à action rapide, dans les massifs, le potager et sur la pelouse.

• Semez en place les fleurs annuelles à croissance rapide, souci, clarkia, chrysanthème à carène, némophile…

Fenêtres et balcons :

• La seconde quinzaine du mois, composez vos jardinières de fleurs estivales.

• Apportez de l'engrais dans tous les bacs d'arbustes, en utilisant un produit à action lente et progressive.

• Composez des paniers fleuris que vous accrocherez à l'entrée de la maison et à côté des fenêtres, c'est super.

Plantes d'intérieur :

• Reprenez un rythme régulier d'arrosage, sans jamais dépasser deux fois par semaine.

• Vaporisez régulièrement le feuillage des plantes vertes et des orchidées pour entretenir une ambiance humide.

• Apportez de l'engrais à vos plantes tous les deux ou trois arrosages.

Matériel d'entretien :

• Nettoyez soigneusement votre tondeuse avec un nettoyeur haute pression après chaque utilisation, vous augmenterez très sensiblement sa longévité.

• Faites affûter la lame du taille-haie ou de la cisaille.

Arbres fruitiers :

• Semez un engrais vert (trèfle incarnat, sainfoin, luzerne) au pied des arbres. Cette prairie naturelle limitera l'entretient du sol en le fertilisant naturellement.

• Traitez tous les arbres avec un produit total au moment de la chute des pétales floraux et de la formation du fruit.

• Vérifiez la solidité des armatures pour les arbres en espaliers.

MAI 2007

vient
de maius mensis
qui signifie
" mois de Maia ", fille d'Atlas
et Pléioné, mère d'Hermès.

*« Qui a la fièvre
au mois de mai,
Le reste
de l'an
est sain et gai. »*

En mai

1930 : traversée sans escale de l'Atlantique Nord par Mermoz.
1955 : création du Pacte de Varsovie.
1981 : François Mitterrand est élu président de la République.
1981 : mort de Bob Marley.

*Si l'on est deux
à faire l'amour,
on est bien souvent
seul à savoir avec qui.*
[Jérôme Touzalin]

DIDIER ou DIZIER ;

signifie " désiré, regretté " en latin. Evêque de Langres, martyr au troisième siècle, il est honoré le 23 mai. Suivant une tradition généralement admise, il souffrit la mort à Saint-Dizier, petite ville qui a conservé le nom du saint martyr.

Étymologie mythologique

*La langue française
s'est beaucoup inspirée
des mythologies.
Chaque mois vous trouverez
un mot qui doit son origine
à un héros ou à une divinité.*

Le mot " argus "
vient d'ARGUS,
géant aux cent yeux.
L'argus est aussi un faisan
dont les ocelles sur les ailes
rappellent les yeux du géant.
(Un argus est une publication claire et précise, en référence à la clarté des yeux du géant)

Le dicton du mois

Le chaud
à la St-Joseph (1er)
L'été sera court.

Parcours vertigineux

Via ferrata. Depuis quelques années ces deux mots donnent des frissons aux randonneurs épris de sensations fortes. Il s'agit de parcours aménagés dans des sites montagneux offrant des points de vue imprenables. Des itinéraires balisés, dotés de câbles d'acier, pour s'encorder, munis de barreaux métalliques, de marches et d'échelles favorisant l'escalade de falaises abruptes. On y trouve également des ponts de singe ou passerelles tendues sur le vide permettant de relier deux parois ou deux sommets. Ces « voies ferrées » vertigineuses auraient été initiées à des fins militaires dans les Dolomites, durant la première guerre mondiale pour pouvoir observer l'ennemi. L'intérêt des via ferrata tient au fait qu'on peut choisir son parcours en fonction de ses aptitudes. Différents niveaux sont proposés allant de F pour facile à ED pour Extrêmement difficile. Le premier ressemble plus à une randonnée classique qu'à un parcours du combattant. Les sentiers sont plats « en balcons » peu exigeants. Mais dès le second niveau (Peu Difficile), une initiation est recommandée pour se familiariser avec les câbles fixés tout au long du parcours. Le niveau D (Difficile) demande plus de technicité et de condition physique. TD pour Très Difficile s'adresse à des grimpeurs avertis. Toutefois les parcours de ce niveau sont assez courts. Le niveau ED, enfin, est particulièrement exigeant. Escalades verticales, et passages difficiles se succèdent requérant une bonne préparation athlétique. La Savoie et la Haute-savoie possèdent d'intéressantes Via ferrata : A Val d'Isère (roc de Tovière) difficulté TD et ED, longueur 1 400 m durée du parcours 2 h 20 avec une section adaptée aux enfants. Aux Aravis : difficulté D, longueur 700 m. Temps de parcours 3-4 heures Au menu : ponts suspendus, surplomb, et passages remarquables. Enfin la Via ferrata de Thônes (Roche de l'Agathe). Niveau TD. Longueur 600 m, temps de parcours 2 heures Particularité : un pont de singe qui vaut le détour et un long et difficile dévers. Précision importante : des panneaux d'information installés au départ des randonnées fournissent d'essentielles consignes de sécurité. A suivre scrupuleusement.

Yves Bielinski

Image d'Hier

La Recette de la Semaine

Tarte aux fraises à l'anis

Pour 6 personnes

• 500 g de fraises très parfumées •
• 1 noix de beurre pur la tourtière •

Pâte brisée à l'anis :

• 125 g de beurre mou • 250 g de farine • 1 pincée de sel •
• 1 cuillerée à soupe de sucre glace • 1 œuf •
• 1 cuillerée à soupe de grains d'anis vert •

Crème pâtissière à l'anis :

• 75 cl de lait • 1/2 gousse de vanille • 1 œuf entier + 1 jaune •
• 100 g de sucre en poudre • 100 g de farine • 30 g de beurre
• 2 à 3 cuillerées à soupe d'anisette ou d'apéritif anisé •
• 2 cuillerées à soupe de sucre glace •

Préparer la pâte : dans un saladier, mélanger rapidement le beurre ramolli à température ambiante avec le sucre glace, le sel et l'œuf, puis ajouter la farine.

Travailler ce mélange jusqu'à obtention d'une pâte homogène.

Incorporer les grains d'anis verts, rouler la pâte en boule, l'envelopper de film étirable et la mettre au réfrigérateur pendant 1 heure. Au bout de ce temps, préchauffer le four (thermostat 7 -210°C).

Beurrer la tourtière. Abaisser la pâte en rouleau sur 3 millimètres d'épaisseur et en garnir la tourtière.

Piquer le fond de pâte avec les dents d'une fourchette, recouvrir avec une feuille de papier sulfurisé, lester de légumes secs réserver à cet usage, enfourner à mi-hauteur et laisser cuire 20 à 25 minutes à blanc, jusqu'à ce que la croûte soit cuite et colorée.

Pendant ce temps, préparer la crème pâtissière : faire chauffer le lait avec la demi-gousse de vanille. Dans une terrine, fouetter l'œuf entier et le jaune avec le sucre en poudre jusqu'à ce que le mélange blanchisse.

Incorporer la farine en pluie, puis délayer avec le lait chaud (ôter la demi-gousse de vanille).

Verser la crème pâtissière dans une casserole et faire épaissir sur feu doux sans cesser de remuer à la spatule et sans laisser bouillir.

Hors du feu, la mettre dans une jatte et incorporer le beurre pour empêcher la formation d'une croûte.

Lorsque la crème pâtissière est froide, incorporer l'anisette ou l'apéritif anisé.

L'étaler sur le fond de tarte délesté des légumes secs, en formant une couche lisse.

Recouvrir avec les fraises en les enfonçant légèrement. Garder au frais jusqu'au moment de servir.

Mondeuse

Au moment de servir, saupoudré la tarte de sucre glace tamisé.

Le petit plus : on peut acheter l'anis dans les magasins bio ou le trouver dans les petites et grandes surfaces en flacons (Albert Ménès). Cette tarte est à consommer dans les 24 heures.

2007 MAI

SEMAINE N° 18

Notes

Mardi 01 FÊTE DU TRAVAIL

Matinée

Après-midi

Soirée

Mercredi 02 St Boris

Matinée

Après-midi

Soirée

Jeudi 03 Sts Philippe, Jacques

Matinée

Après-midi

Soirée

Vendredi 04 St Sylvain

Matinée

Après-midi

Soirée

Samedi 05 Ste Judith

Matinée

Après-midi

Soirée

Dimanche 06 Ste Prudence

Matinée

Après-midi

Soirée

Lundi 07 Ste Gisèle

Matinée

Après-midi

Soirée

Mardi 08 VICTOIRE 1945

Matinée

Après-midi

Soirée

Mercredi 09 St Pacôme

Matinée

Après-midi

Soirée

Jeudi 10 Ste Solange

Matinée

Après-midi

Soirée

Vendredi 11 Ste Estelle

Matinée

Après-midi

Soirée

Samedi 12 St Achille

Matinée

Après-midi

Soirée

Dimanche 13 Fête Jeanne d'Arc

Matinée

Après-midi

Soirée

Le Mont-Blanc pour dames

Le mont Buet dresse à 3 109 m d'altitude sa croupe arrondie. Son ascension, longue mais relativement facile, la présence d'un petit glacier, un panorama d'une ampleur incomparable, l'ont fait surnommer le « Mont-Blanc pour dames ». Combien de jeunes alpinistes ont réussi sur ses pentes le baptême symbolique des « 3 000 m » avant de s'attaquer à des sommets plus redoutables ?

Certes, le Buet est une montagne facile. Mais c'est aussi une montagne qui possède une longue histoire. Sa première ascension remonte à 1 770 (16 années avant l'ascension du Mont-Blanc). Elle fut réussie par une forte personnalité de la montagne, Jean-André Deluc (1727-1817), un naturaliste genevois, lecteur officiel de la reine d'Angleterre. Dans sa volonté de monter au sommet du Buet, Deluc souhaitait atteindre une plate-forme pour mesurer l'altitude exacte du Mont-Blanc. C'est avec la même démarche qu'il avait gravi le sommet du Brévent qui domine Chamonix. Son frère, Guillaume-Antoine Deluc (1729-1812) l'accompagnait dans ses recherches et participa à la première ascension du Buet.

Après une première tentative, en 1765, par le versant de Sixt, soldé par un échec, une deuxième tentative par le même itinéraire quelques années plus tard, les frères Deluc, guidés par un redoutable chasseur de chamois, Bernard Pomet, atteignirent enfin le sommet par le versant des Fonds qui, curieusement est un des plus délicats pour accéder au sommet. L'itinéraire classique, celui emprunté chaque année par plusieurs milliers d'alpinistes en herbe, au départ de la vallée de Vallorcine, fut ouvert en 1 775 par Marc Théodore Bourrit, le mal aimé de la montagne, rival malheureux de De Saussure pour la conquête du Mont-Blanc.

En 1904, le Buet fut à nouveau le théâtre d'un événement dans l'histoire de la montagne. Joseph Ravanel, surnommé « Le Rouge », réussit la première descente à ski du sommet, une sacrée performance compte tenu d'un matériel inadapté et d'une technique restant à inventer.

Jean Daumas

La Recette de la Semaine

Abricots au fromage et aux fruits confits

Pour 6 personnes

• 12 abricots mûrs mais fermes •
• 500 g de fromage de chèvre frais en faisselle •
• 80 g de sucre en poudre •
• quelques gouttes d'extrait d'amande amère •
• 10 cl de crème fleurette •
• 100 g de macédoine de fruits confits •
• 5 cl de kirsch (facultatif) •
• quelques feuilles de menthe fraîche •

Faire macérer éventuellement les fruits confits dans le kirsch jusqu'à utilisation.

Dans un plat creux, travailler le fromage de chèvre avec quelques gouttes d'extrait d'amande amère et le sucre en poudre jusqu'à consistance crémeuse, lisse et homogène.

Dans un saladier, fouetter la crème fleurette, qui doit être très froide, en chantilly.

Lorsqu'elle est ferme, l'incorporer délicatement à la préparation au fromage, puis ajouter la moitié des fruits confits bien égouttés.

Laver, essuyer, fendre et dénoyauter les abricots.

A l'aide d'une cuillère, garnir généreusement les abricots avec la préparation.

Les disposer dans des coupes, puis parsemer le reste de fruits confits.

Décorer de petites feuilles de menthe.

Servir frais.

Le petit plus : on peut également décorer ce dessert avec des oranges confites détaillées en fine julienne.

Le saviez Vous?

L'orgue des Gets

L'église des Gets abrite une rareté : un orgue philharmonique Aéolian, construit en 1910 à New-York Il orne le transept de l'édifice depuis 1994. Un orgue original, qui peut fonctionner sans organiste par le biais de rouleaux de papier perforé -une collection de 700 œuvres laisse un grand choix de programmation- mais qui peut aussi être utilisé de façon manuelle. Le compositeur Maurice Ravel a joué sur cet orgue, seul du genre, en Europe. Plus de 10 000 heures de travail ont été nécessaires à sa restauration. Pas étonnant qu'il ait été en 1989, classé monument historique…

Lundi 14 — St Matthias

Matinée ______

Après-midi ______

Soirée ______

Mardi 15 — Ste Denise

Matinée ______

Après-midi ______

Soirée ______

Mercredi 16 — St Honoré

Matinée ______

Après-midi ______

Soirée ______

Jeudi 17 — ASCENSION

Matinée ______

Après-midi ______

Soirée ______

Vendredi 18 — St Eric

Matinée ______

Après-midi ______

Soirée ______

Samedi 19 — St Yves

Matinée ______

Après-midi ______

Soirée ______

Dimanche 20 — St Bernardin

Matinée ______

Après-midi ______

Soirée ______

Une affaire de conquérants

Barrière naturelle, les Alpes en ont toujours imposé aux militaires. Seuls quelques grands conquérants s'y sont frottés avec succès. Parmi eux Hannibal Barça, héros quasi légendaire de la seconde guerre punique il fut l'un des rares à tenir le sort de Rome entre ses mains. Tout commence avec la prise de Messine par des mercenaires venus de Campanie, une province de l'Italie méridionale. La Sicile est alors partiellement occupée par les Carthaginois qui menacent les nouveaux arrivants. Ceux-ci sollicitent alors l'aide des Romains. Ainsi débute la première guerre punique (264-241). L'issue longtemps incertaine trouve sa conclusion sur la mer. Les Romains ont échoué devant Carthage et ont lutté difficilement en Sicile contre Hamicar Barca. Mais après leur victoire navale près des îles Aegates Rome impose sa paix, obtenant l'évacuation de la Sicile. Hamilcar, vaincu, demande à son fils Hannibal de venger la défaite punique. La revanche débute en Espagne à partir de 237 av.. J-C. Hannibal entend conquérir cette vaste province riche en minerai de fer. Il vole de succès en succès et s'empare de Sagonte cité ibérique, alliée de Rome. C'est l'origine de la seconde guerre punique (218-201 av. J-C). Fort de ses victoires Hannibal décide d'aller porter le fer en Italie. Les anciens potaches y compris les cancres, se souviennent généralement assez bien de la fameuse épopée. D'autant que le cours du professeur s'accompagnait souvent d'illustrations spectaculaires et quelque peu... fantaisistes. Plus proches en fait d'un déplacement du cirque barnum que de la mythique virée du général carthaginois. Indéniablement, le franchissement des alpes par Hannibal et ses troupes n'a pas marqué que les esprits romains. Aujourd'hui encore on ne peut être qu'admiratif devant l'incroyable audace du Carthaginois, la prouesse de cette armée forte de 80 000 Africains, et de. 37 éléphants Plus de 2000 ans après, la vision de cette odyssée alpestre fonctionne toujours à plein. La suite est connue. Après plusieurs batailles Hannibal finit par écraser l'armée romaine à Cannes (216 av. J-C). Une bataille qui a longtemps servi de modèle stratégique pour les écoles militaires On dit que le général Norman Schwartzkopf, qui commandait les troupes américaines lors de la première guerre du golfe l'avait étudiée lors d'un devoir de fin d'études. Quoi qu'il en soit de ses exégètes modernes, l'excellent stratège qu'était Hannibal commit peut-être une de ses rares erreurs après sa victoire. Il tergiversa, attendant des secours qui ne purent jamais lui parvenir. Pourtant Rome était alors sans défense... Sa chance passée, une ultime bataille- perdue - devant Carthage mit fin à ses rêves de conquêtes. Mille ans plus tard, Charlemagne franchit à son tour les alpes mais l'Histoire retient surtout la traversée de Bonaparte et le fameux passage de son armée au col du Grand-Saint Bernard, le 14 mai 1800. Une scène immortalisée par le tableau de David qui représente le Premier Consul à cheval avec à ses pieds, l'inscription de son nom, « Bonaparte » et de manière plus effacée et tronquée celui de ses deux glorieux prédécesseurs. La réalité est moins idéale. Le futur empereur des Français ne montait pas ce jour-là un piaffant et superbe coursier mais un... mulet. De plus il était plutôt pâlichon au moment du célèbre passage, incommodé par l'altitude, le mal des hauteurs. Quoi qu'il en soit son audace et son génie stratégique furent couronnés de succès, ses 30 000 hommes permettant de secourir Masséna et de battre, in fine, les Autrichiens à Marengo. Dans un courrier adressé à ses « collègues » Consuls, Bonaparte écrit « nous luttons contre la glace, la neige, les tourmentes et les avalanches. Le Saint Bernard étonné de voir tant de monde le franchir si brusquement nous oppose quelques obstacles... ». L'armée surprise par les caprices d'un printemps tardif, bénéficia de l'aide des moines de l'Hospice du col alpestre. Ils fournirent bien opportunément du pain, du fromage et du vin aux soldats frigorifiés. En échange le Premier Consul promit de leur donner des livres pour leur bibliothèque. L'expérience de cette pénible traversée donna des idées à Bonaparte qui comprit l'importance stratégique mais aussi commerciale des routes alpines. On lui doit notamment celle qui emprunte le col du Simplon, ainsi que la liaison Grenoble-Briançon via le col du Mont-Genèvre.

Y. B

La Recette de la Semaine

Magret de canard avec échalotes de tradition confites à l'orange

Pour 4 personnes

• 500 g d'échalotes •
• 2 magrets de canard •
• 4 oranges •

Prélever la peau de deux oranges et la couper en bâtonnets, puis presser les 4 oranges pour en récupérer le jus.

Peler et couper les échalotes de tradition en lamelles et les faire revenir 10 minutes très doucement avec les jus d'orange et les zestes.

Pendant ce temps, faire cuire les magrets de canard dans une poêle à feu vif côté graisse jusqu'à ce qu'ils soient bien dorés.

Puis faire cuire trois minutes côté chair.

Trancher les magrets et les disposer en éventail, accompagnés des Échalotes de Tradition confites à l'orange.

Beaujolais

Le saviez Vous ?

Cent fois l'ascension de l'aiguille Verte

Armand Charlet (1900-1975) est un peu le chantre de l'aiguille Verte. Natif d'Argentière, dans sa jeunesse, son regard se tournait sans cesse vers cette cime. Devenu guide, il ouvrit sur ses pentes plusieurs itinéraires de grandes envergures, comme le couloir Couturier, le versant du Nant-Blanc ou l'arête du Jardin. Cent fois, par tous les versants, il atteignit son sommet. Spécialiste des courses glaciaires, devenu professeur à l'Ecole nationale de ski et d'alpinisme, il était redouté et adulé par les stagiaires. Armand Charlet réalisa d'autres premières dans le massif du Mont-Blanc, dont un exploit dans les aiguilles du Diable et une tentative très poussée dans la face Nord des Grandes Jorasses.

2007 MAI

SEMAINE N°21

Lundi 21 — St Constantin

Matinée

Après-midi

Soirée

Mardi 22 — St Émile

Matinée

Après-midi

Soirée

Mercredi 23 — St Didier

Matinée

Après-midi

Soirée

Jeudi 24 — St Donatien

Matinée

Après-midi

Soirée

Vendredi 25 — Ste Sophie

Matinée

Après-midi

Soirée

Samedi 26 — St Bérenger

Matinée

Après-midi

Soirée

Dimanche 27 — PENTECÔTE

Matinée

Après-midi

Soirée

2007

Les expéditions du physicien Deluc au XVIII ème siècle

Le Genevois Jean André Deluc est un grand physicien de son temps. Ses travaux de météorologie lui ont même permis de devenir lecteur de la reine d'Angleterre en 1 773. Mais avant d'être reconnu par ses pairs, Deluc a débuté ses pérégrinations scientifiques dans nos bonnes montagnes savoyardes. A 17 ans, il effectue sa première sortie expérimentale dans la vallée de la Vallorcine. Il est alors accompagné par son frère, deux amis anglais et deux domestiques. Une équipe qui ne passe pas inaperçue, surtout lorsqu'elle croise tous les habitants à la sortie de l'église, le jour de la fête de Notre-Dame. Le jeune homme vient dans l'idée d'expérimenter des thermomètres à eau bouillante au sommet du Buet à 3 109 mètres d'altitude. Après une nuit passée à l'abbaye de Sixt, par un matin d'août 1765, le convoi se met en marche, mais l'aventure échoue très vite, les thermomètres ne résistant pas à l'ascension. Mais en bon scientifique, il ne revient pas bredouille. Après s'être entretenu avec des villageois, il met par écrit plusieurs hypothèses au sujet des avalanches. Elles seraient déclenchées par certains sons, notamment par celui des clochettes des animaux, c'est pour cela que l'on leur ôte avant de s'engouffrer dans les passages difficiles. De même, il rapporte que les paysans n'hésitent pas à déclencher eux-mêmes les avalanches à coup de fusils, si la nature ne l'a pas fait le printemps venu, pour sécuriser les itinéraires de montagne.

Cinq ans jour pour jour après leur premier échec, les frères Deluc sont de retour au sommet du Buet. Cette fois-ci, les thermomètres sont arrivés à bon port et Jean André peut, non sans difficultés, faire bouillir son eau et les mettre en marche. Un des guides est pris de fou rire devant la scène, venir faire bouillir de l'eau à plus de 3 000 mètres, pour ce grand gaillard s'en est trop. Manifestement, il rit tellement qu'il se roule par terre pris de crampes, au passage il écrase le pied du malheureux scientifique en herbe. Deluc a la cheville foulée, il doit redescendre du Buet soutenu par son frère.

Au village, les aventures des jeunes gens ne passent pas inaperçues. Beaucoup les ont pris pour des chercheurs de mines et certains leur ont même proposé de leur indiquer les bons coins. Mais une autre méprise aurait pu coûter bien plus cher à Deluc. Afin de faire des mesures pour mettre au point un baromètre, Deluc a besoin de plusieurs points de repère sur un espace donné. Il doit aussi être en mesure de retrouver ses points de relevés rapidement. Il lui vient alors une idée, il cloue sur un arbre un mouchoir rouge. Mais comme il veut être sûr qu'aucun villageois ne lui subtilise, il décide de le clouer avec de nombreux clous, pour qu'on ne puisse pas le retirer rapidement. Pour partir l'esprit en paix, il lui vient alors l'idée de lacérer le mouchoir rouge. Et comme trois précautions valent mieux qu'une, Jean André en prend une dernière. Cette ultime initiative peut nous paraître étrange, mais aux yeux d'un gentilhomme de l'époque, elle paraît évidente. Il prend soin d'accrocher au mouchoir une pièce, pour lui, elle est le gage qu'il s'agit d'une affaire sérieuse, qui appelle une conclusion. Voilà bien une réflexion de philosophe des Lumières, les montagnards beaucoup moins au fait des nouvelles doctrines du temps, en voyant cet étrange montage, pensent alors tous à un acte de sorcellerie. Convaincus de leur découverte, les villageois préfèrent décrocher cet assemblage occulte et, afin de se protéger d'un quelconque sortilège, ils le fixent sur la porte de l'église. Deluc, de retour dans la zone est d'abord surpris de ne pas trouver son mouchoir, puis il pense tout simplement qu'il s'est égaré, il confie donc à l'un de ses serviteurs le soin de le retrouver. Après plusieurs heures à cheval, le serviteur étendant sa zone de recherche, aperçoit un groupe de villageois sur le parvis de l'église. En s'approchant, il reconnaît le mouchoir de son maître suspendu à la porte de l'édifice. Un homme lui explique enfin de quoi il s'agit. Il lui assure que l'on vient de découvrir un appareil à sortilèges dans les bois. Immédiatement prévenu, le curé s'empresse de venir sur les lieux. Il se livre à un exorcisme à l'aide d'eau bénite, puis ramène l'objet : « une figure cabalistique rouge avec une pièce pour payer le diable » devant la maison de dieu. Après s'être entretenu avec Deluc, le curé lui avoue avoir fait du zèle, surtout pour plaire à son Evêque. Le jeune physicien et l'homme d'Eglise s'amusent de ce quiproquo, Deluc ne sera pas

Suite ci-contre

La Recette de la Semaine

Langoustines aux herbes et aux épices

Pour 4 personnes

**• 24 langoustines • 1 cuillère à soupe de feuilles de cerfeuil •
• 1 cuillère à soupe de feuilles de persil •
• 1 cuillère à soupe de fenouil en grain •
• 1 cuillère à soupe de feuilles d'estragon •
• 1 cuillère à café de piment et quatre-épices en poudre •
• le jus de 1 citron • 2 grosses tomates •
• 20 cl de fumets de poisson • 10 cl de vin blanc sec •
• 2 échalotes • 1 ail •
• huile d'olive • 200 g de crème fraîche épaisse •**

Séparer le corps et les pinces des têtes des langoustines, garder les pinces, puis décortiquer la moitié des queues restantes, jeter les têtes restantes.

Hacher finement l'échalote et les faire dorer dans 2 cl d'huile quelques minutes dans un fait-tout. Ajouter l'ail haché finement, puis les 4 cuillères à soupe de cerfeuil, persil, fenouil et Estragon. Bien mélanger le tout et laisser suer quelques secondes.

Ajouter les pinces d'écrevisses, laisser suer 5 à 6 minutes. Déglacer au vin blanc à feux vif et laisser réduire jusqu'à évaporation presque complète du vin.

Ajouter les deux tomates coupées finement, laisser suer 5 à 6 minutes. Verser le fumet de poisson et laisser réduire de 3/4 à feu vif.

Filtrer à l aide d un chinois et disposer délicatement les queues de langoustine dans le bouillon obtenu, saler, poivrer et ajouter les épices fortes et le jus de citron. Laisser cuire à feux doux durant 10 minutes à couvert.

Sortir les queues de langoustines et les réserver.

Incorporer la crème fraîche épaisse. Donner une bonne ébullition et laisser cuire 2 à 3 minutes et replacer les langoustines 1 à 2 minutes. Retirer les langoustines et les disposer dans une assiette. Emulsionner la sauce obtenue. Napper vos langoustines de la sauce, parsemer de pluches de cerfeuil et disposer une feuille de persil plat sur votre riz.

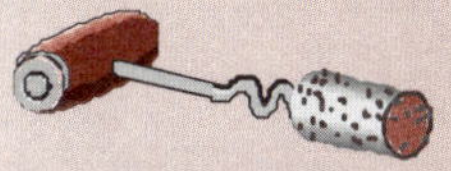

Roussette

inquiété, l'affaire restera secrète. Désormais connu de tous, il revient régulièrement à Sixt avec toujours de nouvelles expériences à mener. En 1772, il apporte avec lui un hygromètre, qui lui permet de mesurer l'humidité dans l'air. De retour à Genève, il écrit un mémoire grâce à ses relevés, celui-là même qui sera fort apprécié outre-manche. La Société Royale de Londres le recommande à juste titre à la Reine. Il n'oubliera jamais l'hospitalité des montagnards savoyards « dans ses sauvages retraites, j'ai trouvé des penseurs, des hommes, qui par la seule force de leur raison naturelle, se sont élevés fort au-dessus des superstitions dont s'abreuve avec tant d'avidité le petit peuple des villes ! Tels sont les plaisirs que goûtent dans les montagnes ceux qui se livrent à leur étude ».

Cyril Jacquin

Lundi 28 — St Germain

Matinée

Après-midi

Soirée

Mardi 29 — St Aymar

Matinée

Après-midi

Soirée

Mercredi 30 — St Ferdinand

Matinée

Après-midi

Soirée

Jeudi 31 — Visitation

Matinée

Après-midi

Soirée

Notes

Côté Jardin en Mai

La Pentecôte donne les foins ou les ôte

Travaux du mois :

• Taillez les haies libres ou régulières dès que les nouvelles pousses ont atteint 20 à 25 cm de longueur. (aidez-vous d'un cordeau)

• Ebourgeonnez la vigne en ne conservant que deux sarments par courson et en supprimant les jeunes pousses à l'aisselle des feuilles.

• Traitez tous les arbres fruitiers avec un produit total à titre préventif.

• Paillez les massifs d'arbres, d'arbustes et le verger pour limiter l'effet de la sécheresse.

• Arrosez régulièrement les plantes de la maison et les jardinières du balcon avec une solution fertilisante dosée à 1 bouchon d'engrais liquide pour 10 litres d'eau.

• Plantez et semez les annuelles à floraison estivale que ce soit dans les massifs ou dans les jardinières. Toutes les fleurs peuvent pousser dehors à partir du 10 mai.

Achat du mois :

• Tous les plants fleuris, potagers ou aromatiques à mettre en place de suite.

• Les plantes grimpantes présentées en conteneur.

• Pour les clématites ne choisissez pas de sujets trop frêles.

Travaux divers :

• Prévoyez l'installation d'un système d'arrosage automatique.

• Apportez un engrais désherbant gazon si cela n'a pas été fait le mois dernier. .

Arbres et arbustes :

• Taillez de niveau avec un cordeau les haies dès que les nouvelles pousses ont atteint 25 à 20 cm de longueur.

• Prélevez sur les lilas des bouquets de fleurs qui parfumeront votre intérieur et coupez de moitié toutes les pousses qui ont fleuri.

Serre et véranda :

• Pour éviter que les vitres ne se couvrent de traces de calcaires, suite aux vaporisations et aux bassinages, ajoutez le jus d'un demi-citron dans 5 litres d'eau ou une cuillerée à café de vinaigre dans un litre d'eau.

Arbres fruitiers :

• Limitez à 4 ou 5 le nombre de pêches portées par un même rameau.

TRUCS et ASTUCES

Si vous êtes à cours de produits contre les pucerons, plantez des allumettes (aux 2/3) dans vos pots de fleurs, le bout rouge dans le sol. Le souffre qui s'en dégage vous en débarrassera

Ail : Nouer ses feuilles sur lui-même fera grossir le bulbe mais n'activera pas sa maturation. Elle est optimale quand les feuilles jaunissent.

Avant de semer du persil, placez la semence 24 heures dans de l'eau tiède. Laissez sécher 1 heure sur un buvard avant plantation

Fleurs :

• Placez dans vos bassins des plantes aquatiques telles que nénuphars, lis des étangs, iris d'eau

• Otez le vieux terreau de vos jardinières et remplacez-le par du neuf (appelé aussi surfaçage).

Image d'Hier

Image d'Hier

Image d'Hier

87. ANNECY — Les Arcades Ste-Claire

Image d'Hier

196. ANNEMASSE (Hte-Savoie) — Place de la Mairie

JUIN 2007

vient de
" junius mensis " qui viendrait
de Junon, déesse italique
ou alors de Junius Brustus,
premier consul romain.

" A
Saint-Rufin,
Cerises
à plein jardin. "

Le 14
Juin

En juin

1961 : le danseur étoile soviétique Rudolf Noureev passe à l'Ouest.

1977 : en Espagne, premières élections démocratiques depuis plus de 50 ans.

1982 : victoire de l'armée britannique aux Malouines.

1985 : le Français Patrick Baudry décolle à bord de la navette spatiale américaine.

*Le vice
empoisonne le plaisir,
la passion le corrompt,
la tempérance l'aiguise,
l'innocence le purifie,
la tendresse le double.*
[Proverbe chinois]

JÉRÉMIE ;

Signifie " élévation du seigneur ", en hébreu. Moine, martyr à Cordoue au neuvième siècle, il est honoré le 7 juin.

Étymologie mythologique

*La langue française
s'est beaucoup inspirée
des mythologies.
Chaque mois
vous trouverez
un mot qui doit son origine
à un héros
ou à une divinité.*

Le mot " hermaphrodite " vient d'HÉRMÈS, dieu grec du Commerce et messager des Dieux et d'APHRODITE. (déesse grecque de l'Amour), dont l'enfant, HERMAPHRODITOS, était bisexué.
(Un hermaphrodite est un individu bisexué)

JUIN 2007

Le dicton du mois

S'il pleut
à la St Pierre (29)
La vigne est réduite
d'un tiers.

Le séjour de Lamartine à Bissy

En juin 1815, à l'annonce de la défaite de Napoléon à Waterloo, Alphonse de Lamartine n'est pas encore arrivé sur les bords du lac du Bourget. Il est en partance pour Chambéry, réfugié à Narnier, non loin de Genève. Madame de Vincy lui a fait parvenir des journaux pour qu'il puisse analyser la situation nouvelle de la France. Quel dilemme pour ce jeune homme en disgrâce, anti-bonapartiste certes, mais incapable de se réjouir de cette défaite car ce sont des dizaines de milliers de jeunes français qui sont tombés dans la bataille ! Sa mère lui conseille d'attendre le retour au Pouvoir de Louis XVIII, elle l'avertira quand le moment sera venu. Pour l'instant, Lamartine quitte Genève et, trois jours plus tard, arrive enfin à Chambéry. Dans cette ville, il est attendu par l'illustre famille de Maistre. Alphonse a connu le neveu du Comte de Maistre au collège. La famille compte alors quatre frères. Le chevalier, auteur du « Lépreux de la cité d'Aoste » et du « Voyage autour de ma chambre » se trouvant en Russie à l'arrivée de Lamartine. L'Evêque d'Aoste, le Comte de Maistre, ambassadeur de Sardaigne à Saint- Pétersbourg, et un colonel de la brigade de Savoie viennent compléter le tableau de famille. Lamartine retrouve son ancien camarade Louis de Vignet, rencontré sur les bancs du collège jésuite de Belley et marié avec la sœur Maistre. Louis décide d'installer Alphonse à la campagne, à Bissy. A peine arrivés, ils partent tout deux aux Charmettes pour découvrir le lieu où Jean- Jean Jacques Rousseau vécu sa passion avec madame de Warens. Le soir, durant le dîner, les conséquences de la défaite de Waterloo pour la Savoie semblent être assez claires pour le colonel de Maistre : elle va redevenir piémontaise et il vient d'être désigné pour aller négocier la paix à Paris. La restauration du roi de Sardaigne est une bonne nouvelle pour eux, les troupes piémontaises font leur entrée dans Chambéry les jours suivants. Lamartine se réjouit de voir ce pays retrouver sa liberté, il espère que le rétablissement des

Suite ci-contre

Image d'Hier

300. Costumes de la Savoie. — SAINTE-FOY-TARENTAISE

La Recette de la Semaine

Émincé de foie aux oignons et au cumin

Pour 6 personnes

• 750 g de foie de génisse • 250 g d'oignons • 1 gousse d'ail •
• 3 branches de céleri tendre •
• 2 yaourts nature • 4 clous de girofle •
• 1 cuillerée à café de cumin en poudre • 1 bâton de cannelle •
• 4 cuillerées à soupe de beurre clarifié •
• sel • poivre •

Hacher menu les oignons et le céleri.

Couper le foie en fines lanières.

Le faire mariner dans le yaourt.

Dans une casserole à fond épais, faire revenir dans le beurre les clous de girofle, la cannelle et le cumin. Ajouter les oignons et le céleri ainsi que l'ail écrasé.

Laisser revenir 20 minutes à feu doux.

Lorsque le mélange d'épices, d'oignons et de céleri est suffisamment doré, ajouter le foie, saler, poivrer et laisser mijoter doucement pendant 20 minutes.

Goûter et rectifier l'assaisonnement si nécessaire.

Servir les lanières de foie accompagnées de courgettes sautées ou d'un riz blanc.

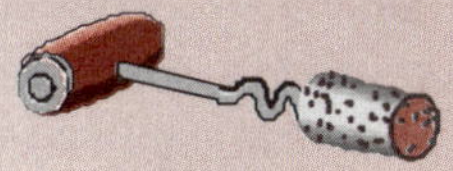

Savoie rouge

Le saviez Vous ?

Crue glaciaire

Si, aujourd'hui, le recul des glaciers est quasi général dans le monde, à une époque récente on assista à une curieuse crue de plusieurs glaciers des Alpes de Savoie, notamment de celui d'Argentière. De 1970 à 1990, la langue terminale s'est épaissie de 90 m et le front du glacier a avancé de 370 m. Un rognon rocheux, situé dans la chute de séracs avait été entièrement recouvert. Le maximum de la crue, en tant que volume de glace, fut atteint en 1985. Le phénomène s'est à présent inversé. De 1990 à 2004, le glacier a reculé de plus de 400 m !

Bourbon en France ne va pas trop se faire attendre. En attendant des nouvelles de sa mère, Lamartine profite de l'hospitalité de la famille de Maistre. A chaque jour sa promenade entre le lac du Bourget et Chambéry. Tous les soirs il dîne en bonne compagnie. Son exil à Narnier et chez les Vincy est plus que supportable, l'immersion dans cette famille cultivée et ouverte lui paraît idyllique.

Enfin, la lettre tant attendue arrive un beau matin de Mâcon, sa mère lui confirme qu'il ne craint plus aucune poursuite, il peut enfin rentrer chez lui. Lamartine monte dans la diligence pour Lyon, il a été accueilli comme un fils par les Maistre à Bissy, il ne l'oubliera jamais.

Cyril Jacquin

Notes

Vendredi 01 St Justin

Matinée

Après-midi

Soirée

Samedi 02 Ste Blandine

Matinée

Après-midi

Soirée

Dimanche 03 Fête des Mères

Matinée

Après-midi

Soirée

2007 JUIN
SEMAINE N°23

Lundi 04 — Ste Clotilde
Matinée
Après-midi
Soirée

Mardi 05 — St Igor
Matinée
Après-midi
Soirée

Mercredi 06 — St Norbert
Matinée
Après-midi
Soirée

Jeudi 07 — St Gilbert
Matinée
Après-midi
Soirée

Vendredi 08 — St Médard
Matinée
Après-midi
Soirée

Samedi 09 — Ste Diane
Matinée
Après-midi
Soirée

Dimanche 10 — FÊTE-DIEU
Matinée
Après-midi
Soirée

Féru de dahu

Le Dahu est comme le Yeti ou le monstre du Loch Ness. Plus impressionnant dans l'imagination des hommes que dans une très incertaine réalité. De toute façon s'ils n'existent pas on a bien fait de les inventer. Pour ce qui est du dahu les thuriféraires, accros du mythe ne manquent pas. La Haute Savoie a le sien. Originaire de Gaillard le dessinateur illustrateur Patrick Leroy lui a consacré deux ouvrages. Non seulement le dahu existe mais il a une histoire aussi longue que celle du quadrupède pensant. Selon Leroy, le dahu a une réalité physique très savoyarde Cousinant avec le bouquetin, le chamois et l'isard, il est doté d'une queue de vache- sans doute de race abondance- avec des oreilles tirant sur celles du chien Saint Bernard. Discret apparaissant et disparaissant comme un mirage le dahu est parfaitement adapté aux alpages. Ses pattes de longueur différente lui permettent de ne pas plier les genoux quelle que soit la déclivité de la pente. Le dahu est mondialiste par essence. Universel serait plus juste car l'on doute que l'animal fabuleux s'intéresse à nos petits enjeux planétaires. Par contre le Dahu est partout dès les débuts du monde historiquement répertorié. Leroy le voit sur les murs peints d'une chambre royale aux tréfonds d'une pyramide. En Chine il atteste d'un Brontodahus à longs poils. Dans le désert saharien, le dahuméharis rivalise d'ingéniosité en utilisant l'inclinaison des dunes et la force du vent. Dans les Vosges on trouve le dahu dans les arbres. Il existe une espèce naine plutôt craintive qui regagne son terrier dare-dare au moindre bruit suspect. Il semble que le Dahu ne manque aucun grand rendez-vous de l'Histoire. Horace Saussure l'aperçoit lors de sa célèbre ascension du Mont-Blanc. De même que les grognards de Napoléon au col du Grand Saint Bernard. Bref l'existence du Dahu ne peut plus être niée. Patrick Leroy le suit, pour nous. A la trace !

Yves Bielinski

La Recette de la Semaine

Rémoulade de céleri aux pommes et aux raisins secs

Pour 4 personnes

• 200 g de céleri-rave (environ 1/2 boule)•
•1 grosse pomme verte Granny-smith •
• 1 cuillerée à soupe de raisins secs • 1 jaune d'œuf •
• 1 cuillerée à soupe de moutarde blanche forte
• Sel fin • poivre blanc du moulin •
• 10 cl d'huile • 1 yaourt nature (bulgare ou velouté) •
• 2 citrons •

Préparer d'abord la sauce, car il faut qu'elle soit prête dès que le céleri et la pomme sont râpés, afin qu'ils n'aient pas le temps de noircir.

Dans un bol, délayer le jaune d'œuf et la moutarde, saler et poivrer suffisamment, puis monter la sauce en mayonnaise en versant l'huile en mince filet

Continuer à tourner en incorporant le jus d'un citron, puis le yaourt et bien délayer pour bien lisser la sauce.

Mettre les raisins secs dans un bol, les couvrir d'eau bouillante, puis les égoutter et les éponger.

Eplucher le céleri-rave et le couper en morceaux.

Peler la pomme, la couper en quartiers en éliminant les parties dure du centre et les pépins

Citronner le tout surtout la pomme.

Râper le céleri et la pomme.

Pour gagner du temps, les râper ensemble au robot. Les transvaser dans un saladier, ajouter les raisins secs, verser la sauce par-dessus et mélanger longuement.

Garder au réfrigérateur jusqu'au moment de servir..

Servir frais.

Le saviez Vous ?

Grand angle au sommet du mont Blanc

Auguste Bisson (1826-1900) est considéré comme le premier photographe de montagne, en même temps que le Chamoniard Joseph Tairraz. En 1861, il organisa une véritable expédition cinématographique au sommet du Mont-Blanc. Conduite par le guide Auguste Balmat et soutenu par la présence d'une vingtaine de guides et de porteurs, Auguste Bisson et son frère Louis-Auguste, en ramenèrent trois panoramas sur des plaques mesurant 44 cm par 54 cm ! Ses photos de crevasses et de séracs, prisent à la hauteur de la Jonction, furent exposées à Paris et connurent beaucoup de succès.

Lundi 11 St Barnabé

Matinée

Après-midi

Soirée

Mardi 12 St Guy

Matinée

Après-midi

Soirée

Mercredi 13 St A. de Padoue

Matinée

Après-midi

Soirée

Jeudi 14 St Élisée

Matinée

Après-midi

Soirée

Vendredi 15 Ste Germaine

Matinée

Après-midi

Soirée

Samedi 16 St J.-F. Régis

Matinée

Après-midi

Soirée

Dimanche 17 Fête des Pères

Matinée

Après-midi

Soirée

Un site à grande Echelle

Les grottes des Echelles font partie de ces curiosités naturelles produites au fil des millénaires par l'érosion. Typiques des régions calcaires, elles ont fini par sortir de leur immémorial silence géologique pour entrer dans l'ère du tourisme. Cela se passait en 1 877. Le comte Sarde Crotti de Castiglione qui avait découvert l'existence de la source de la Bauche quinze ans plus tôt décide d'en reprendre l'exploitation. A l'époque gallo-romaine le site était connu pour les bienfaits de ses eaux ferrugineuses. Puis il était tombé peu à peu dans un oubli profond et durable. La deuxième moitié du XIXe siècle constitue à cet égard le temps du renouveau et l'âge d'or du thermalisme français. C'est en 1858, dans la station vosgienne de Plombières que Napoléon III et Camillo Benso comte de Cavour, premier ministre du roi de Sardaigne, conçoivent une alliance contre l'Autriche. Elle aboutira en 1 860 à la cession du comté de Nice et du duché de Savoie à la France, et un an plus tard à la transformation du royaume de Sardaigne en royaume d'Italie. La dynastie de Savoie dont était issu le roi Victor Emmanuel II réalisait ainsi grâce à la France, l'unité transalpine si longtemps espérée. Pour en revenir à la source de la Bauche elle se développe rapidement sous la houlette du comte Crotti de Castiglione. Un hôtel et des chalets sont rapidement construits pour accueillir les curistes venus soigner leur anémie ou leurs affections du sang. Devant le succès, la station passe à la vitesse supérieure avec la commercialisation de l'eau mais aussi de pastilles et de dragées de boues (sic) ferrugineuses. Le thermalisme se décline alors sur le mode chic. La Bauche devient une station des élégances. On y voit quelques exemplaires de la plus haute noblesse et même une famille royale, en l'occurrence celle de Belgique. C'est bien connu : entre deux verres d'eaux profitables ou deux bains de boues requinquants, un grand danger menace le curiste : l'ennui C'est pourquoi, dès l'ouverture de la station, on songe à l'occupation extra-médicale des pensionnaires. En 1877, une délégation du club Alpin français de Chambéry se rend au village de La Bauche pour visiter la grotte des Echelles située à une dizaine de kilomètres. Voila de quoi intéresser les curistes. Un développement touristique facilité par la proximité de la route Chambéry-Lyon. Propriétaire des lieux, la famille Périnel créée en 1884, la société anonyme des grottes des Echelles, au capital de 12 000 francs, avec émission d'action nominative au prix de cent francs. Le club Alpin participe à l'aménagement du site qui nécessite l'emploi de la dynamite pour rendre plus aisée l'entrée des grottes. A l'origine la grotte supérieure des Echelles dite la souterraine n'était accessible que par un étroit passage où il fallait ramper. Quand à la grotte inférieure appelée « le grand goulet » ou « la galerie » les propriétaires la dotèrent de passerelles en fer fixées en surplomb, le long des parois. A travers les cartes postales, elles ont popularisé le site ouvert au public en mai 1886. Au début du XXe siècle on pouvait voir plusieurs fois par jour, le ballet des voitures, acheminant les touristes depuis l'Hôtel Durand jusqu'aux grottes. Un chalet leur permettait de se restaurer, avant ou après, la visite. Les grottes des Echelles ont été formées à l'ère glaciaire. La cavité supérieure possède de grandes salles architecturées par d'étonnantes concrétions calcaires sculptées par le temps et le travail de l'érosion. La grotte du grand Goulet qui a bénéficié d'importants travaux de restauration et de sécurisation a été fermée durant plusieurs années avant d'être rouverte au public en juin 2002. La légende veut qu'elle ait servie de refuge au célèbre contrebandier Mandrin Le nom des « Echelles » provient de la proche présence de grands escaliers qui jadis permettaient aux voyageurs et aux marchandises d'emprunter ce délicat passage, sorte de canyon. Plus tard ils furent remplacés par la Voie Sarde, aménagée en lieu et place de l'ancienne voie romaine qui présentait à cet endroit un relief particulièrement accidenté. Une rampe de 400 m de long, fut construite entre 1667 et 1670. Située sur la commune de Saint Christophe -la - Grotte elle reliait les villes de Chambéry et de Lyon. La Voie Sarde doit son nom aux ducs de Savoie qui décidèrent sa construction. A noter qu'un tunnel a remplacé la Voie Sarde, en 1 820.

Yves Bielinski

La Recette de la Semaine

Petits clafoutis aux cerises

Pour 8 enfants

• 400 g de cerises • 100 g de pépites de chocolat • • 20 g de beurre • 3 œufs • 100 g de farine • • 100 g de sucre en poudre • 1 pincée de sel • 75 cl de lait • • 2 sachets de sucre vanillé •

Préchauffer le four (thermostat 6 - 180°C).

Laver les cerises, les essuyer, les équeuter et les dénoyauter.

Beurrer généreusement 8 petits moules à brioche (ou utiliser des moules en silicone qui n'ont pas besoin d'être beurrés).

Répartir les cerises et les pépites de chocolat au fond des moules

A l'aide d'un robot, battre les œufs avec la farine, le sucre en poudre, le sel et le lait jusqu'à ce que la pâte soit fluide.

Verser la pâte dans les moules, sur les cerises et le chocolat.

Enfourner à mi-hauteur et laisser cuire 35 à 40 minutes.

Juste au sortir du four, saupoudrer de sucre vanillé afin qu'il puisse se dissoudre.

Servir les clafoutis tièdes ou froids.

Royal-Seyssel

Le petit plus : choisir de préférence des cerises noires.

Le saviez Vous ?

Première de la vallée Blanche à ski

Michel Payot (1869-1908), médecin de Chamonix, fut un des premiers à introduire le ski en France. En 1903, à une époque où le ski n'en était qu'à ses balbutiements, il réalisa avec le guide Joseph Ravanel la première descente de la vallée Blanche. A cette époque, bien sûr, le téléphérique de l'Aiguille du Midi n'existait pas encore. Il fallait donc, avant de goûter l'ivresse du premier virage, gravir la pente en accrochant aux skis des lanières de cuir en guise de peaux de phoque. Michel Payot fut également le premier à réaliser, skis aux pieds, la Haute Route, reliant Chamonix à Zermatt.

2007 JUIN SEMAINE N°25

Lundi 18 St Léonce

Matinée

Après-midi

Soirée

Mardi 19 St Romuald

Matinée

Après-midi

Soirée

Mercredi 20 St Silvère

Matinée

Après-midi

Soirée

Jeudi 21 ÉTÉ

Matinée

Après-midi

Soirée

Vendredi 22 St Alban

Matinée

Après-midi

Soirée

Samedi 23 Ste Audrey

Matinée

Après-midi

Soirée

Dimanche 24 St Jean-Baptiste

Matinée

Après-midi

Soirée

Comme un long fleuve tranquille

La Mer de Glace est le plus grand glacier des Alpes françaises avec une longueur de 7 km (16 km si on ajoute le glacier du Tacul et le glacier du Géant dont elle est originaire). La superficie de son bassin glaciaire couvre 40 km^2 et l'épaisseur de sa glace atteint parfois plus de 300 m. La Mer de Glace est aussi le plus célèbre glacier des Alpes. Chamonix lui doit en grande partie sa réputation. C'est d'ailleurs en cherchant à découvrir ces fameuses « glaciaires » que les premiers visiteurs pénétrèrent dans la vallée.

Il faut dire qu'à cette époque et jusque vers 1850, le front de la Mer de Glace se prolongeait par le glacier des Bois visible depuis le centre de Chamonix. Les temps ont bien changé. Le recul des glaciers a provoqué la disparition du glacier des Bois et de son imposante voûte de glace bleue. A la hauteur du chalet du Chapeau, là où, voici encore un siècle, le glacier s'écroulait vers la vallée en une spectaculaire cascade de séracs, ne subsiste plus aujourd'hui que quelques plaques de glace noire, couverte d'éboulis, à peine visible au bas des moraines.

Le site du Montenvers, le plus beau belvédère sur la Mer de Glace, fut pendant de nombreuses années la grande attraction de la vallée. Combien de têtes couronnées, de princes et de notoriétés, de Chateaubriand à Victor Hugo, en passant par Napoléon III, se sont rendues sur ses terrasses ensoleillées pour admirer un des paysages les plus célèbres de la planète. En 1908, un chemin de fer à crémaillère remplaça les longues files de mulets. Première « remontée mécanique » de la vallée de Chamonix, il permettait d'accéder sans fatigue à l'hôtel du Montenvers, érigé en 1 880. Electrifié en 1956, le petit train transporte chaque année un million de touristes.

Pour les scientifiques, la Mer de Glace représenta très vite un fantastique terrain d'étude et de recherche. Le glacier rassemble en effet toutes les caractéristiques des glaciers alpins. Contrairement à son apparence, qui lui donne l'aspect d'un monde figé, le glacier se comporte comme un long fleuve tranquille qui roule ses vagues bleutées à la vitesse de 90 à 130 m par an, comme le démontrèrent les premiers glaciologues.

Curieusement, les deux glaciologues les plus réputés du XIXe siècle furent deux britanniques. Un écossais, tout d'abord, James David Forbes (1809-1868), qui, escorté par les guides Auguste Balmat et Cachat le Géant (qui avait accompagné le savant genevois De Saussure), effectua les premières mesures scientifiques sur la Mer de Glace, en découvrant notamment les curieuses « bandes de Forbes », une alternance de glace claire ou foncée. La différence de teinte provient d'une teneur plus ou moins forte de poussière dans la glace qui se dépose, en amont, dans la chute de séracs du glacier du Géant. La poussière déposée étant moins forte en hiver se traduit par une glace plus claire.

Forbes établit une première théorie sur le mouvement des glaciers qui l'opposa à un autre glaciologue, John Tyndall (1820-1893). Grand alpiniste, né en Irlande, il réalisa la première ascension du Weisshorn en 1 861 et la première traversée du Cervin en 1 868. Mais pour lui, l'alpinisme n'avait de sens que s'il se complétait par la recherche scientifique. A l'étude des glaciers, il ajouta de nombreuses découvertes et démontra pourquoi le ciel présentait une couleur bleue.

La Mer de Glace, comme l'ensemble des glaciers, représente une référence unique sur l'évolution du climat. On a tendance à croire que le recul des glaciers s'est amorcé dès le milieu du XIXe siècle avant de s'accélérer brutalement dans les deux dernières décennies du XXe siècle. C'est oublier qu'il y eut, au cours de cette période, des crues glaciaires spectaculaires. De 1954 à 1981, grâce à des conditions climatiques qui leur étaient favorables, (étés relativement frais, hivers et printemps bien arrosés), les glaciers des Alpes et notamment ceux du massif du Mont-Blanc connurent des poussées spectaculaires.

Suite ci-contre

La Recette de la Semaine

Croustillants aux fraises rôties

Pour 8 personnes

• 1 kg de fraises Mara des Bois • 75 g de sucre en poudre •
• 10 cl de crème fraîche liquide uht • 100 g de beurre
• 2 cuillerées à soupe de vinaigre balsamique •
• poivre noir du moulin • 50 cl de glace à la vanille •
• 100 g de gingembre confit non cristallisé •

Croustillants :

• 125 g de sucre en poudre • 1 pincée de sel fin •
• 125 g d'amandes en poudre • 125 g de farine •
• 125 g de beurre mou •

Préparer la pâte à croustillants : dans un saladier, amalgamer rapidement du bout des doigts le sucre en poudre, le sel, les amandes en poudre, la farine et le beurre mou pour former un sable grossier.

Couvrir et laisser reposer 1 heure au réfrigérateur.

Couper le gingembre confit en petits dés et les incorporer à la glace à la vanille un peu ramollie. Remettre au congélateur jusqu'à utilisation.

Faire un caramel blond avec 50 g de sucre en poudre et quelques gouttes d'eau.

Hors du feu, incorporer la crème fraîche et la moitié du beurre (en prenant garde aux éclaboussures).

Préchauffer le four (thermostat 6 -180°C).

Sortir la pâte à croustillant du réfrigérateur, l'écraser au poing sur la tôle du four légèrement humidifiée, en une couche d'environ 1 centimètre d'épaisseur. Enfourner à mi-hauteur et faire cuire 15 à 20 minutes.

Pendant ce temps, laver, égoutter et équeuter les fraises. Faire fondre le reste de beurre dans une poêle, y mettre les fraises et saupoudrer avec le sucre en poudre restant. Faire revenir quelques minutes pour enrober entièrement les fraises. Arroser alors avec le vinaigre, pus verser la sauce caramel dans la poêle et poivrer. Faire revenir 1 à 2 minutes.

Pour servir, préparer 8 assiettes creuses à dessert et y répartir les fraises. Fractionner le croustillant en morceaux et les éparpiller sur les fraises, puis disposer la glace à la vanille et au gingembre.

Servir tiède.

Le petit plus : si les fraises rendent trop d'eau lors de leur cuisson, il faut la jeter.

Champagne

Le front du glacier des Bossons (le glacier qui présente la plus forte dénivellation de la planète du sommet à sa base, avec près de 3 600 m) a, au cours de cette période, avancé de 535 m. Dans le même temps, la Mer de Glace a connu une certaine stabilité. Hélas, pour les glaciers, depuis 1982 la décrue est quasi générale. Le glacier des Bossons a reculé de 548 m en une vingtaine d'années. La fonte estivale moyenne, relevée à 2 800 m d'altitude, est passée, pour la période de 1954 à 1981, de 2,1 m de glace à 3,1 m de glace pour la période de 1982 à 1999.

Jean Daumas

Lundi 25 Ste Eléonore

Matinée

Après-midi

Soirée

Mardi 26 St Anthelme

Matinée

Après-midi

Soirée

Mercredi 27 St Fernand

Matinée

Après-midi

Soirée

Jeudi 28 Ste Irénée

Matinée

Après-midi

Soirée

Vendredi 29 Sts Pierre, Paul

Matinée

Après-midi

Soirée

Samedi 30 St Martial

Matinée

Après-midi

Soirée

Notes

Côté Jardin en Juin

Avant la Pentecôte ne découvre tes côtes

Travaux du mois :

• Protégez les cerisiers de l'appétit des oiseaux avec des filets.

• Taillez à la fin du mois les rosiers non remontants (souvent des variétés anciennes) dont la floraison est terminée. Réduisez les branches de la moitié de leur longueur.

• Désherbez les massifs en éliminant les mauvaises herbes dès qu'elles sortent de terre.

• Semez en place les dernières fleurs annuelles (cosmos, souci clarkia, chrysanthème à carène, nigelle, capucine, lin)

• Traitez avec un insecticide contre le criocère du lis, un petit coléoptère rouge. Répétez l'opération trois fois à dix jours d'intervalle.

• Taillez les baies de formes régulières qui commencent à prendre un aspect un peu ébouriffé en ce moment.

• Arrosez chaque semaine les arbres et arbustes plantés depuis moins d'un an.

• Pulvérisez tous les quinze jours de la bouillie bordelaise sur les plants de tomates, aubergine et pomme de terre contre le mildiou.

• Plantez des laitues à couper.

• Semez des courgettes pour la fin de saison.

• Plantez des glaïeuls pour l'automne.

Travaux divers :

• Pensez à l'opportunité d'installer un arrosage automatique enterré. C'est l'idéal pour une parfaite tranquillité et efficacité dans le jardin.

• C'est le moment idéal pour pratiquer la maçonnerie au jardin. Posez vos dallages, vos clôtures et construisez aussi vos murets, vos bassins ou même votre piscine.

Fenêtres et balcons :

• Soyez généreux en engrais avec les fleurs annuelles nouvellement plantées.

• Utilisez à chaque arrosage une solution dosée à un bouchon d'engrais liquide pour 10 litres d'eau.

• Pincez les jeunes tiges des géraniums et des fuchsias afin de rendre les plantes plus compactes et plus florifères.

• Arrosez chaque jour les paniers suspendus qui se dessèchent plus vite que les autres.

• Arrosez les pots et jardinières le soir, le plus tard possible à la tombée de la nuit.

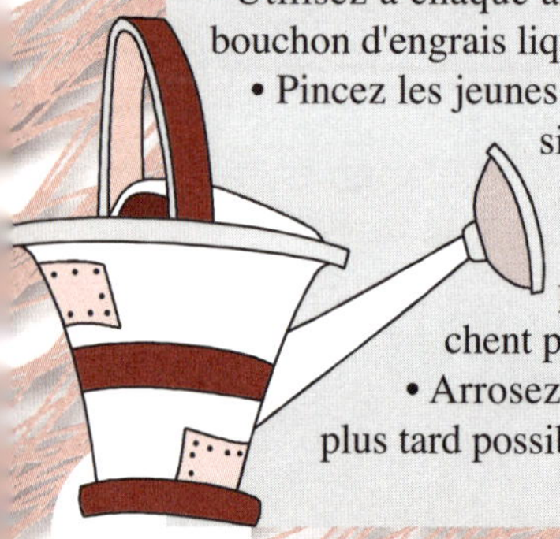

TRUCS et ASTUCES

Melon : supprimez toutes les feuilles qui lui feraient de l'ombre et isolez le melon du sol en le posant sur un carreau d'ardoise de tuile ou sur un pot de fleur.

Engrais efficace, antiacarien et antipuceron le purin d'ortie :

coupez les orties de juin à août (veillez à ce qu'elles ne soient pas montées en graines)

- hachez grossièrement et faites macérer 1 kg d'ortie pour 10 litres d'eau dans un bac au soleil.

A diluer vingt, fois pour arroser les jeunes plants

A diluer cinquante fois pour pulvériser sur les rameaux et les feuilles (ajoutez un verre de lait, rôle anti-brûlure)

Achat du mois :

• Il faut vous dépêcher pour profiter encore d'un bon assortiment de fleurs d'été dans les jardineries. N'hésitez pas à passer commande auprès de votre magasin.

• Il y a une belle offre de rosiers en conteneurs ? Pensez à acquérir quelques sujets en tige. Ils donnent beaucoup d'allure aux massifs.

JUILLET 2007

vient de “ Julius mensis ”, mois en l'honneur de Jules César.

“ Quand reviendra la Saint-Henri, Tu planteras ton céleri. ”

Le 13 Juillet

En juillet

1914 : en France, vote de l'impôt sur le revenu.
1921 : Sacco et Vanzetti sont condamnés à mort.
1942 : rafle du Vel' d'Hiv'.
1967 : création de l'ANPE.

FÉLICIEN ;

signifie “ heureux, favorisé en latin ”. Soldat, martyr à Marseille au troisième siècle, il est honoré le 21 juillet.

Étymologie mythologique

La langue française s'est beaucoup inspirée des mythologies. Chaque mois vous trouverez un mot qui doit son origine à un héros ou à une divinité.

Le mot “ chimère ” vient du grec KHIMAIRA, monstre à tête de lion, au corps de chèvre et à la queue de dragon. (*Chimère peut désigner quelque chose d'insensé*)

Le sexe est une envie, l'amour un besoin.
[Jean de Limi]

JUILLET 2007

Le dicton du mois

St Jacques (25) pluvieux
Les grands malheureux.

Notes

2007 JUILLET SEMAINE N°26

Dimanche 01 Thierry

Matinée

Après-midi

Soirée

De Saint-Gervais à Vallorcine à voie étroite

Le début du XXe siècle marqua l'éclosion de nombreuses lignes de chemin de fer. En Savoie, l'ouverture de la ligne du Montenvers fut la plus célèbre. Inaugurée en 1908, elle était, dans l'ensemble des montagnes françaises, la deuxième réalisation d'un train à crémaillère après celle du Revard, réalisée en 1 892. Il ne faudrait pas oublier que, quatre années avant le Montenvers, la liaison ferroviaire entre Saint-Gervais (gare du Fayet) et Chamonix avait vu le jour. Il s'agissait d'une ligne à voie métrique. Construite sans crémaillère, elle possédait, entre Servoz et Les Houches, une rampe à 90 pour 1 000, sur près de deux kilomètres, qui constituait un record mondial pour un chemin de fer à simple adhérence, sans l'assistance de crémaillère.

Toutefois, pendant plusieurs années, un rail central (un peu comme la ligne Fell au mont Cenis) sur lequel s'appuyaient deux puissantes mâchoires, servant de soutien, fut utilisé dans les descentes pour garantir le freinage.

L'idée de construire cette ligne avait vu le jour dès 1 886 en attribuant la concession de la ligne de transport par diligence Cluses-Chamonix au PLM. Sept années plus tard, le 3 juillet 1893, la convention autorisant le PLM à entreprendre la construction de la section entre Saint-Gervais et Chamonix était signée. Il s'agissait, bien sûr de mettre en chantier une ligne à voie métrique, compte tenu des difficultés liées au relief et à la pente.

Le 13 juillet 1904, l'inauguration de la ligne, longue de 19 kilomètres se déroulait en grande pompe. L'ensemble des personnalités présentes s'enthousiasmait pour la réalisation des ouvrages d'art, en particulier, le viaduc Sainte-Marie qui enjambe les eaux boueuses de l'Arve d'une hauteur de près de quarante mètres. Deux années plus tard, la ligne était prolongée jusqu'au village d'Argentière et les travaux se poursuivaient pour atteindre Vallorcine d'où une ligne arrivait de Martigny, en Suisse. Ils imposaient le percement d'un tunnel sous le col des Montets, long de 1 883 mètres et la pose de plusieurs galeries pare-avalanches. Après le percement du tunnel, en 1907, la dernière section fut inaugurée le 1er juillet 1908. La ligne transporte aujourd'hui 400 000 voyageurs par an.

Jean Daumas

2007

La Recette de la Semaine

Carpaccio de melons et d'avocats

Pour 4 personnes

• 2 beaux melons bien mûrs •
• 2 avocats •
• 6 cuil. à soupe d'huile neutre •
• 2 citrons •
• 2 cuillerées à café de sucre en poudre •
• 4 pincées de sel •
• 6 pincées de poivre
• 2 pincées de paprika doux •
• 4 tomates cerises •
• 4 branches de cerfeuil •

Couper les melons en deux dans le sens de la hauteur, les débarrasser des graines et des fibres intérieures, puis les peler et les émincer en tranches fines (pas plus de 2 millimètres d'épaisseur).

Les répartir en rosaces sur 4 assiettes individuelles.

Couper les avocats en deux, les dénoyauter et les émincer dans une assiette creuse.

Les arroser aussitôt avec le jus d'un citron pour les empêcher de noircir, les retourner une ou deux fois, puis bien les égoutter.

Les disposer en rosaces sur les tranches de melons.

Préparer la vinaigrette : dans un bol, délayer le sucre en poudre dans le jus du deuxième citron. Saler, poivrer. Ajouter le paprika, puis l'huile et bien émulsionner.

Répartir équitablement la vinaigrette dans les assiettes.

Placer une tomate cerise au centre de chaque assiette et parsemer de pluches de cerfeuil finement ciselées.

Servir frais.

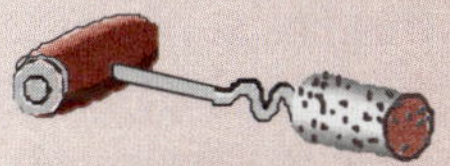

Savoie blanc

Note : si les assiettes doivent attendre, les recouvrir individuellement de film étirable et les placer au réfrigérateur jusqu'au moment de servir.

Le saviez Vous?

Les chapelles d'alpage

Ces chapelles sont le reflet de la piété savoyarde. Elles sont situées en altitude, parfois même à plus de 2 500 m d'altitude. Elles sont construites en maçonnerie de pierres hourdées au mortier de chaux et de terre graveleuse. A l'intérieur, on y trouve un autel qui est plafonné sur le dessus de planches délignées : cela donne l'impression de l'existence d'un chœur. Parfois on trouve d'autres éléments religieux comme une croix de pierre, une ferronnerie ouvragée, une plaque émaillée ou même une abside.

Lundi 02 St Martinien

Matinée

Après-midi

Soirée

Mardi 03 St Thomas

Matinée

Après-midi

Soirée

Mercredi 04 St Florent

Matinée

Après-midi

Soirée

Jeudi 05 St Antoine

Matinée

Après-midi

Soirée

Vendredi 06 Ste Mariette

Matinée

Après-midi

Soirée

Samedi 07 St Raoul

Matinée

Après-midi

Soirée

Dimanche 08 St Thibaut

Matinée

Après-midi

Soirée

2007
JUILLET
SEMAINE N°28

Lundi 09 Ste Amandine

Matinée

Après-midi

Soirée

Mardi 10 St Ulrich

Matinée

Après-midi

Soirée

Mercredi 11 St Benoît

Matinée

Après-midi

Soirée

Jeudi 12 St Olivier

Matinée

Après-midi

Soirée

Vendredi 13 Sts Henri, Joël

Matinée

Après-midi

Soirée

Samedi 14 FÊTE NATIONALE

Matinée

Après-midi

Soirée

Dimanche 15 St Donald

Matinée

Après-midi

Soirée

Le Tour sans détours

Le tour de France 2 006 devait être celui du renouveau. Tout le monde y a cru ou peu s'en faut. Une fois de plus les Alpes avaient fait la différence. Et quelle différence. Un Floyd Landis qui s'effondre un jour, ressuscite le lendemain. Une perte de huit minutes reconquises au trois-quarts. Après le désastre de l'étape Bourg-d'Oisans -la Toussuire, le coureur américain s'offrait une incroyable renaissance entre Saint-Jean de Maurienne et Morzine. Les journalistes s'extasiaient « ah quel panache ! ». Sauf que le futur vainqueur du tour était fortement « testostéroné » selon l'expertise et contre-expertise réalisée sur les urines de Landis. Le maillot jaune perdit d'un coup sa belle tunique et son auréole. Ironie de l'histoire, la veille de « l'exploit » alpestre, le journaliste d'un quotidien régional écrivait « Landis sait que la fin justifie les moyens et ne pense qu'à Paris ». Certes le propos se rapportait à la façon de rouler de l'américain, économe et calculée, en parfait « gérant de la route ». Il n'empêche la phrase sonne étrangement à l'aune du résultat final. Attitude que l'américain sembla démentir le lendemain en se comportant cette fois en véritable géant de la route. Du moins jusqu'à ce que les contrôles médicaux fassent une fois de plus, tourner la roue. Les Alpes avaient déjà connu une retentissante affaire de ce genre. Elle avait mis en cause le Belge Pollentier pris sur le fait lors d'un contrôle d'urine. Autre maillot jaune usurpé. Ces navrantes affaires ne sauraient ternir un siècle d'épopée dans laquelle le massif alpin tient une place majeure. D'ailleurs que serait le tour de France sans les Alpes. Les deux départements savoyards ont eu leur part de ces étapes décisives. Les spécialistes se souviennent de l'incroyable remontée au classement général du taciturne mais attachant Charly Gaul. Cela se passait en 1958 dans l'étape Briançon-Aix-les-Bains. Le malheureux Raphaël Géminiani dut céder peu après son maillot jaune au coureur luxembourgeois. En 1930, malgré une chute dans le col du Galibier, André Leducq avait réussi l'exploit de revenir sur les échappées et de remporter l'étape. Il devait à nouveau s'illustrer en gagnant à Evian. Quelques hauts faits, parmi d'autres, qui ont contribué à bâtir la légende du tour.

Yves Bielinski

La Recette de la Semaine

Salade de morue

Pour 6 personnes :

• 1 kg de morue séchée, épaisse •
• 2 citrons •
• 2 cuillères à soupe de vinaigre de cidre •
• 1 kg de tomates •
• 1 kg de poivrons rouges •
• 1 oignon •
• 1 gousse d'ail •
• 1 petit bouquet de persil • huile d'olive •
• sel • poivre •

La veille : Disposer la morue dans un saladier, la couvrir d'eau et la faire dessaler pendant au moins 12 heures en prenant soin de changer l'eau plusieurs fois.

Le lendemain, bien égoutter la morue et l'effilocher ensuite à la main.

La disposer ainsi préparée dans un nouveau saladier et le mettre dans le bas du réfrigérateur durant quelques heures.

Egoutter une nouvelle fois la morue pendant 30 minutes au moins, l'essuyer dans un linge et la présenter dans un plat.

Enduire les poivrons d'huile d'olive et les ranger sur une plaque du four.

Les déposer sous le gril du four quelques minutes en les retournant pour que toute la peau soit bien noire et surtout pas brûlée.

Sortir les poivrons du four et les éplucher.

Les couper en lanières, retirer les pépins et les recouvrir de quelques cuillères à soupe d'huile d'olive.

Plonger les tomates 2 minutes dans une grande casserole d'eau bouillante ; les égoutter et les éplucher.

Puis les couper dans le sens de la longueur, les épépiner et terminer en les coupant cette fois-ci en dés.

Mélanger les tomates avec l'oignon coupé en lanières, le persil ciselé, l'ail haché et 5 cuillères à soupe d'huile d'olive.

Ajouter ce mélange à la morue et recouvrir avec les lanières de poivrons.

Rousette

Le saviez Vous ?

L'église Sainte – Agathe

Située à Queige dans le Beaufortain, cette église est élevée en 1 674. Si sa façade reste austère, son intérieur est d'une grande richesse. En effet, les couleurs abondent, des voûtes revêtues de peintures polychromes au grand retable en bois sculpté, peint et doré, situé au fond du chœur. Mais l'église comprend surtout une superbe Pietà en bois, certainement créée à la fin du Xvè siècle, dont le socle arbore les armoiries des seigneurs de Beaufort. Quant au chœur, Guy Parraud en réalise en 1 677 le premier niveau, il est ensuite surélevé par le sculpteur Durant.

Lundi 16 N.-D. Mont-Carmel

Matinée

Après-midi

Soirée

Mardi 17 Ste Charlotte

Matinée

Après-midi

Soirée

Mercredi 18 St Frédéric

Matinée

Après-midi

Soirée

Jeudi 19 St Arsène

Matinée

Après-midi

Soirée

Vendredi 20 Ste Marina

Matinée

Après-midi

Soirée

Samedi 21 St Victor

Matinée

Après-midi

Soirée

Dimanche 22 Ste Marie_Mad.

Matinée

Après-midi

Soirée

Gargantua en Savoie

Avant d'entrer dans le vif du sujet, il convient de faire le point sur ce personnage, qui, pour beaucoup, reste attaché au nom de Rabelais. En effet, il est attesté depuis fort longtemps que l'illustre auteur s'est inspiré d'une figure de notre mythologie populaire. On ne sait plus d'ailleurs dater les débuts de carrière de celui que tous s'accordent à décrire en premier lieu comme un géant. La tâche en est rendue impossible en premier lieu, par l'absence d'un nom commun pour ce héros national aux multiples exploits. Dans la Marne, il est le « Tord-chêne », en Bretagne, « Grand'Tua », « Gargountoun » en Charente. Au final, le fameux géant porte autant de patronymes qu'il existe de pays et de coutumes en France. D'autres traditions le font vivre sous le nom de « Diable », « Hercule », « Belenos », ou encore sous le nom de quelque saint local. Rabelais, en faisant la synthèse de ses exploits, lui donne son état civil définitif : « Gargantua ». Selon lui, son père Grandgousier se serait exclamé en découvrant l'appétit de son fils « que grand tu as ! ». Pour les linguistes, la racine « gar », qui signifie « avaler », est celle que l'on retrouve dans les noms des monstres avaleurs (ex : gargouille, gorgone).

Les mythes des géants, depuis toujours, ont permis aux hommes de donner des explications aux curiosités que la nature a mis sous leurs yeux. Aussi, Gargantua, est-il devenu un façonneur de paysages. Ses déplacements, ses haltes, ses aventures mais aussi et surtout, l'assouvissement de ses besoins naturels les plus élémentaires deviennent autant d'explications échappant à la logique du temps. Et les légendes à son sujet ne manquent pas, il est un très grand voyageur. D'une taille inégalée, il déambule armé d'un bâton de marche (le plus souvent un tronc d'arbre) ; on sait de lui qu'il est très velu, rustre, glouton, d'une force exceptionnelle et qu'il a une dent creuse.

Le géant nous arrive depuis l'Isère, d'où il vient de lancer un dolmen marqué de cinq trous entre Décines et Vaux- en- Velin, afin de tester son habileté. Gargantua s'avance alors dans le Bugey. Assoiffé, il boit dans le Rhône, près du village de Groslée, non sans provoquer la panique de la population locale en avalant plusieurs bateaux à l'occasion. En quelques enjambées le voici au-dessus de la Chartreuse. Après avoir bu, il lui faut maintenant se soulager la vessie. Posant les pieds sur des sommets opposés, son urine est si abondante, qu'elle donne naissance à un torrent, celui de la Vence. Mais une douleur vient alors stopper la marche en avant de Gargantua. Ce gourmand invétéré et jamais rassasié paie enfin ses excès. Il est pris d'une rage de dent démentielle. Et si l'hygiène n'est pas un de ses points forts, la réflexion l'est encore moins. Comme tout bon géant, il décide, au plus vite et sans attendre, de régler par lui-même cette épreuve. Il s'arrache la dent en question. On ne sait si la petite souris est connue du géant, quoi qu'il en soit, il n'a pas d'oreiller donc aucune raison valable de conserver sa dent. Elle restera donc inscrite à tout jamais dans le paysage de la Chartreuse, sous le nom du « Pic de la Chamechauve ». Il n'est pas rare d'entendre de telles histoires au sujet de la dentition de Gargantua, on retrouve en effet, un peu partout en France et en Suisse, certaines dents du géant plantées dans le relief. Ainsi, aux portes du Vercors, le gourmet – gourmand se serait-il délesté de trois dents : les fameuses « Trois -Pucelles » situées au pied du Moucherotte, non loin du village de Saint- Nizier. Mais il existe bien sûr beaucoup d'autres explications légendaires et concurrentes justifiant leur existence.

Avant de quitter la Savoie, Gargantua s'est penché sur le lac du Bourget pour boire, un pied sur la Dent du Chat et l'autre sur le Grand Colombier. Pour ceux qui connaissent la géographie locale, cela laisse imaginer la taille du géant. On lui prête la même activité près de Moutiers où, cette fois, il but dans l'Arc, laissant du coup une empreinte de son pied sur le Crêt de la Chaz.

Cependant, certains de ses gestes commis hors de la Savoie ont pu avoir des conséquences sur elle. Ainsi, selon Rabelais, alors que Gargantua parcourait la Suisse, il aurait donné naissance au Rhône, se soulageant plus longtemps qu'à l'accoutumée. Il s'agit d'un fleuve tout de même ! Rabelais nous interpelle en notant avec précision la durée de l'acte : « qui pissa trois mois tout entiers, six jours, treize heures trois quarts, deux minutes, et là, engendra le fleuve du Rhône… et là pissa si roidement que oncques puis ne cessa le Rosne de courir comme un carreau d'arbalestre ». Pour beaucoup, la nature est l'œuvre d'en haut, mais les peuples alpins, comme tant d'autres, bien que devenus chrétiens, ont cru bon de façonner

Suite ci-contre

La Recette de la Semaine

Compote de cerises à la chantilly

Pour 4 personnes :

• 500 g de cerises •
• 1 citron non traité •
• 1/2 gousse de vanille •
• 100 g de sucre en poudre •
• 20 cl de crème fraîche liquide uht •
• 1 cuillerée à soupe de sucre glace •
• 1 cuillerée à soupe de copeaux de chocolat râpé •
• 4 cerises confites •
• 4 petits brins de menthe fraîche •

Préparer la compote : laver, équeuter et dénoyauter les cerises.

Brosser le citron, râper finement son zeste e presser son jus.

Fendre la demi-gousse de vanille dans le sens de la longueur et racler ses graines.

Mettre le tout dans une cocotte avec le sucre en poudre et 20 cl d'eau.

Faire cuire 30 minutes environ sur feu doux en mélangeant de temps en temps, jusqu'à ce que les cerises soient confites et toutes fripées et que le jus soit très sirupeux.

Prélever les cerises à l'aide d'une écumoire et laisser réduire le sirop 10 minutes.

Verser dans un saladier et laisser refroidir complètement.

Préparer la crème chantilly : verser la crème fraîche très froide dans un saladier et la fouetter en lui incorporant le sucre glace en pluie, dès qu'elle commence à être ferme.

Répartir la moitié de la compote de cerises dans quatre coupes.

Mettre une couche de crème chantilly par-dessus, puis repartir le reste de la compote.

Recouvrir la compote avec le reste de crème chantilly, puis parsemer quelques copeaux de chocolat râpé.

Surmonter chaque coupe d'une cerise confite et d'un petit brin de menthe fraîche.

Servir très frais.

Le petit plus : pour que ce soit plus joli, disposer la deuxième couche de chantilly à l'aide d'une poche à douille.

ici et là des souvenirs plus modestes en adéquation avec ce qu'ils avaient sous les yeux. Face aux reliefs pharaoniques, seuls des titans comme ceux de l'Antiquité sont capables de modeler la nature grâce à leur force surhumaine. Gargantua est l'un d'eux, le nôtre, celui qui rassemble et incarne après Rabelais des mythes locaux bien ancrés. Il fait partie des héros populaires traditionnels qui ont survécu, et même ont été récupérés parfois par le clergé. Particulièrement attaché aux montagnes et aux eaux, il n'est étonnant de voir sa trace un peu partout dans les Alpes, celles-ci lui ayant offert un terrain de jeu inégalé en Europe.

Cyril Jacquin

Lundi 23 — Ste Brigitte
Matinée
Après-midi
Soirée

Mardi 24 — Ste Christine
Matinée
Après-midi
Soirée

Mercredi 25 — St Jacques
Matinée
Après-midi
Soirée

Jeudi 26 — Sts Anne, Joachim
Matinée
Après-midi
Soirée

Vendredi 27 — Ste Nathalie
Matinée
Après-midi
Soirée

Samedi 28 — St Samson
Matinée
Après-midi
Soirée

Dimanche 29 — Ste Marthe
Matinée
Après-midi
Soirée

L'impact des Glières

Le plateau des Glières constitue un des hauts lieux de la résistance. Moins pour le résultat militaire des combats qui s'y déroulèrent au printemps 1944 que pour leur impact psychologique « ressuscitant l'armée française sur le sol même de la nation ». Le 8 février 1944 lors d'une réunion qui se tient à Annecy le représentant du général de Gaulle convainc les responsables locaux de la résistance de regrouper le plus grand nombre possible de maquisards aux Glières afin de constituer une base d'attaques contre l'ennemi. Venu de Londres le capitaine Rosenthal dit Cantinier pense avant tout à l'effet produit sur les Alliés. Des actions menées à grande échelle ne pourront que renforcer la position du Général de Gaulle et montrer au grand jour les capacités de la résistance. Pourtant à l'origine la mission du représentant de la France Libre et de l'officier anglais qui l'accompagne- le lieutenant-colonel Helsop dit Xavier- n'est pas celle-là. Elle a pour but d'évaluer les forces du maquis et de repérer des zones de parachutages. Parmi les terrains possibles, le duo retient particulièrement le plateau des Glières. Le choix de concentrer les parachutages en un seul point a une autre raison : l'ampleur de la résistance savoyarde inquiète Vichy qui a décidé d'y envoyer des renforts de police acheminés par trains spéciaux. La Haute-savoie est soumise à une intense répression policière. Le colonel Lelong fait proclamer l'état de siège dans tout le département. Appelé dans l'Ain le commandant Romans-Petit par ailleurs chef de l'Armée Secrète de Haute Savoie confie la direction du maquis au lieutenant Tom Morel. Le 30 janvier 1944, 120 hommes gagnent, dans la neige, le plateau des Glières. Ils ne sont pas les seuls. La répression vichyssoise et le besoin de ravitaillement incitent deux sections de FTP franc tireurs et partisans à faire de même. Puis c'est au tour de 56 républicains espagnols qui, ayant eu maille à partir avec la police, craignent d'être déportés D'autres encore informés que des membres de l'armée secrète étaient sur le plateau les rejoignent. Les maquisards seront 450 au moment des premiers accrochages. Car un tel rassemblement n'est pas passé inaperçu. Assiégés par les troupes de Vichy, dès le 13 février, les hommes du lieutenant Morel parviennent à assurer trois réceptions de parachutages soit plus de 300 conteneurs d'armes légères. Malheureusement au cours d'un engagement avec des gardes mobiles de réserve, Morel est tué par l'officier avec lequel il était venu parlementer. Le 23 mars, trois bataillons d'infanterie et deux bataillons de police allemands soutenus par une puissante artillerie arrivent en Haute-Savoie Avec les troupes françaises collaborationnistes ce sont plusieurs milliers d'hommes qui vont bientôt encercler les Glières. Alors que le capitaine Anjot successeur de Morel, considérant la situation avec réalisme et raison envisage un repli, » pendant qu'il est encore temps » le capitaine Rosenthal (Cantinier) se montre partisan du combat pour l'honneur, un réduit savoyard symbole de la France résistante. Sur le terrain, toutefois, la situation est loin d'être symbolique. Après avoir repoussé les assauts des miliciens, les maquisards doivent affronter l'artillerie puis l'aviation allemande qui détruit les chalets et mitraillent les sous-bois. Le 26 mars deux colonnes ennemies ayant attaqué le versant Est du plateau, prennent de flanc les résistants. La section St Hubert est enfoncée et doit se replier. De leur côté les Allemands ne poursuivent pas leur avantage et redescendent dans la vallée. Ignorant ce fait le capitaine Anjot ne pense qu'à évacuer ses hommes. Le lendemain l'ennemi est de retour et décrète l'assaut général Un télégramme de la sécurité allemande précise « l'opération a démarré aujourd'hui prématurément. Le colonel Schwehr a été amené à prendre cette décision lorsqu'il a été en possession de renseignements sûrs disant que les terroristes avaient reçu l'ordre de quitter le plateau isolément… ». Faute d'un assaut en règle, les troupes de la Wehrmacht en sont réduites à poursuivre et traquer les maquisards, grâce en partie aux renseignements de leurs auxiliaires français qui avaient été faits prisonniers par les résistants des Glières. Bilan de cette chasse à l'homme : 150 morts dont le capitaine Anjot. Morts au combat, sous la torture, fusillés ou déportés. Comme celle de Valmy, la bataille des Glières aura été plus qu'un haut fait d'armes une éclatante victoire politique et psychologique, les radios de la France Libre et de Vichy s'affrontant férocement sur les ondes Alain Cerri cite le témoignage du chef régional Alban Vistel : « la douloureuse épopée des Glières eut un retentissement considérable [avec pour conséquences « un affermissement de prestige pour le gouvernement de la France Libre et un appui accru pour nos mouvements ».

Y. B

La Recette de la Semaine

Salade de thon

• 2 pommes de terre bouillies avec la peau •
• 1 carotte •
• 1 poignée de petits pois •
• 1/4 de poivrons rouge •
• 1 boîte de thon a l'huile •
• 1 tasse de mayonnaise •
• sel •

Eplucher les pommes de terre et les couper en tous petits cubes.

Eplucher et couper la carotte aux mêmes dimensions et faire cuire à l'eau salée ainsi que les petits pois.

Détailler le poivron de la même façon. Réunir les légumes refroidis, le thon émietté et la mayonnaise.

Vérifier l'assaisonnement.

Savoie blanc

Le saviez Vous?

Le pain de Mai

La rue du pain de Mai à Moûtiers renvoie au Moyen Age. Evêque de Tarentaise, Pierre II, était connu pour son âme charitable. Il institua et finança de ses deniers le pain de Mai, qui consistait en une distribution de soupe aux plus démunis durant les 28 premiers jours de ce mois. La légende raconte qu'un jour ou les chariots chargés de légumes n'avaient pu parvenir à l'évêché, les responsables de la distribution ne firent entrer que ceux qu'on pouvait nourrir. C'est alors qu'un miracle, façon multiplication des pains, se produisit. Le contenu de la grande marmite était inépuisable malgré la succession des convives et permit de nourrir tout le monde.

Un Musée pour rêver

La musique mécanique a son musée. Il se trouve aux Gets. Phonographes, orgues de barbarie, de danse et de manège, pianos mécaniques, orchestrions, tableaux animés, boîtes à musique : un univers enchanté, d'une poésie nostalgique. Les pièces, en parfait état de fonctionnement, sont présentées dans un cadre d'époque. Depuis l'été 2006 le musée a pris de l'extension doublant sa surface d'exposition. Parmi les nouveautés : un atelier d'instruments de musique mécanique, et différentes salles thématiques : musiques parlantes, cinéma, automates, jouets à musique, salle guinguette avec orgue de danse et un bar.

Lundi 30 — Ste Juliette

Matinée ______

Après-midi ______

Soirée ______

Mardi 31 — St Ign. de Loyola

Matinée ______

Après-midi ______

Soirée ______

Notes

Côté Jardin en Juillet

S'il pleut pour la Ste Marguerite, les noix sont gâtées bien vite

Travaux du mois :

- Surveillez toutes les clôtures et effectuez les traitements en cas de besoin.
- Protégez les plantes fragiles du soleil, notamment les jeunes semis.
- Désherbez les pelouses avec un engrais désherbant gazon à appliquer sur un sol humide.
- Faîtes l'achat d'un programmateur d'arrosage à brancher directement sur le robinet.
- Composez des jardinières gourmandes avec des plants de légumes et condimentaires.
- Semez les fleurs bisannuelles (myosotis, pensées, pâquerettes, giroflées, œillets de poètes, digitale, calcéolaire rugueuse).
- Relevez la hauteur de coupe de la tondeuse afin de ne pas accentuer le jaunissement du gazon par une tonte trop rase.
- Divisez les touffes d'iris trop importantes.
- Semez les légumes d'automne (mâche, épinards, navets, scaroles).
- Arrosez les vivaces et arbustes plantés au printemps qui ne sont pas encore autonomes.
- Plantez le lis et les iris.

Plantes d'intérieur :

- Arrosez deux à trois fois par semaine selon les besoins de plantes. Vaporisez également le feuillage à l'eau claire une ou deux fois par jour.
- Continuez à donner de l'engrais liquide à raison de deux ou trois fois par mois.
- Taillez les hibiscus en coupant les rameaux défleuris à la moitié de leur longueur.
- Surveillez les attaques des cochenilles (remède eau savonneuse).

Fenêtres et balcons :

- Plantez les colchiques et les crocus d'automne en jardinière.
- Fertilisez chaque semaine vos potées fleuries.
- Eliminez les fleurs fanées pour stimuler l'apparition des nouveaux boutons.
- Ne laissez pas les jardinières se dessécher mais ne les détrempez pas pour autant.
- Surveillez pétunias et géraniums de l'attaque des araignées rouges.

TRUCS et ASTUCES

Chou : pour éviter le papillon de la piéride du chou étalez sur celui-ci une feuille de fougères. Remplacez-la lorsque la feuille est sèche.

Après une sécheresse dans vos jardinières pour drainer la terre plantez une fourchette dans la terre pour que l'eau arrive jusqu'aux racines.

Achat du mois :

- C'est le bon moment pour découvrir dans les jardinières de nouvelles plantes d'intérieur fleuries.
- Achetez également des plantes annuelles à floraison tardive (célosie, amarante, reine-marguerite) qui viendront compléter les massifs.
- N'oubliez pas les soldes d'été. De bonnes affaires à réaliser sur les meubles de jardin, les barbecues et les tondeuses.

Image d'Hier

Image d'Hier

Image d'Hier

Image d'Hier

AOÛT 2007

vient de " Augustus mensis ", mois en l'honneur de l'empereur romain Auguste.

" S'il pleut à la Sainte-Clarisse, C'est souvent comme vache qui pisse. "

Le 12 Août

En Août

1920 : fin de l'Empire Ottoman.
1937 : le Japon envahit Shanghai.
1961 : construction du mur de Berlin.
1989 : l'O.M.S. est inquiète à propos du paludisme.

LAURE ;

Saint Laurus, signifie " couronne de laurier " en latin. Tailleur de pierres, martyr en Illyrie, il est honoré le 18 août.
Depuis, Laure est un prénom plus particulièrement donné aux femmes.

Étymologie mythologique

La langue française s'est beaucoup inspirée des mythologies. Chaque mois vous trouverez un mot qui doit son origine à un héros ou à une divinité.

Le mot " cerbère " vient du CERBÈRE, chien à à trois têtes, gardien des Enfers. *(un cerbère désigne un gardien intraitable)*

Il suffit d'un regard, d'un aveu, d'une chanson pour comprendre l'amour. Il suffit de ces riens pour faire des beaux jours.
[Charles Trenet]

Le dicton du mois

Jamais d'août
la sécheresse
N'amènera la richesse.

Le drame de Montroc

Les avalanches constituent l'un des risques majeurs de la haute montagne. Chaque été amène ainsi son lot d'alpinistes emportés par un glissement de plaques neigeuses. Quelquefois la mort blanche surprend ses victimes dans leurs habitations, au fond des vallées. A cet égard, février 1999 a particulièrement marqué les esprits des Chamoniards et au-delà de tous les Français. Dès le 6, Météo France avait émis un bulletin d'alerte concernant l'ampleur des avalanches pouvant « menacer des voies de communication ou diverses infrastructures parfois même dans des secteurs d'assez basse altitude ». Entre le 5 et le 10 février la vallée de Chamonix n'enregistre pas moins de 14 avalanches avec un pic le 9. Ce jour-là vers 14 h 40, au hameau de Montroc, situé au fond de la vallée de l'Arve, une avalanche dévale la montagne de Péclerey en une masse effrayante. La neige accumulée sous la ligne de crête, entre 2 250 m et 2 430 m, vient de se mettre en mouvement. Il a beaucoup neigé les jours précédents. Du 6 au 11 février, le village du Tour proche de Montroc reçoit 2,25 m de neige fraîche. L'épaisseur, dans la zone de départ de l'avalanche est estimée à 1,5 m, au moment du drame. Peu consistante la neige récente, recouvre une couche fragile plus ancienne. Au bout de sa course, soit après un 1 km, l'avalanche arrive à Montroc balayant tout sur soin passage. Après le fracas infernal, un mortel silence envahit la vallée. Il ne reste rien des chalets construits au lieu-dit les Poses. Surpris leurs occupants n'ont rien pu faire. Le bilan est lourd : 12 morts dont une famille entière, originaire de Seloncourt dans le Doubs. Au cours de l'hiver 1970 la station de Val d'Isère avait été pareillement endeuillée. Une avalanche avait fait 39 victimes, piégées dans un chalet. De tels drames posent la question de la construction dans de telles zones et mettent en relief l'importance d'études préventives. Sachant que la nature demeure pour partie, imprévisible.

Yves Bielinski

Image d'Hier

390. - NANTUA. - La Grande Rue

La Recette de la Semaine

Lapin aux quetsches

Pour 6 personnes

• 1 lapin de 1,2 à 1,5 kg coupé en morceaux • 1 kg de quetsches •
• 6 échalotes • 1 orange non traitée • 2 gousses d'ail •
• 3 cuillerées à soupe d'huile •
• 20 cl de xérès sec ou d'eau ou de bouillon •
• 4 cuil. à soupe de sucre en poudre •
• 4 cuil. à soupe de vinaigre de xérès •
• 4 branches de persil plat • 4 branches de coriandre fraîche •
• sel fin • poivre du moulin •

Laver, équeuter, ouvrir et dénoyauter les quetsches.

Peler et émincer les échalotes.

Laver l'orange en la brossant, prélever un ruban de zeste et presser son jus.

Peler et écraser les gousses d'ail.

Faire chauffer l'huile dans une cocotte

Y faire fondre les échalotes et dorer les morceaux de lapin de tous côtés.

Mouiller alors avec le xérès (l'eau ou le bouillon), ajouter le zeste d'orange et les gousses d'ail, saler et poivrer, puis laisser mijoter 20 minutes.

Au bout de ce temps, ajouter les quetsches dans la cocotte, mélanger, couvrir et poursuivre la cuisson 20 minutes.

Dans une poêle, faire chauffer le sucre, le vinaigre et une louche de jus de cuisson du lapin.

Donner trois à quatre bouillons et verser dans la cocotte avec le persil et la coriandre finement ciselés.

Mélanger délicatement et finir la cuisson 20 minutes à découvert, jusqu'à ce que le jus de cuisson devienne légèrement sirupeux.

Retirer le zeste d'orange.

Servir chaud dans la cocotte ou dans un plat creux et chaud.

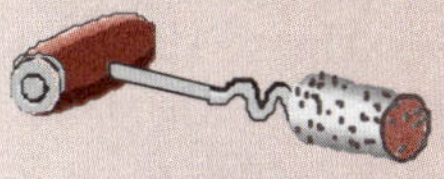

Savoie rouge

Le saviez Vous ?

La maison au bord de l'eau

Selon « La Tribune de Genève », Zinédine Zidane aurait fait l'acquisition d'une propriété dans la commune de Publier, proche d'Evian. Le quotidien Suisse a livré cette information, à la mi-juin 2006 soit juste au début de la Coupe du monde qui opposait notamment la France à... la Suisse. A noter que les sites d'embouteillage de l'eau d'Evian se trouvent précisément à Publier. Le célèbre footballeur désormais à la retraite envisagerait-il de prolonger son régime « sportif de haut niveau » ?..

Notes

Mercredi 01 St Alphonse

Matinée

Après-midi

Soirée

Jeudi 02 St Julien Eymard

Matinée

Après-midi

Soirée

Vendredi 03 Ste Lydie

Matinée

Après-midi

Soirée

Samedi 04 St J.-M. Vianney

Matinée

Après-midi

Soirée

Dimanche 05 St Abel

Matinée

Après-midi

Soirée

2007 AOÛT
SEMAINE N°32

Lundi 06 Transfiguration
Matinée
Après-midi
Soirée

Mardi 07 St Gaétan
Matinée
Après-midi
Soirée

Mercredi 08 St Dominique
Matinée
Après-midi
Soirée

Jeudi 09 St Amour
Matinée
Après-midi
Soirée

Vendredi 10 St Laurent
Matinée
Après-midi
Soirée

Samedi 11 Ste Claire
Matinée
Après-midi
Soirée

Dimanche 12 Ste Clarisse
Matinée
Après-midi
Soirée

Les échanges au Moyen- Age

On connaît fort bien, grâce aux comptes des trésoriers de Savoie, la nature des produits qui franchissaient les Alpes à cette époque. Les péages enregistraient les marchandises soumises aux taxes du droit de passage. Nous ne sommes pas surpris de retrouver les bases de l'alimentation d'alors : des bœufs, des porcs et des moutons. Mais si ces derniers voyagent sur pattes pour en garantir la fraîcheur, on découvre aussi des barils de sardines, anguilles ou harengs salés. Les épices sont nombreuses ainsi que les draps, les clous pour ferrer les chevaux, etc. En cas de vol, les comtes de Savoie garantissent moyennant les multiples droits de péages, un remboursement des marchandises sous vingt jours.

La Savoie exporte aussi ses spécialités : les fromages. On raconte que l'Empereur Antonin le Pieux serait mort d'une indigestion, après avoir abusé des vacherins de Tarentaise. Les menus des Doges de Venise mentionnent régulièrement les fromages d'Entremont, Abondance, Samoëns et Peisey. Ils sont appréciés jusque sur les tables du Vatican.

Certaines marchandises bien plus surprenantes ont traversé alors les Alpes. Au XIVe siècle, la mode est aux fauves dans les cours princières. Un éléphant, un tigre, un lion, un guépard ont ainsi franchi le col du Mont- Cenis. En 1368, le Comte Vert ramène de croisade un lion dont il fait porter la cage par six hommes. Les habitants de Rumilly en 1418, en plein mois de novembre, voient passer un guépard de chasse.

Tout au long de leur périple, les voyageurs peuvent compter sur des lieux de repli, tels les hôpitaux, qui les secourent et les abritent. Si toutefois, il n'y en a pas à proximité, les presbytères des paroisses peuvent servir de refuge. Très vite, devant le flot incessant des voyageurs, les comtes ont autorisé l'installation d'hôtelleries. Amédée, en 1430, dans un édit des Statu Sabaudiae met par écrit ce qu'il attend de ces hôtelleries, afin de choyer les voyageurs et la réputation de la Savoie. Les commerçants et leurs marchandises sont assurés de dormir sous un toit, mais n'oublions pas qu'ils sont accompagnés par de nombreux pèlerins. Ces derniers se rendent à Rome et, pour les plus courageux, jusqu'en Palestine…

Les Alpes apparaissent, déjà au Moyen- Age, comme un des hauts lieux du commerce européen.

Cyril Jacquin

La Recette de la Semaine

Gigot farci aux champignons

Pour 6 personnes

• 1 gigot désossé de 1,5 kg •
• 1,2 kg de petites pommes de terre nouvelles •
• 200 g de farce fine • 4 échalotes •
• 100 g de jambon cru, sans gras, ni couenne •
• 3 cuillerées à soupe d'huile d'olive •
• 200 à 250 g de champignons de Paris •
• 70 g de beurre • 2 morceaux de sucre •
• 1 branche de menthe fraîche •
• 2 cuillerées à soupe de vinaigre balsamique •
• 6 filets d'anchois allongés à l'huile • 1 œuf •
• 2 ou 3 traits de sauce anglaise (worcestershire sauce) **•**
• 1 branche de thym frais • 1/12 bouquet de persil plat •
• sel fin • poivre du moulin •

Hacher le jambon.

Peler et hacher les échalotes. Les faire blondir dans une grande poêle avec une cuillerée à soupe d'huile d'olive et le jambon haché. Egoutter et réserver.

Couper le bout terreux des champignons sans les peler, puis les faire revenir dans la même poêle dans 40 g de beurre en remuant souvent, jusqu'à ce qu'ils soient blonds (environ 10 minutes).

Pendant la cuisson des champignons, frotter les morceaux de sucre sur les feuilles de menthe pour les imprégner d'huiles essentielles.

Les mettre alors dans la poêle des champignons et verser le vinaigre par-dessus.

Ecraser la préparation avec le dos d'une cuillère jusqu'à ce que le sucre soit dissous, puis mélanger quelques instants sur feu vif.

Préchauffer le four (thermostat 8 - 240°C).

Ajouter alors à la préparation la farce fine et le mélange échalotes - jambon.

Faire revenir quelques minutes en remuant, retirer du feu, puis ajouter les anchois désarêtés et hachés au couteau, l'œuf, quelques traits de sauce anglaise, le thym effeuillé et le persil ciselé.

Saler en fonction du jambon et des anchois, puis poivrer.

Poser le gigot désossé bien ouvert sur la table. Déposer la farce au centre. Refermer la viande et ficeler en rôti.

Brosser les pommes de terre sous l'eau.

Mettre le gigot dans un grand plat à four et l'entourer des pommes de terre.

Verser le reste de l'huile sur le gigot, parsemer le reste de beurre en noisettes sur les pommes de terre, puis saler et poivrer.

Enfourner à mi-hauteur et laisser cuire 25 minutes.

Au bout de ce temps, retourner le gigot et remuer les pommes de terre. Baisser la température du four à 6 (180°C) et poursuivre la cuisson 25 minutes.

Sortir le gigot du four, le recouvrir d'une feuille d'aluminium pliée en deux et laisser reposer le gigot 10 minutes afin de permettre au sang d'irriguer la viande, ce qui facilitera le tranchage et donnera une viande plus tendre et plus goûteuse.

Bourgogne

Trancher le gigot, dresser les tranches dans un pat chaud et entourer des pommes de terre.

Servir très chaud.

Le petit plus : on peut faites cuire les pommes de terre entières lavées mais non épluchées à part dans une cocotte avec de l'huile et du beurre, pendant 5 minutes en les secouant souvent.

2007 AOÛT SEMAINE N°33

Lundi 13 — St Hippolyte

Matinée

Après-midi

Soirée

Mardi 14 — St Évrard

Matinée

Après-midi

Soirée

Mercredi 15 — ASSOMPTION

Matinée

Après-midi

Soirée

Jeudi 16 — St Armel

Matinée

Après-midi

Soirée

Vendredi 17 — St Hyacinthe

Matinée

Après-midi

Soirée

Samedi 18 — Ste Hélène

Matinée

Après-midi

Soirée

Dimanche 19 — St Jean Eudes

Matinée

Après-midi

Soirée

Un jugement jésuitique

Les voyageurs sont encore rares au XVIIe siècle. Quant aux récits ou guides qui résultent de leurs pérégrinations ils ne sont pas exempts de préjugés ni d'a priori. Le problème c'est que ces ouvrages sont lus, et connaissent pour certains un réel succès avec de nombreuses rééditions. Ainsi de « l'Ulysse français ». Il est publié en 1643, d'après « le voyage en France » d'Abraham Golnitz paru quinze ans plus tôt. L'auteur, Louis Coulon, brosse un portrait pittoresque de la Savoie avec la naïveté propre au voyageur de cette époque. Exemple : le couplet sur les alpages : « ces grandes montagnes que la Savoie contient en son enceinte » et qui font « que les voyageurs y découvrent toujours quelque chose de nouveau car tantôt ils s'aperçoivent que les passages s'élargissent et tantôt que les montagnes se rétrécissent ». Louis Coulon insiste sur l'étonnement qui saisit le voyageur devant ces géants de pierre « qui se haussent puis se baissent, qui s'avancent ici, et là se relèvent, qui tantôt vous conduisent dans une plaine, tantôt vous enferment dans un vallon, ce qui a fait dire que cette province est comme la gamme des musiciens et que les chemins sont distribués comme leurs tons ». Une fraîcheur de style et de regard, qu'on rêve de voir appliquer à nos impersonnels dépliants touristiques. Le préambule descriptif est à l'avenant. On croirait lire un manuel de géographie destiné aux élèves du primaire version années cinquante : « la Savoie a du blé dans ses vallées, des pâturages sur les basses montagnes et en quelques lieux de forts bons vins » précise « L'Ulysse français » qui ajoute « il y a aussi quelques lacs qui nourrissent force poissons dont les plus renommés sont ceux du Bourget et de Genève ». Les choses se gâtent quand l'auteur évoque les autochtones. « Pour les mœurs des habitants, écrit Louis Coulon, ils ont la niaiserie si naturelle qu'encore qu'ils en perdent une partie par la fréquentation des étrangers, néanmoins ils la retiennent presque tout entière en leur langage et en leurs sentiments. Ils se persuadent que leur duc de Savoie est le premier prince du monde, que leur pays ne produit que des merveilles, que leurs montagnes sont grosses de trésors ». Les Savoyards n'étaient pas les seuls à être victimes de jugements aussi sommaires. Les Poitevins ont la réputation d'être chicaniers, disputeurs, les Parisiens « aiment l'argent par-dessus toutes choses », les Angevins « sont dissimulés », les habitants d'Orléans « sont aigres et piquants » autant de préjugés alimentés par le parti pris intellectuel de voyageurs qui surfent sur les grands principes et les généralités sans penser à vivre et comprendre le quotidien du bon peuple. Le trait du rédacteur de « L'Ulysse français » ne s'adoucit aucunement par la suite, attitude peu charitable venant de la part d'un ecclésiastique. Car Louis Coulon est un jésuite, originaire du Poitou. Après le tempérament supposé niaiseux des Savoyards, l'auteur leur dénie toutes compétences. A l'en croire « ils sont malhabiles à tout ce qu'ils entreprennent ; On dirait que la nature ne les a faits propres qu'à nettoyer les cheminées comme s'ils voulaient mêler la suie de leurs voisins avec leurs neiges et qu'ils cherchent les foyers de France, comme des retraites assurées contre le froid qui les tourmente dans leurs propres maisons ». Et pour finir le coup de grâce « ils sont si vaillants aux armées, que deux ou trois des autres nations en feront toujours fuir une douzaine ». Une lueur dans ce sombre et invraisemblable tableau : le charme des Savoyardes. Louis Coulon reconnaît « que les femmes de ce pays sont de belles personnes » même si les trouve très mal « ajustées » autrement dit mal fagotées. L'excès de ces jugements à l'emporte-pièce prête à sourire. On aurait plutôt tendance aujourd'hui à envier les Savoyards d'être ce qu'ils sont où ils sont.

Y. B

La Recette de la Semaine

Canard aux cerises à l'anis étoilé

Pour 4 personnes

• 1 canard de Barbarie de 1,2 kg, prêt à cuire •
• 2 cuillerées à soupe d'huile d'olive •
• 50 g de beurre •
• 500 g de cerises •
• 2 cuillerées à soupe de sucre en poudre •
• 1 étoile de badiane (anis étoilé) **•**
• 1/2 orange non traitée •
• 15 cl de banyuls ou de porto rouge •
• 1 cuillerée à soupe de vinaigre de banyuls ou de xérès •
• sel fin • poivre noir du moulin •

Préchauffer le four (thermostat 7 - 210°C).

Verser l'huile d'olive dans un plat allant au four, y disposer le canard, le tartiner de beurre, saler et poivrer.

Enfourner à mi-hauteur et laisser cuire 50 minutes.

Pendant ce temps, laver, équeuter et dénoyauter les cerises.

Les mettre dans une casserole avec le sucre en poudre, un ruban de zeste de la demi-orange et son jus sur feu très doux pendant 20 minutes, jusqu'à ce que les cerises soient confites et le jus sirupeux.

Lorsque le canard est cuit, le retirer du four et l'envelopper dans une feuille de papier d'aluminium pour le tenir au chaud et irriguer sa chair, ce qui facilitera également son découpage.

Déglacer le jus de cuisson avec le banyuls (ou le porto) et le vinaigre. Bien délayer pour faire dissoudre tous les sucs.

Le verser dans une petite casserole et donner quelques bouillons pour le faire réduire de moitié.

Découper le canard en morceaux et les dresser sur un plat chaud.

Enlever l'anis étoilé et le zeste d'orange de la compote de cerises, puis la verser des morceaux de canard.

Napper les morceaux de canard avec la sauce.

Servir sans attendre.

Côtes-du-Rhône

Le petit plus : en faisant cuire le canard 50 minutes, on obtient un canard légèrement rosé. Si on souhaite, on peut tout à fait prolonger la cuisson jusqu'au degré désiré.

Le saviez Vous ?

L'accès à la culture

Depuis quelques années, le conseil général de Savoie décide de renforcer l'accès à la culture pour tous les Savoyards. Il s'y emploie en créant, entre autres, en 2004, un Observatoire des politiques culturelles départementales. Dans le même esprit, sont instaurées en 2003, les Chartes de développement culturel qui se doivent de soutenir les arts, le patrimoine, le livre et l'éducation artistique. La lecture publique est également valorisée à travers « Savoie Biblio » et son réseau de 250 bibliothèques.

Lundi 20 — St Bernard
Matinée ____
Après-midi ____
Soirée ____

Mardi 21 — St Christophe
Matinée ____
Après-midi ____
Soirée ____

Mercredi 22 — St Fabrice
Matinée ____
Après-midi ____
Soirée ____

Jeudi 23 — Ste Rose de Lima
Matinée ____
Après-midi ____
Soirée ____

Vendredi 24 — St Barthélemy
Matinée ____
Après-midi ____
Soirée ____

Samedi 25 — St Louis
Matinée ____
Apres-midi ____
Soirée ____

Dimanche 26 — Ste Natacha
Matinée ____
Après-midi ____
Soirée ____

De main de Maistre

C'est un personnage bien oublié aujourd'hui, sauf des spécialistes et des nostalgiques d'un Etat Savoyard monarchiste. Ce qui fait peu de monde avouons le. Le Comte Joseph de Maistre occupe une place singulière dans notre littérature lui qui se définissait comme un royaliste savoisien, déclarait ne pas être français et ne pas vouloir l'être. Ses contemporains lui reconnaissent du talent. Voire plus. Léon Bloy parle à son sujet de « génie incontestable » aussitôt tempéré, d'un cinglant « mais borné ». Barbey d'Aurevilly le qualifie pour sa part de « génie mystiquement politique pour qui la souveraineté était un fait de l'ordre supra naturel et divin ». L'auteur des « Diaboliques » évoque « ce pauvre gentilhomme de Savoie pour lequel le roi qu'il servait eut toutes les royales ingratitudes et toutes les royales indifférences ». Né à Chambéry Joseph de Maistre est issu de la noblesse de Robe. Après avoir effectué des études de droit à Turin, alors capitale des Etats de la Maison de Savoie il intègre la magistrature du sénat savoyard qui est en fait une cour de justice. Quand la révolution française éclate, c'est un jeune juge de 36 ans, féru de lectures et d'ouvrages rares. Pour ce traditionaliste, ardent partisan du trône et de l'autel, 1 789 marque non un progrès mais une œuvre impie, facteur de désordres. Cependant il y voit également la manifestation de la Providence qui selon lui règle les destinées humaines. De même il écrit que « le principe religieux préside à toutes les créations politiques ». En accord avec ses idées, Joseph de Maistre quitte la Savoie le jour même où les troupes révolutionnaires envahissent le duché. Hormis un court séjour en 1793, pour défendre ses biens, il ne reverra la Savoie que 25 ans plus tard. Un long exil qu'il entame à Lausanne en qualité de correspondant du roi de Sardaigne. Tout à la fois observateur critique de la révolution et agent de renseignement pour le compte de son monarque Joseph de Maistre trouve encore le temps d'écrire, mettant sa plume au service de la cause monarchique. Il rédige entre autres ouvrages, ses « Lettres d'un royaliste savoisien à ses compatriotes » et surtout ses « considérations sur la France » remarquées par Louis XVIII. Mais le gouvernement Sarde juge ce texte malvenu compte tenu du contexte, et Joseph de Maistre doit quitter Lausanne pour Venise. Il y subsiste chichement, en compagnie de sa femme et de ses trois enfants. En 1 801 il est nommé Régent de la chancellerie Sarde, avant de partir pour la Russie deux ans plus tard en tant que ministre plénipotentiaire. Il y restera douze ans, loin des siens, exception faite de son fils Rodolphe qui le rejoint en 1805, comme secrétaire. Cette longue séparation forcée d'avec son épouse est due à une simple et triviale mesure d'économie voulue par le roi de Sardaigne. Bien que privé de sa famille le séjour russe de l'écrivain diplomate est pour lui une riche expérience. Bien intégré à la société de St Pétersbourg alors capitale de la Russie, Joseph de Maistre a de plus l'écoute bienveillante du tsar d'Alexandre 1er ce qui lui permet de faire nommer son frère Xavier « directeur du musée et de la bibliothèque de l'Amirauté ». Si Joseph, malgré l'offre du tsar, préfère demeurer au service de la Maison de Savoie, son frère Xavier ancre sa vie sur les rives de la Néva. Il épouse une princesse russe dont la nièce est la veuve du grand poète Pouchkine. Ecrivain comme Joseph, mais aussi peintre, Xavier survit trente ans à son aîné, dont douze passées en Italie, pour préserver la santé délicate de ses deux enfants. Il en profite pour revoir Chambéry où il a, dans sa jeunesse effectué l'un des premiers voyages en ballon. Lamartine évoque ce retour dans ses « Harmonies poétiques et religieuses ». A la suite de son passage à Paris, l'œuvre littéraire de Xavier dont son célèbre « voyage autour de ma chambre » connaît un regain d'intérêt. Il est vrai que le pape de la critique Ste Beuve y est pour beaucoup. Xavier de Maistre s'éteint le 13 juin 1852 en Russie. Il est enterré au cimetière de Smolensk. Quant à Joseph la chute de l'Empereur des Français ne lui apporte pas la satisfaction escomptée. Son soutien aux jésuites, très mal vu par le tsar orthodoxe, le force à rentrer à Turin, capitale retrouvée du roi de Sardaigne. Ingrat, le souverain n'offre à son brillant diplomate qu'une place honorifique après l'avoir fait lanterner deux ans. Joseph est amer, déçu par la politique. Il préfère désormais se consacrer à son œuvre dont un retentissant « Du Pape » ouvrage fondateur de l'ultramontanisme français, qui fait l'apologie du gouvernement pontifical. Inspirateur d'Auguste Comte le père du positivisme, « prêcheur de doctrine » selon Sainte-Beuve, « qui ne comprit pas qu'en 1 789 Dieu avait changé la face du monde » (Léon Bloy), Joseph de Maistre meurt à Turin en 1821, la même année que Napoléon 1er. Une chose est sûre : l'avenir l'aurait forcément déçu.

Y. B

La Recette de la Semaine

Curry de lotte aux tomates confites

Pour 6 personnes

• 950 g à 1 kg de médaillon de lotte •
• 1 boîte de lait de coco (35 à 40 cl environ) **• 18 tomates cerise •**
• 20 cuil. à soupe d'huile d'olive • 200 g de nouilles chinoises •
• 50 g de pois gourmands • 50 g de petits pois surgelés •
• 10 g de gingembre frais • 1 cuil. à café de curry • 1 citron vert •
• 1 oignon • 1 gousse d'ail • feuilles de basilic • sel • poivre •

Versez 6 cuil. à soupe d'huile d'olive dans une petite casserole avec le curry.

Faites tiédir 3 mn à feu doux et réservez l'huile de curry dans un verre.

Faites cuire les nouilles 4 mn dans une grande casserole d'eau bouillante salée, égouttez-les et séchez-les sur du papier absorbant.

Faites-les frire dans une casserole d'huile d'olive (12 cuil. à soupe).

Egouttez-les sur du papier absorbant.

Salez et poivrez la lotte.

Mettez 2 cuil. à soupe d'huile de curry dans une petite poêle, y faire revenir les médaillons de lotte 5/6 minutes à feu doux.

Réservez.

Remettez 1 cuil. à soupe d'huile d'olive dans la poêle et déposez les tomates cerise.

Couvrez et laissez cuire à feu très doux 7/8 minutes.

Réservez-les.

Mettez l'oignon haché, l'ail écrasé et le gingembre émincé dans la poêle de cuisson ; faites revenir à feu doux, puis versez le lait de coco.

Faites bouillir 4 mn avant d'ajouter les médaillons de lotte, les petits pois et les pois gourmands.

Versez le tout dans un plat creux, ajoutez les tomates cerise confites, des feuilles de basilic.

Disposez joliment les nouilles croustillantes, arrosez d'un filet d'huile de curry.

Servez sans attendre avec un quartier de citron vert.

Savoie blanc

Le saviez Vous ?

Le château des ducs de Savoie

En 1 563 a lieu le transfert de la capitale des Etats de Savoie, de Chambéry à Turin. Le château va rester une résidence ducale et un siège administratif. Petit à petit il va se transformer et être agrémenté de nouveautés architecturales au gré du goût de ses occupants. Ainsi, au début du XVIIè S, le gouverneur Don Félix de Savoie fait aménager le Pavillon à l'emplacement du jardin jouxtant la Tour Trésorerie et le grand parterre. Plus tard, la Duchesse Christine de France fait reconstruire la façade de la Sainte- Chapelle par l'architecte Castellamonte.

Lundi 27 — Ste Monique

Matinée ______

Après-midi ______

Soirée ______

Mardi 28 — St Augustin

Matinée ______

Après-midi ______

Soirée ______

Mercredi 29 — Ste Sabine

Matinée ______

Après-midi ______

Soirée ______

Jeudi 30 — St Fiacre

Matinée ______

Après-midi ______

Soirée ______

Vendredi 31 — St Aristide

Matinée ______

Après-midi ______

Soirée ______

Notes

Côté Jardin en Août

Pluie fine
à la St Augustin,
c'est comme s'il
pleuvait du vin

TRUCS et ASTUCES

Le marc de café éloignera les pucerons de vos rosiers.

Pour connaître la météo, laissez une pomme de pin sur le balcon ou n'importe quel endroit, mais il faut qu'elle soit à l'extérieur.

Si la pomme reste ouverte, c'est qu'il va faire beau.

Si la pomme reste fermée, c'est qu'il va pleuvoir

Travaux du mois :

• Surveillez l'apparition des maladies et les attaques d'insectes assez virulents en cette saison. Traitez dès les premiers symptômes.

• Commandez les catalogues des pépiniéristes et des spécialistes de bulbes.

• Divisez les touffes d'iris trop importantes, dont la floraison s'amenuise au profit du feuillage.

• Semez les fleurs bisannuelles (pâquerettes, pensées, myosotis, giroflées), qui accompagnent les bulbes de printemps.

• Plantez les dahlias nains, les reines-marguerites, les piments d'ornement et les cinéraires.

• Taillez les rosiers non remontants en intervenant juste pour aérer et équilibrer la ramure.

• Maintenez une bonne humidité du sol autour des fleurs et des légumes et sur la pelouse.

• Binez chaque semaine pour décroûter la terre.

• Eliminez les mauvaises herbes au fur et à mesure qu'elles apparaissent, et surtout ne jamais les laisser fleurir pour éviter leur expansion.

Plantes d'intérieur :

• Arrosez les plantes qui forment des touffes, en trempant le pot dans l'eau 20 minutes, sans laisser celle-ci stagner sous le pot.

• Traitez les palmiers, agrumes, ficus contre les araignées rouges s'il fait chaud et sec.

• Pendant vos vacances, installez les plantes les moins fragiles dans le jardin, les pots au 2/3 enterrés dans de la tourbe humide.

Arbres et arbustes :

• Appliquez un désherbant sélectif le long des haies après avoir bien nettoyé le sol. Ces produits sont des anti-germinatifs qui ne détruisent pas la végétation en place.

• Greffez les rosiers en écusson.

• Semez les palmiers en terrine sur la côte d'azur.

• Bouturez les ifs et les thuyas la seconde quinzaine du mois, et les arbustes à feuillage persistant.

Matériel d'entretien :

• Nettoyez régulièrement le filtre à air de votre tondeuse. Si le temps est sec, il se gorge de poussière, ce qui réduit d'autant la performance du moteur.

• Préparez tout le nécessaire pour la récolte et la conservation des fruits.

• Programmez votre installation d'arrosage. Il existe des modèles électroniques bon marché qui se branchent directement sur le robinet.

SEPTEMBRE 2007

**vient de
" september mensis "
qui signifie
septième mois de l'année.**

" En septembre se coupe ce qui pend. "

En Septembre

1901 : mort de Toulouse-Lautrec.
1914 : réquisition des taxis à Paris par l'armée française.
1919 : signature du traité de Saint-Germain.
1949 : mort du compositeur Richard Strauss.

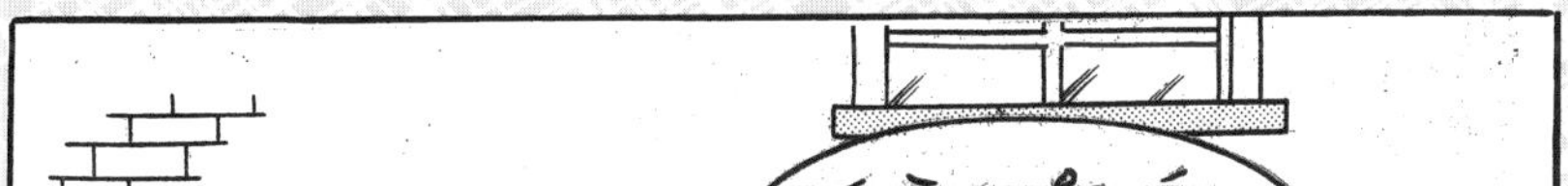

ÉDITH ;

signifie " noble, heureuse " en saxon. Elle est honorée le 16 septembre.
Édith était fille d'Edgar, roi d'Angleterre. Elevée par sa mère dans les sentiments d'une grande piété, elle prit à quinze ans l'habit de religieuse dans le monastère de Wilton, et ne s'occupa que du soin de secourir les pauvres et de soigner les malades.

Étymologie mythologique

*La langue française s'est beaucoup inspirée des mythologies.
Chaque mois vous trouverez un mot qui doit son origine à un héros ou à une divinité.*

Le mot " géant " vient des GIGAS, monstres démesurés que Zeus dut vaincre pour être le maître des Dieux.

La passion est une obsession positive. L'obsession est une passion négative.
[Paul Carvel]

SEPTEMBRE 2007

Le dicton du mois

De Saint-Michel
à la Toussaint
Laboure grand train.

Une entreprise câblée

En 2002, le siège français du groupe Leitner installé à Montmélian s'est doté de nouveaux locaux. Trois bâtiments construits sur 20 000 mètres de carré abritent désormais les bureaux, les ateliers ainsi que l'entrepôt de pièces détachées. Fondée en 1 888 par Gabriel Leitner, l'entreprise était à l'origine spécialisée dans la construction de matériel agricole, de machines téléphériques, de turbines à eau et de scieries. Pionnier dans le développement des installations de transports à câbles et des engins de damage, Leitner a construit son premier télésiège en 1947. L'entreprise a depuis élargi et diversifié notablement son champ d'activités en s'investissant dans le domaine du transport urbain et de l'énergie éolienne. La construction de nouveaux locaux à Montmélian a permis de réunir sur un même site des activités jusqu'ici dispersées : remontées mécaniques, équipements d'enneigement et accessoires de pistes, dameuses... 80 personnes traitent le marché hexagonal dont les Alpes avec leurs nombreuses stations de sports d'hiver fournissent la meilleure part. Sur le plan international, Leitner Technologies compte environ 1 600 employés. En 2005 le chiffre d'affaire était de 559 millions d'euros en augmentation de 12 % par rapport à l'exercice précédent. Les installations de transports à câbles comme les téléphériques et télésièges représentent 80 % du CA. Implantée en Italie, la maison mère du groupe se trouve à Vipiteno. Leitner est également présent en Autriche, Suisse, Etats-Unis, Canada, et donc en Savoie. Parmi les réalisations marquantes citons, outre le premier télésiège, la première fabrication d'une chenillette (1 970) la construction de la première gare compacte (1 993), ou bien encore la mise à l'essai de sa première éolienne (2 003). Leitner a également remporté, en 1998, le concours pour la construction du métro urbain de Perose (Italie).

Yves Bielinski

Image d'Hier

1803. - St-JULIEN. - Avenue de la Gare

Pittier, phot.-édit., A

La Recette de la Semaine

Faux-filet aux pleurotes

Pour 4 personnes

• 1 tranche de faux-filet de bœuf de 600 g • 500 g de pleurotes •
• 2 cuillères à café de moutarde forte • 1 bouquet de ciboulette •
• 3 cuillères à soupe d'huile d'olive •
• 1 cuillère à soupe d'herbes de Provence • poivre • sel •

Coupez la viande en lamelles, salez et poivrez légèrement.

Coupez la partie dure du pied des pleurotes et lavez-les rapidement.

Faites chauffer 1 cuillère à soupe d'huile d'olive dans une poêle, jetez-y les pleurotes et 1 cuillère à soupe d'herbe de Provence. Faites-les cuire sur feu vif pendant 6 minutes.

3 minutes après le début de la cuisson, faites chauffer 2 cuillères à soupe d'huile d'olive dans une autre poêle, jetez-y les lamelles de faux-filet et faites-les cuire 2 minutes à feu vif en les tournant sans cesse

Ajoutez la moutarde et la ciboulette et retirez du feu.

Répartissez les champignons dans le fond de quatre assiettes chaudes, disposez la viande au centre et servez aussitôt.

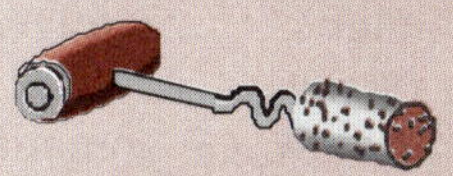

Beaujolais

Le saviez Vous?

Pourquoi la « station aux grenouilles »?

Ce nom ne vous dit certainement rien, Mais c'est ainsi que les archéologues ont décidé de baptiser une grotte habitée durant la Préhistoire, à proximité des marais de Troinex. Son dernier occupant, dont on a retrouvé en 1916 le squelette, avait de nombreuses fractures. Il devait être dans l'incapacité de beaucoup bouger et surtout, d'après son crâne, psychologiquement atteint. Mais autour de lui, plusieurs centaines de milliers de squelettes de grenouilles témoignaient encore en faveur de son plat de prédilection !!!

Eglise de Saint –Martin de Belleville

Cette église a été construite entre 1650 et 1750 sur le plan habituel des églises de la Tarentaise des XVII et XVIIIè siècles. Elle comprend un retable sculpté en 1 677 par Jacques - Antoine Todesco et Guillaume Moulin dont le panneau central présente Saint – Martin qui partage son manteau avec un pauvre. Pour sculpter une colonne torse dont est constitué le retable, il était nécessaire d'avoir sous la main un tronc de pin cembro d'au moins trente ans. Le tabernacle de l'autel majeur est constitué d'une sculpture en bas-relief, dont certaines statuettes ont été dépouillées par des visiteurs indélicats.

Notes

Samedi 01 St Gilles

Matinée

Après-midi

Soirée

Dimanche 02 Ste Ingrid

Matinée

Après-midi

Soirée

2007
SEPTEMBRE
SEMAINE N°36

Lundi 03 St Grégoire
Matinée
Après-midi
Soirée

Mardi 04 Ste Rosalie
Matinée
Après-midi
Soirée

Mercredi 05 Ste Raïssa
Matinée
Après-midi
Soirée

Jeudi 06 St Bertrand
Matinée
Après-midi
Soirée

Vendredi 07 Ste Reine
Matinée
Après-midi
Soirée

Samedi 08 Nativité N.-D.
Matinée
Après-midi
Soirée

Dimanche 09 St Alain
Matinée
Après-midi
Soirée

Naissance du secours en montagne

Le premier drame de la montagne se produisit en 1820, lors de la tentative d'ascension en montagne par le docteur Hamel (trois victimes, tous guides de Chamonix). Mais l'accident qui eut la plus grande répercussion se déroula le 14 juillet 1865 sur les pentes du Cervin et provoqua la mort de quatre personnes dont Lord Francis Douglas, un brillant ressortissant britannique. Cette tragédie souleva une telle émotion que la reine Victoria, du haut de son palais londonien, demanda à Sir Gladstone, son premier ministre, de promulguer une loi pour empêcher les jeunes grimpeurs anglais de risquer inutilement leur vie sur les parois des Alpes !

Les opérations de secours se déroulaient alors avec le seul concours des guides et elles consistaient principalement à redescendre les dépouilles des victimes. Il fallut attendre 1910, près de cinquante années après la tragédie du Cervin pour assister à la mise en place d'une structure de secours digne de ce nom. Le syndicat d'initiative de Grenoble en avait été à l'origine et son idée fut reprise, quelques années plus tard, par le Comité de secours de la Savoie, installé à Chambéry.

En 1956, le secours en montagne restait encore à l'état embryonnaire. C'est alors que se produisit, dans le massif du Mont-Blanc, le drame de Vincendon et Henry, deux jeunes alpinistes (un Français et un Belge) partis pour tenter l'ascension hivernale de l'éperon de la Brenva, sur le versant italien du Mont-Blanc. Ils trouvèrent la mort au terme d'une terrible agonie qui se prolongea pendant une dizaine de jours malgré la mise en œuvre d'importants moyens de secours. Une vingtaine de sauveteurs, dont Honoré Bonnet, le futur entraîneur des équipes de France de ski, participèrent aux recherches, appuyés par plusieurs hélicoptères dont un s'écrasa sur les pentes du Grand Plateau, à 4 000 m d'altitude, et servit de sépulture aux deux naufragés de la montagne.

Ce retentissant échec eut le mérite d'enclencher une profonde réflexion sur l'organisation des secours. Désormais, ils sont organisés sous l'autorité du préfet du département et confié à des pelotons spécialisés de gendarmes, le PGHM (peloton de gendarmerie de haute montagne) et de compagnies de CRS formées à cet effet.

Jean Daumas

La Recette de la Semaine

Faisan aux poires

Pour 4 personnes

• 1 beau faisan ou 1 belle poule faisane (plus tendre)**, si possible avec son foie •**
• 100 g de jambon cru de pays •
• 1 cuillerée à soupe de graisse d'oie •
• 2 oignons •
• 5 cl de cognac ou d'armagnac (facultatif) **•**
• 1 poignée de mie de pain rassis •
• 1 œuf •
• 1 branche de thym •
• 4 branches de persil plat •
• 50 g de beurre •
• 4 poires juteuses mais fermes •
• 100 g de sucre en poudre •
• 1/2 citron non traité •
• 1 petit morceau de bâton de cannelle •
• 2 clous de girofle •
• 1 tronçon de gingembre •
• 1 morceau de piment •
• 20 grains de poivre noir •
• sel fin • poivre du moulin •

Plumer, flamber et vider le faisan en réservant le fie (le volailler peut s'en charger).

Préchauffer le four (thermostat 6 - 180°C). coupé en tout

Préparer la farce : peler et hacher les oignons. Les faire fondre à la poêle dans la graisse d'oie, puis y faire sauter le foie du faisan coupé en tous petits dés, ainsi que le jambon cru grossièrement haché au couteau (facultatif : arroser avec l'armagnac chaud et flamber).

Retirer du feu, ajouter la mie de pain imbibée d'eau (ou de lait) puis essorée, l'œuf, le thym effeuillé et le persil haché. Saler et poivrer.

Remplir la cavité ventrale du faisan avec cette farce. Ficeler éventuellement (ce n'est pas forcément nécessaire).

Mettre le faisan dans un plat à four, le tartiner avec le beurre, saler et poivrer.

Enfourner à mi-hauteur et laisser cuire 15 minutes sur une cuisse, 15 minutes sur l'autre et 15 minutes sur le dos.

Pendant ce temps, verser 30 cl d'eau dans une casserole. Ajouter le sucre en poudre, un peu de zeste de citron prélevé en ruban et son jus, la cannelle, les clous de girofle, le gingembre, le piment et le poivre noir.

Porter à frémissement 10 minutes sur feu vif.

Peler les poires, les couper en quatre en éliminant les parties dures du centre et les pépins, puis les faire pocher 5 minutes à peine dans le sirop frémissant. Garder au chaud dans le sirop épicé, hors du feu.

Au sortir du four, envelopper le faisan dans une feuille d'aluminium pour le tenir au chaud et le laisser reposer 15 minutes avant de le découper.

Dégraisser et déglacer la sauce en grattant bien à la spatule pour dissoudre tous les sucs.

Découper le faisan, dresser ses morceaux sur un plat de service et disposer la farce au milieu.

Retirer les poires de la casserole à l'écumoire et les disposer entre les morceaux de faisan. Napper les morceaux d'un peu de sauce et présenter le reste à part, en saucière chaude.

Servir chaud.

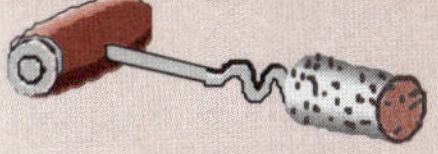

Bourgogne

2007 SEPTEMBRE

SEMAINE **N°37**

Lundi 10 — Ste Inès
Matinée
Après-midi
Soirée

Mardi 11 — St Adelphe
Matinée
Après-midi
Soirée

Mercredi 12 — St Apollinaire
Matinée
Après-midi
Soirée

Jeudi 13 — St Aimé
Matinée
Après-midi
Soirée

Vendredi 14 — Croix Glorieuse
Matinée
Après-midi
Soirée

Samedi 15 — St Roland
Matinée
Après-midi
Soirée

Dimanche 16 — Ste Édith
Matinée
Après-midi
Soirée

La « Maman » du philosophe

Protestante convertie au catholicisme Françoise Louise de Warens est connue pour avoir été l'égérie et la protectrice du philosophe Jean-Jacques Rousseau dont les idées inspirèrent la révolution de 1 789. Celle que l'auteur des Confessions appelait « maman » - elle avait douze ans de plus que lui- l'initia à la vie intellectuelle et artistique. Peut-être plus... Originaire de Vevey en Suisse, mariée à un ex-officier du Piémont elle décide de se lancer dans les affaires en créant une manufacture de couvertures de bas en soie. Une femme chef d'entreprise au début du XVIIIe siècle : on imagine l'effet produit sur la bonne société helvétique Le problème c'est que Françoise Louise est peu douée pour les affaires. A tel point que mal entourée et s'aventurant dans des entreprises fumeuses, elle finira ruinée. Une nuit de 1 726 Françoise Louise quitte Vevey, en emportant ses bijoux, l'argenterie familiale, la vaisselle, le linge, les bibelots et ce qu'il reste dans la caisse de la manufacture. A Annecy elle s'empresse de demander sa conversion auprès des autorités religieuses. Démarche fructueuse si l'on en juge par la pension royale octroyée quelques jours après. S'y ajoutent d'autres subsides versés par l'église, laquelle compte sur le prosélytisme de cette nouvelle recrue. Huit mois après son arrivée, Mme de Warens obtient le divorce au grand dam de son mari qui dépité quitte la Suisse pour l'Angleterre. Désormais c'est une femme libre, qui accueille en sa maison les nouveaux convertis. C'est ainsi que l'abbé Pontverre lui recommande un adolescent de seize ans, le Genevois Jean-Jacques Rousseau. Dans les « Confessions » le philosophe rapporte dans le détail sa première rencontre avec Mme de Warens, alors âgée de 28 ans. « Je m'étais figuré une vieille dévote bien rechignée [Je vois un visage pétri de grâces, de beaux yeux bleus pleins de douceur, un teint éblouissant, le contour d'une gorge enchanteresse ». D'après les portraits que l'on a d'elle, Mme de Warens avait en effet de quoi séduire le jeune Helvète. : « elle avait de beaux cheveux cendrés, une petite taille, un sourire d'ange, une jolie bouche, un visage gracieux, un teint éblouissant, de beaux yeux bleus plein de douceur, un air caressant et tendre... ». Elle a de plus une bonne nature, gaie, franche, ouverte aux autres sensible à l'infortune. C'est une femme cultivée curieuse des choses de l'esprit, des arts et des sciences. Elle se passionne pour la philosophie, la physique, l'alchimie, s'adonne à des expériences multiples et hasardeuses élaborant d'improbables élixirs des baumes, des teintures. En 1 729 toutefois, Mme de Warens est dans la plénitude de ses charmes et de ses moyens. De retour de Turin, Rousseau revoit sa protectrice et amie, l'occasion pour lui d'apprendre la musique auprès du maître de la cathédrale. Parti une nouvelle fois- pour Fribourg- il revient vers Mme de Warens, travaille au service du cadastre de Chambéry tout en poursuivant son étude de la philosophie et de la musique. En 1736, Jean-Jacques Rousseau incite Mme de Warens a acquérir une maison de campagne « aux Charmettes » non loin de Chambéry. Les séjours que le philosophe y effectue comptent parmi les meilleurs moments de son existence. Il l'écrit : « je me levais avec le soleil et j'étais heureux ; je me promenais et j'étais heureux ; je voyais maman et j'étais heureux, je parcourais les bois, les coteaux, j'errais dans les vallons, je lisais, j'étais oisif, je travaillais au jardin, je cueillais les fruits, j'aidais au ménage et le bonheur me suivait partout... ». « Aux Charmettes », Rousseau en profite pour approfondir ses connaissances des sciences : géométrie, astronomie, histoire naturelle, et découvre les philosophes du siècle précédent. Quant à la Savoie et à Chambéry, Jean-Jacques se montre admiratif. « Les Savoyards sont le meilleur et le plus sociable peuple que je connaisse et s'il est une petite ville au monde où l'on goûte la douceur de la vie dans un commerce agréable et sûr, c'est Chambéry ». Après un dernier séjour « aux Charmettes », Jean-Jacques Rousseau quitte définitivement ce lieu pour lui si profitable en mai 1742. Il reverra Mme de Warens en 1 754. Une dernière rencontre pathétique. Mme de Warens prématurément vieillie est sans le sou. Le philosophe est accablé « je la revis... dans quel état mon dieu ! Quel avilissement ! Que lui restait-il de sa vertu première ? Etait-ce la même Mme de Warens, jadis si

Suite ci-contre

La Recette de la Semaine

Camembert grillé

• tomates • pain • camenbert • lardons • huile d'olive • herbes de provence • crème fraîche • ail •

Mettre dans deux ramequins assez gros un peu d'huile d'olive et des tranches fines de tomates saupoudrer d'herbes de Provence enfourner (four à 180°).

Pendant ce temps faire revenir les lardons à la poêle.

Faire griller deux tranches de pains de campagne.

Couper le camembert en deux de façon à avoir deux ronds d'épaisseur à peu près égal.

Déposer une tranche de camembert sur chaque tranche de pain. Retirer les ramequins du four, mettre les tartines sur les tomates ajouter des lardons puis 1 à 2 tranches de tomates, saupoudrer à nouveau d'herbes de Provence, mettre 2 à 3 cuillères de crème fraîche.

Enfourner toujours à 180° laisser cuire jusqu'à ce que le camembert soit fondu.

Savoie rouge

Le saviez Vous?

Chasse aux prêtres

Janvier 1794. Il ne fait pas bon être prêtre en France. Encore moins en Savoie. Un arrêté du représentant en mission des départements de l'Ain et du Mont Blanc » donne le ton. Chaque municipalité est requise « d'envoyer dans le délai de 3 jours la liste des individus connus vulgairement sous le nom de prêtres ». Ceux des prêtres qui auront abdiqué leurs prétendues fonctions « présenteront les preuves de leur abdication et déprêtisation. Ils se présenteront tous les cinq jours à la dite municipalité ». Les deux articles suivants sont de la même veine. On était décidément bien loin des idéaux de 1 789.

brillante, à qui le curé de Pontverre m'avait adressé ? Que mon cœur fut navré ! ». Puis vient le cri du cœur « Pauvre maman ! ». Rousseau culpabilise : « il fallait tout quitter pour la suivre, m'attacher à elle jusqu'à sa dernière heure et partager son sort quel qu'il fut ». Mais le philosophe ne s'en sent pas la force : « je gémis sur elle, et ne la suivis pas ». Des années plus tard il constate : « De tous les remords que j'ai senti en ma vie, voilà le plus vif et le plus permanent. Je méritai par là les châtiments terribles qui depuis lors n'ont cessé de m'accabler : puissent-ils avoir expié mon ingratitude ! ». Une forme d'oraison funèbre.

Yves Bielinski

2007 SEPTEMBRE

SEMAINE N°38

Lundi 17 — St Renaud

Matinée

Après-midi

Soirée

Mardi 18 — Ste Nadège

Matinée

Après-midi

Soirée

Mercredi 19 — Ste Émilie

Matinée

Après-midi

Soirée

Jeudi 20 — St Davy

Matinée

Après-midi

Soirée

Vendredi 21 — St Matthieu

Matinée

Après-midi

Soirée

Samedi 22 — St Maurice

Matinée

Après-midi

Soirée

Dimanche 23 — AUTOMNE

Matinée

Après-midi

Soirée

Maxime et dictons sur le thème de la montagne

Refuge des démons pour les uns, résidence des dieux pour les autres, la montagne a, de tout temps, interpellé le monde des hommes. Le grondement de l'orage, le fracas de la cascade, le souffle de l'avalanche, le sifflement du vent, le vrombissement des torrents sont différemment interprétés. Dans ce contexte d'angoisse ou de passion, la montagne a été à l'origine de dictons ou de maximes qu'on retrouve dans tous les pays du monde. « De même que le soleil du matin sèche la rosée, les péchés des hommes sont lavés par la vision de l'Himalaya », affirme une légende indienne. « La montagne donne à l'homme tout ce que la société moderne oublie de lui donner », « En haut des cimes on se rend compte que la neige, le ciel et l'or ont la même valeur », ajoutent ces deux citations anonymes.

Certains dictons concernent la sagesse à l'image de ces proverbes chinois : « Il faut imiter la source qui ne tarit jamais et non l'averse qui inonde la montagne » ; « Homme de la plaine, pourquoi gravis-tu la montagne ? Pour mieux regarder la plaine. » ; « La volonté permet de grimper sur les cimes ; sans volonté, on reste au pied de la montagne. »

En d'autre circonstance, la montagne évoque l'humilité comme le traduit ce proverbe juif : « Pour le vieil homme, chaque colline est une montagne. » « Un nain a beau se tenir au sommet d'une montagne, il n'en est pas plus grand pour cela », ironisait Sénèque dans ses « Lettres à Lucillus ». « La vieillesse est comparable à l'ascension d'une montagne. Plus vous montez, plus vous êtes fatigué et hors d'haleine, mais combien votre vision s'est élargie ! », affirmait avec justesse le cinéaste suédois Ingmar Bergman. « Qui prend conseil franchit la montagne, qui n'en prend point fait fausse route même en plaine », précise ce proverbe turc.

D'autres maximes concernent le domaine de la psychologie comme ce proverbe chinois : « L'eau ne reste pas sur les montagnes, ni la vengeance dans un grand cœur », cette citation arabe : « Si on vient vous dire qu'une montagne a changé de place, permis à vous de le croire ; mais si on vous dit qu'un homme a changé de caractère, n'en croyez rien. » ou cet adage turc : « Pas de montagne sans brouillard, pas d'homme de mérite sans calomniateurs. » « Un homme sans défauts est une montagne sans crevasses. Il ne m'intéresse pas », ironisait René Char.

De la psychologie à la philosophie, il n'y a qu'un pas. Le grand et controversé Friedrich Nietsche déclarait : « Une heure d'ascension en montagne fait d'un gredin et d'un saint deux créatures à peu près semblables. La fatigue est le plus court chemin vers l'égalité et vers la fraternité. » « Quand tu arrives en haut de la montagne, continue de grimper », conseille un proverbe tibétain. « Un soir consacré à la lecture des grands livres est pour l'esprit ce qu'un séjour en montagne est pour l'âme », écrivait André Maurois.

La montagne représente pour les alpinistes une terre de dépassement et de contemplation. Le grand alpiniste Reinhold Messner, premier homme à avoir vaincu les quatorze sommets de plus de 8 000 m de la planète en donne une définition réaliste : « La montagne n'est ni juste, ni injuste, elle est dangereuse. » Pour Georges Livanos, ce virtuose des escalades calcaires dans les années 1950 : « Mieux vaut un piton de plus pour s'assurer qu'un alpiniste en moins. » « Un bon grimpeur est un grimpeur vieux », répétait Don Whillians.

Sur la prudence à respecter lors d'une ascension, cette citation d'Edouard Whymper, un des plus grands alpinistes du XIXe siècle, vainqueur de l'aiguille Verte et du Cervin, est à méditer et à respecter : « Grimpez, si vous le voulez. Mais n'oubliez pas qu'un seul moment de négligence peut détruire le bonheur de toute une vie. N'agissez jamais à la hâte, prenez garde au moindre pas. Et, dès le début, pensez à ce qui pourrait être la fin. »

Suite ci-contre →

La Recette de la Semaine

Croquettes de morue

**• 400 g de pommes de terre • 100 g de filet de morue dessalée •
• 2 gousses d'ail • 1 jaune d'œuf • sel • farine • huile d'olive •**

Faire cuire à l'eau, séparément, les pommes de terre non épluchées et la morue qui doit frémir sans bouillir.

Eplucher les pommes de terre et les passer au presse-purée.

Effeuiller et hacher la morue. Frire doucement l'ail dans un peu d'huile, l'écraser. Mêler le tout et incorporer le jaune d'œuf. Saler éventuellement.

Former les croquettes allongées entre les mains.

Les passer légèrement dans la farine.

Faire frire par petites quantités.

Servir chaud.

Roussette

Le saviez Vous ?

Une fille au dessus de la moyenne

On a cru d'abord à un canular. Mais le 1er avril étant passé depuis quelque temps déjà, les médias n'avaient aucune raison de nous poser un poisson. Non, non, c'était bien vrai : une jeune bachelière venait d'obtenir son précieux diplôme avec une moyenne effarante de… 20,18 sur 20 ! Le « phénomène », élève de terminale S du lycée Vaugelas de Chambéry, avait tout simplement - si l'on ose dire accumulé les- très – bonnes notes (20 en maths, 18 en philo) auxquelles venaient s'ajouter des points supplémentaires obtenus en TPE (travaux personnels encadrés). La bachelière ayant comme prénom Marianne, certains n'étaient pas loin d'y voir un symbole. L'époque en a tellement besoin.

Danger, risque mais aussi joie et bonheur intense, comme le souligne l'immense Walter Bonatti, peut-être le plus grand alpiniste du XXe siècle : « A mes montagnes, reconnaissant, infiniment, pour le bien-être intérieur que ma jeunesse a retiré de leur sévère école. » Et que dire de cette phrase de Gaston Rebuffat, l'alpiniste né à Marseille mais qui sut faire partager sa grande passion de la montagne à travers ses ouvrages : « L'alpiniste est un homme qui conduit son corps là où, un jour, ses yeux ont regardé… » ou de cette citation anonyme qui pourrait s'appliquer au monde des sommets : « En somme, la beauté est partout. Ce n'est pas elle qui manque à nos yeux, ce sont nos yeux qui manquent à l'apercevoir »

Jean Daumas

Lundi 24 Ste Thècle

Matinée

Après-midi

Soirée

Mardi 25 St Hermann

Matinée

Après-midi

Soirée

Mercredi 26 Sts Côme, Damien

Matinée

Après-midi

Soirée

Jeudi 27 St Vincent de Paul

Matinée

Après-midi

Soirée

Vendredi 28 St Venceslas

Matinée

Après-midi

Soirée

Samedi 29 St Michel

Matinée

Après-midi

Soirée

Dimanche 30 St Jérôme

Matinée

Après-midi

Soirée

Côté Jardin en Septembre

Gelée blanche pour St Eustache, grossit le raisin qui tache

Pelouses et massifs :

• Divisez les plantes vivaces.

• Tondez la pelouse plus courte si le temps est humide. C'est une bonne époque pour semer le gazon qu'il s'agisse de regarnissage ou du renouvellement de la pelouse. Comptez 30 à 40 g/m2.

• Nettoyez les massifs d'annuelles, éliminez les plantes défleuries et remplacez-les par des chrysanthèmes à petites fleurs, des amarantes ou des marguerites.

• Epandez un insecticide du sol dans les massifs.

Plantes de la maison :

• Bien ventiler les pièces, sans toute fois créer de courants d'air, toujours néfastes. Les plantes de la maison détestent les ambiances confinées qui favorisent les maladies cryptogamiques.

• Entretenez une bonne hygrométrie par des vaporisations régulières sur le feuillage. Les plantes à feuillage duveteux ou translucide ne seront pas bassinées, mais cultivées sur un lit de gravillons toujours maintenus humides. Le calcium entre en période de repos. Il est normal que les feuilles flétrissent.

Potager :

• Préparez l'hiver en semant tous les légumes tardifs dans des planches prévues pour recevoir des tunnels ou des châssis.

• Plantez l'ail en sol sain. Utilisez des semences certifiées et sélectionnées.

• Semez des fèves jusqu'à la fin du mois dans le midi.

• Repiquez les choux semés le mois dernier, en les espaçant de 50 cm.

• Semez à mi-ombre les pois, épinards, mâche, persil, oignons blancs et entretenez l'humidité dans le sol.

• Divisez la ciboulette et repiquez des fragments en pots pour les conserver sur une fenêtre.

• Bouturez le laurier-sauce et placez la culture dans un lieu abrité.

• Divisez les vieux pieds d'oseille.

• Binez tout le potager pour décroûter la surface du sol avant d'arroser. Apportez l'eau en fin de journée dans la première quinzaine du mois et plutôt en matinée ensuite.

TRUCS et ASTUCES

Tomates ou pois : pendez les pieds de tomates ou de pois encore verts dans la serre le pied en haut, vous verrez que les fruits vont mûrir.

Pour vous débarrasser des mauvaises herbes de manière expéditive mettez du gros sel. (irréversible)

Fleurs :

• Epandez un insecticide du sol dans les massifs.

• Surfacez les jardinières les potées dont le niveau de terre a bien baissé.

• Plantez des bulbes en jardinières, en les disposant dans des paniers ajourés.

Image d'Hier

Image d'Hier

SIXT (Hte-Savoie) — AUX MERVEILLES DE LA NATURE
Musée MOCCAND

22 Costumes de Savoie
Saint-Colomban-des-Villards

OCTOBRE 2007

vient de
" october mensis "
qui signifie
huitième mois de l'année.

" A la Saint-Bruno semé, noir sera le blé. "

Le 6 Octobre

En octobre

1927 : projection du premier film sonore.
1946 : guerre civile en Grèce.
1957 : lancement du premier satellite.
1989 : le Dalaï-Lama prix Nobel de la paix.

SALOMÉ ou SALLOMÉE ;

elle est la mère des apôtres saint Jacques et saint Jean, au premier siècle, elle est honorée le 22 octobre.

Étymologie mythologique

La langue française s'est beaucoup inspirée des mythologies. Chaque mois vous trouverez un mot qui doit son origine à un héros ou à une divinité.

Le mot " dédale " vient de DAÏDALOS, architecte légendaire grec, constructeur du labyrinthe de Crète et père d'Icare. *(Un dédale est un labyrinthe)*

Le sexe n'est pas une réponse. Le sexe est une question. Et la réponse est : "oui"

[Steve Martin]

OCTOBRE 2007

Le dicton du mois

À la St Luc (18)
Betterave
devient sucre.

Les servans et les foulats

Dans la haute vallée de la Tarentaise, les gens redoutaient la présence, dans leur chalet, des servans et des foulats. Il s'agissait de lutins particulièrement maléfiques, farceurs et méchants. La tradition populaire prétend qu'ils avaient le pouvoir de déplacer la vaisselle pendant le sommeil des résidents. Le bol, la tasse, les assiettes ne se trouvaient pas, le matin, à la place où on les avait posés la veille. Plus angoissant encore, ces lutins invisibles s'intéressaient parfois aux nouveaux nés. Ils prenaient un malin plaisir intervertir le sens d'un berceau ou de le changer de pièce. Leurs pouvoirs s'étendaient aux enfants qu'ils fouettaient pendant leur sommeil. Les adultes n'étaient pas épargnés pour autant. Ils percevaient des coups, des chocs qui provoquaient autant de traumatisme, transformant leurs nuits en cauchemars.

Les sevans ou les foulats se manifestaient également dans les alpages. Les jeunes bergers redoutaient leur présence surtout lorsqu'ils restaient seuls dans leur « sabota », une petite maison construite en pierre sèche. Le moindre bruit suspect, la nuit, ne pouvait que provenir d'un de ces lutins. Chacun, dans la vallée avait prévenu le jeune pâtre des méfaits causés par ces esprits malfaisants. La nuit, précisément, ils s'approchaient des génisses, ouvrait la porte de leur enclos, les détacher de leurs liens et, faisaient en sorte de les effrayer pour les disperser dans l'immensité des alpages. Pour rendre les recherches plus longues, plus délicates, ils prenaient soin d'enlever les cloches au cou des animaux. C'est pourquoi, conseillaient les anciens, il fallait avoir en permanence un œil sur le troupeau. Mais dans ces conditions, comment trouver le sommeil réparateur ?

La solution, pour éloigner ces vilaines créatures, provint des hommes d'église. Ils affirmaient que les cloches gravés à l'image d'un saint ou de la Vierge, éloignaient ces mauvais esprits. Pour se justifier, ils citaient l'exemple de troupeaux avec des animaux portant des cloches à l'effigie de la paroisse et qui avaient assuré une protection efficace. Mystère !

Jean Daumas

Image d'Hier

OYONNAX — Grande Rue

La Recette de la Semaine

Brochettes de foie

Pour 6 personnes

• feuilles de sauge sèches • 1,200 kg de foie de veau • • 15 tranches fines de lard de poitrine fumé • 80 g de beurre • • 6 cuillerées à soupe d'huile • 1,5 dl de vin blanc sec • • sel • poivre du moulin •

Découpez le foie en cubes de 2 à 3 centimètres environ, posez sur chacun une feuille de sauge et enveloppez dans une demi-tranche de lard.

Enfilez 5 morceaux sur une brochette.

Remplissez ainsi 6 brochettes courtes de 10 centimètres environ.

Dans une grande poêle, faites fondre le reste de beurre et l'huile. Dès que la matière grasse commence à grésiller, mettez les brochettes, laissez cuire à découvert 10 à 12 minutes environ en retournant les brochettes à mi-cuisson.

Le lard doit être doré et croustillant.

Sur le plat de service chaud, dressez les épinards, posez dessus les brochettes de foie. Rapidement, jetez le gras de la poêle, déglacez-la avec le vin blanc.

Laissez bouillir quelques instants et versez cette sauce sur le plat.

Servez immédiatement avec des pommes de terre sautées.

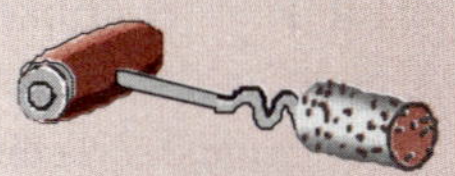

savoie rouge

Le saviez Vous ?

La position stratégique de Bourg-Saint-Maurice

Située au carrefour des vallées et au pied des cols, la ville vivait autrefois au rythme de l'économie agricole et pastorale. Aujourd'hui, elle est devenue une plaque touristique tournante depuis le développement des sports de neige. La ville diversifie également ses activités culturelles ; on peut par exemple citer le Festival folklorique international de haute Tarentaise qui a lieu en juillet, mais également les fêtes de l'Edelweiss qui voient les chars envahir les rues. La ville comprend également une église paroissiale reconstruite en 1845, après une crue du torrent Arbonne qui n'épargna que le clocher.

2007 OCTOBRE

SEMAINE N° 40

Lundi 01 Ste Thérèse de l'E.-J.

Matinée

Après-midi

Soirée

Mardi 02 St Léger

Matinée

Après-midi

Soirée

Mercredi 03 St Gérard

Matinée

Après-midi

Soirée

Jeudi 04 St Fr. d'Assise

Matinée

Après-midi

Soirée

Vendredi 05 Ste Fleur

Matinée

Après-midi

Soirée

Samedi 06 St Bruno

Matinée

Après-midi

Soirée

Dimanche 07 St Serge

Matinée

Après-midi

Soirée

2007

2007 OCTOBRE

SEMAINE N°41

Lundi 08 Ste Pélagie

Matinée

Après-midi

Soirée

Mardi 09 St Denis

Matinée

Après-midi

Soirée

Mercredi 10 St Ghislain

Matinée

Après-midi

Soirée

Jeudi 11 St Firmin

Matinée

Après-midi

Soirée

Vendredi 12 St Wilfried

Matinée

Après-midi

Soirée

Samedi 13 St Géraud

Matinée

Après-midi

Soirée

Dimanche 14 St Juste

Matinée

Après-midi

Soirée

Une vision globale du Ski dans le monde

L'or blanc joue un rôle primordial dans l'économie de la Savoie, première destination hivernale de l'hexagone, mais quelle est sa place et celle de la France au niveau mondial ?

Il existe environ 4 000 stations de ski sur Terre, pour un nombre de pratiquants estimé entre 80 et 100 millions de personnes. Ils représentent environ 380 millions de journée de ski (la journée étant l'unité utilisée pour comparer l'évolution touristique). L'enquête de la NSAA (l'association des exploitants de stations américaines) a recensé une quarantaine de pays concernés par ce type de tourisme. Mais, quatre pays cumulent à eux seuls 58 % de l'activité mondiale : le Japon, les USA, la France et l'Autriche.

La part des touristes étrangers n'est évidemment pas négligeable. Sauf pour le Japon qui n'attire que 1 % de skieurs non nippon et les USA seulement 5 % de skieurs étrangers. Au cœur de l'Europe, la France, l'Autriche et la Suisse attirent eux de nombreux vacanciers. Les Alpes demeurent la destination phare des amateurs de glisse. Mais qui sont ceux qui partent le plus en vacances à la neige ? Les Allemands sont les champions du monde, avec plus de trente millions de journées de ski consommées à l'extérieur de leurs frontières, ce qui fait le bonheur des stations autrichiennes Elles réunissent le double avantage de la proximité et de la langue avec l'Allemagne. Derrière les Allemands, on retrouve dans l'ordre : les Britanniques, les habitants du Benelux, les Italiens, les Espagnols, les Français, etc.

La popularité des sports de glisse augmente régulièrement, il est vrai que les nouveautés techniques ne manquent pas et les rendent plus accessibles au grand public. L'essor de nouvelles pratiques a séduit une tout autre clientèle. On vend six millions de snowboards par an. La marge de progression est très importante, les sports d'hiver sont encore des activités assez chères, mais ils tendent à se démocratiser de plus en plus, voir à s'ouvrir à de nouvelles nationalités, comme les pays autrefois communistes. Les trois pays dont la population va le plus souvent à la montagne, sont bien sûr des pays montagneux dont 95 % de la population vit à moins d'une heure de route d'une station. Il s'agit de l'Autriche avec 2,37 journées de ski par habitant, Andorre avec 2,08 journées et la Suisse avec 1,68 journée. La crise économique et l'envolée de l'immobilier ont fait inéluctablement augmenter les prix des

Suite ci-contre →

2007

La Recette de la Semaine

L'échine de porc aux lentilles

• 1 échine de porc de 1kgr désossée et ficelée par votre boucher •
• 400 g de lentilles du Puy •
• 1 cuillère à soupe de saindoux •
• 2 oignons •
• bouquet garni •
• sel • poivre •
• eau chaude •

Lavez les lentilles.
Mettez-les dans une casserole, couvertes d'eau froide.
Amenez à ébullition 5 minutes.
Egouttez.
Pendant ce temps, épluchez et émincez les oignons.
Faites fondre le saindoux dans une cocotte.
Faites-y bien revenir l'échine sur toutes ses faces à feu vif.
Ajoutez les oignons, donnez un tour.
Mouillez à l'eau chaude.
Ajoutez les lentilles, elles doivent être juste recouvertes d'eau. Ajoutez un peu d'eau chaude si nécessaire.
Salez, poivrez, mettez le bouquet.
Couvrez, et faites cuire à feu modéré une heure.
Pour faciliter le service, sortez le rôti de la cocotte, déficelez-le, coupez-le en tranches assez épaisses.
Versez les lentilles dans un plat de service chaud, disposez la viande dessus, et servez immédiatement.

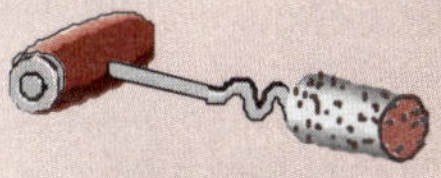

Côtes-du-Rhône

séjours en station (location, forfait, équipement). Mais malgré ses faits liés à la conjoncture, le marché français a connu une montée en puissance progressive, tout en évitant les fluctuations trop fortes, comme aux USA d'ailleurs.

Est-on en présence d'un marché comme un autre ? Il semble que non car les volontés politiques y ont plus de poids peut-être que dans un autre secteur. Il existe ainsi sans aucun doute à travers le monde, des véritables réflexions autour des conceptions des centres de loisirs en montagne. Mais elles concernent peu les pays en voie de développement (Corée du Sud ou Chine), où le privé ne vise que les bénéfices. On y retrouve donc les défauts rencontrés dans les années 7O en occident, avec des promoteurs qui font surgir de terre des stades de neige (parking, base d'accueil et domaine skiable). La réflexion, elle, doit se mener sur les ensembles pour les séjours : plus coûteux, mais peut-être plus rentables à long terme et donc à soigner...

Cyril Jacquin

SEMAINE N°42

Lundi 15 — Ste Thérèse d'A.
Matinée
Après-midi
Soirée

Mardi 16 — Ste Edwige
Matinée
Après-midi
Soirée

Mercredi 17 — St Baudouin
Matinée
Après-midi
Soirée

Jeudi 18 — St Luc
Matinée
Après-midi
Soirée

Vendredi 19 — St René
Matinée
Après-midi
Soirée

Samedi 20 — Ste Adeline
Matinée
Après-midi
Soirée

Dimanche 21 — Ste Céline
Matinée
Après-midi
Soirée

Montesquieu à la cour de Victor -Amédée II

Le grand homme vient tout juste de fêter son entrée à l'Académie Française, il la doit très certainement au succès de ses « Lettres persanes » publiées en 1 721. Philosophe reconnu, Montesquieu vend sa charge de président au Parlement de Guyenne, il a besoin de plus de liberté pour poursuivre son œuvre. Il lui faut voyager dans toute l'Europe pour trouver de la matière, afin de mener à bien son projet, qui donnera naissance au non moins fameux ouvrage l'« Esprit des lois ».

C'est avec cet objectif en tête qu'il se rend à la cour de Savoie pour observer et analyser un régime personnifié par l'impressionnant Duc Victor- Amédée II. Montesquieu ne manque pas de faire une escale à Turin car le Duc y connaît alors une gloire incontestable. Victor- Amédée II devient Roi de Sardaigne à 12 ans. Très vite, il se révèle être un homme de guerre : en 1 706 il bat les armées de Louis XIV lors du siège de Turin. Mais c'est aussi un grand diplomate qui sait faire payer très chères ses faveurs par les Bourbon et les Habsbourg qui se partagent alors l'Europe et le monde. Enfin, et c'est très certainement ce point qui intéresse le plus Montesquieu, il est un tyran qui règne sans partage sur ses Etats. Dans ce contexte, le philosophe est reçu en 1 728 à Turin : à lui de constater si Victor- Amédée II est un despote éclairé ou non.

Les écrits de Montesquieu nous révèlent que le tyran exerce son pouvoir naturellement sur son peuple, sans corps intermédiaires trop visibles ou terrifiants. Il dit à qui veut l'entendre qu'il faut ménager le « menu peuple et empêcher qu'aucun tort ne lui soit fait ». Ses paroles plutôt positives vont très vite être relativisées par l'œil critique du philosophe. Ce dernier, en effet, nous propose dans ses carnets de « Voyages », qui seront publiés en 1 894 par son descendant le Baron Albert de Montesquieu, une démonstration avec un objectif fort simple. Montesquieu veut démontrer pourquoi il n'aurait jamais voulu être un sujet du Duc de Savoie.

Premier élément à charge, le Duc est extrêmement économe quand il s'agit de la gestion de son duché. La raison est très simple, pour exister en Europe, face aux Etats nations qui naissent, sa dynastie doit, depuis toujours, faire preuve de diplomatie pour se maintenir. Les armes d'une telle politique peuvent être de fer, mais elles sont souvent bien plus efficaces d'or ou d'argent sonnant et trébuchant. Ainsi, les ambassadeurs de Savoie sont-ils contraints d'acheter la tranquillité de leur duché. Montesquieu explique calmement, les motivations de l'accord, tout récent, entre le pape Benoît et le Roi de Sardaigne. Selon lui, l'ambassadeur de Victor-Amédée II, le Marquis d'Ormea, ayant fait couler beaucoup d'or à Rome, a obtenu du pape des avantages biens supérieurs à ceux du Roi de France et de son Concordat. Un exemple parmi tant d'autres, Victor-Amédée II se voit attribuer le droit de confisquer à son profit tous les bénéfices ecclésiastiques vacants « in curia ». La gestion des Etats sardes et savoyards suppose donc des entrées d'argent importantes afin de financer une diplomatie dispendieuse. Le peuple, payant la note de cette politique, n'est peut-être pas aussi choyé que le Duc le laissait penser plus haut !

Second point, primordial pour Montesquieu, le maître de si petits états et, qui plus est, bien regroupés, est au courant de tout, rien ne peut lui échapper : il connaît tout le monde. Voilà le pire cauchemar à ses yeux, impossible de cacher sa fortune, d'éviter les appels aux contributions patriotiques ou les impôts, le Duc sait tout. Il peut très rapidement venir se faire sa propre idée et il ne s'en prive pas. Il visite ainsi régulièrement les paysans pour connaître la réalité de ses ressources et il s'entretient avec eux pour pouvoir aussi prévoir l'avenir. Montesquieu nous dit qu'il va jusqu'à concentrer autour de son palais toutes les récoltes agricoles du duché, dans ce que son administration nomme la « Vénerie » près de Turin. Victor- Amédée II passe donc pour un fin gestionnaire de ses terres, mais est-ce une bonne chose au vu des gens de l'époque ? La noblesse, qui à la base n'a pas le droit de travailler, doit faire preuve de largesse, elle se fait un devoir d'être dépensière. Louis XIV en est le plus bel exemple, ce sont ses ministres qui doivent s'arracher les cheveux pour trouver les solutions afin de financer ses guerres, ses caprices et Versailles. Colbert, en évinçant Fouquet, et en le ruinant leur a montré la voie. Cette mentalité de comptable est celle de la bourgeoisie, de ceux qui aspirent à la noblesse de robe gagnée au service de l'Etat, et enfin de celle des protestants qui ont fait du « travail bien fait » une valeur morale. Mais les temps changent et un despote ne peut plus décemment vivre au-dessus des réalités. Victor- Amédée II le sait déjà, ses financiers lui avaient autrefois conseillé de surtaxer les péages alpins. Les commerçants italiens et français se trouvant pris en otages, ils n'hésitent pas à passer par la Suisse calviniste par souci d'économie.

Suite ci-contre

La Recette de la Semaine

Filets de dinde farcis

Pour 4 personnes

• 4 filets de dinde • 100 g de jambon cru • 2 oignons •
• 1 carotte • 1 branche de céleri • 1 poivron rouge •
• l'équivalent de 2 cuillères à soupe de raisins secs •
• 2 tasses de riz • 2 cuillères à café d'huile d'olive •
• 2 cuillères à café de beurre •
• 2 cuillères à soupe de sauce tomate •
• 2 verres de bouillon de légume (ou à défaut un bouillon cube de légumes dilué dans 2 verres d'eau chaude) •
• sel • poivre •

Faîtes cuire le riz.

Faîtes tremper les raisins secs dans de l'eau tiède.

Dans une sauteuse, faîtes revenir dans l'huile d'olive 1 oignon et le poivron rouge coupés en morceaux durant 3 à 4 minutes à feu doux. Ajoutez le jambon cru coupé également en morceaux et prolongez la cuisson pendant 5 min..

Ajoutez le riz et les raisins secs préalablement égouttés. Mélangez bien et prolongez la cuisson jusqu'à ce que le mélange soit bien chaud.

Travaillez les filets sur un plan de travail bien lisse de façon à en affiner l'épaisseur. Salez et poivrez.

Placez sur chaque filet un quart de la préparation de sorte de pouvoir refermer le filet sur lui-même. Selon votre inspiration, choisissez de rouler vos filets comme des paupiettes ou de les refermer sur eux-mêmes comme des chaussons. Dans un cas comme dans l'autre, attachez-les ensuite avec de la ficelle alimentaire.

Pelez l'autre oignon, lavez la carotte et la branche de céleri et découpez-les en julienne.

Dans une cocotte assez large pour accueillir les 4 filets de dinde, faîtes revenir les légumes dans le beurre jusqu'à ce que l'oignon devienne transparent. Salez et poivrez.

Ajoutez alors les filets farcis et faites-les dorer. Ajoutez alors la sauce tomate et le bouillon de légumes. Recouvrir et cuire à feu doux pendant 30 minutes.

Servir les filets bien chauds accompagnés des légumes et de leur sauce.

Bourgogne

Pour finir, Montesquieu classe définitivement Victor- Amédée II dans la catégorie des tyrans. Noble de naissance, il ne peut pas cautionner le contrôle opéré par le Roi de Sardaigne sur les gens de son ordre. En effet, ceux-ci sont espionnés, ils doivent demander une autorisation de sortie de territoire pour eux, leurs biens ou leurs économies, sous peine de confiscations. Enfin, Montesquieu termine par une phrase lourde de sens à ses yeux : « Quand un grand de l'Etat reçoit ordre du prince d'aller exercer quelque emploi, il ne peut le refuser sans punition… ; mais en France, si l'on n'est pas le maître de parvenir aux honneurs, au moins on est le maître de les refuser… ». Pour toutes ces raisons, Montesquieu n'aurait jamais voulu être un sujet du Duc de Savoie.

Cyril Jacquin

2007 OCTOBRE

SEMAINE **N°43**

Lundi 22 — Ste Élodie

Matinée

Après-midi

Soirée

Mardi 23 — St Jean de C.

Matinée

Après-midi

Soirée

Mercredi 24 — St Florentin

Matinée

Après-midi

Soirée

Jeudi 25 — St Enguerran

Matinée

Après-midi

Soirée

Vendredi 26 — St Dimitri

Matinée

Après-midi

Soirée

Samedi 27 — Ste Émeline

Matinée

Après-midi

Soirée

Dimanche 28 — Sts Simon, Jude

Matinée

Après-midi

Soirée

De la mont Maudite au Mont-Blanc

Le Mont-Blanc, c'est l'un des sommets les plus fascinants du monde. Non seulement c'est un des plus beaux, un des plus diversifiés par ses paysages, mais c'est la cime qui possède à la fois la plus longue histoire et le plus prestigieux patrimoine.

Depuis que les hommes existent et qu'ils voyagent à travers les Alpes, ils ont toujours lancé un regard étonné vers ce géant de glace. Ce fut, pendant longtemps, un regard de désapprobation. D'ailleurs, avant d'être baptisé Mont-Blanc, le sommet s'est longtemps appelé la mont Maudite. Il fallut attendre le XVIIe siècle pour voir un homme, un certain Nicolas Fatio de Duillier (1664-1735) s'intéresser à cette cime en tant que scientifique. Ce savant genevois fut le premier, en utilisant la technique de la triangulation, à mesurer l'altitude de la mont Maudite. En calculant sa hauteur d'après celle du lac Léman, il trouva, en 1685, une hauteur de 2 426 toises, soit 4 728 m, une approximation remarquable pour l'époque, compte tenu des faibles moyens. Malgré sa relative erreur, il put affirmer avec certitude que cette cime était la plus élevée de toute la chaîne des Alpes.

Quelques dizaines d'années plus tard, un autre genevois, l'ingénieur et opticien Pierre Martel, attiré par la majesté des « glaciaires » qu'il apercevait depuis les rives du Léman, effectua en 1742, une nouvelle série de mesures. Il arriva à la conclusion de 4 505 m, un chiffre beaucoup plus éloigné de la réalité que celui de Fatio de Duillier. Pourtant, Martel scella d'une marque indélébile son passage à Chamonix en désignant la cime non plus comme la mont Maudite mais en lui donnant le nom magnifique et prestigieux de Mont-Blanc.

Quelques années après la visite de Martel à Chamonix, un autre genevois (décidément...), Horace Bénédict de Saussure (1740-1799), entra en scène. Beaucoup plus poète et naturaliste que réellement scientifique, de Saussure fut à l'origine de la première ascension de la cime en offrant, dès 1760, une prime conséquente à celui qui arriverait le premier au sommet du Mont-Blanc. Le cristallier Jacques Balmat et le docteur Gabriel Paccard réussirent cet exploit le 8 août 1786.

L'altitude du Mont-Blanc reste toujours un sujet de controverse, même à l'époque contemporaine. Il faut dire que sa cime se présente sous la forme d'une énorme congère façonnée par le vent, d'une épaisseur qui oscille entre 15 et 23 m. Qu'il tombe un mètre de neige et voilà le sommet qui prend de la hauteur. Que le vent souffle pendant une semaine, arrachant au passage des cristaux de glace et la cime s'érode de plusieurs dizaines de centimètres.

Le vrai sommet du Mont-Blanc, la cime sur laquelle repose la calotte de neige s'élève à 4 792 m d'altitude, décalée d'une quarantaine de mètres par rapport au point le plus élevé qu'on peut observer depuis la vallée.

La canicule du mois d'août 2003, aurait, selon certains, joué un rôle sur une variation sensible de son altitude en faisant fondre une partie de ses neiges. Mais, alors qu'en plaine la température flirtait parfois avec les 40°, à 4 800 m d'altitude, elle n'a pas dépassé les 2 à 3° au moment les plus chauds de la vague de chaleur. Insuffisant pour provoquer un dégel significatif ! D'ailleurs, les dernières mesures effectuées en 2005 indiquaient une altitude de 4 808, 75 mètres, soit 30 cm de plus que celle, réalisée dans des conditions similaires en 2002.

Si l'altitude du Mont-Blanc n'est plus un thème à polémique, sa situation géographique, curieusement, reste un sujet de controverse. A qui appartient la cime ? Se trouve-t-elle entièrement en territoire français comme semblent l'attester certaines cartes de géographie ou sur le fil même de la ligne frontière entre la France et l'Italie. Dans ce cas, elle serait donc « partagée » entre les deux nations. C'est ce qui semblait d'ailleurs apparaître au moment du rattachement de la Savoie à la République française. Dans un décret du roi de Sardaigne, il est clairement mentionné que la limite entre les Etats du roi de Sardaigne et les départements de la République française est située sur les points les plus avancés de leurs sommets.

Mais voilà qu'un procès-verbal d'abornement précise que les sommets frontières doivent être visibles des grandes villes situées à leur pied. Si le sommet du Mont-Blanc apparaît depuis le centre de Chamonix, tel n'est pas le cas pour Courmayeur, dans le val d'Aoste. Ce n'est pas la plus haute pointe qu'on discerne mais une antécime, baptisé « Mont-Blanc de Courmayeur », d'une altitude inférieure de quelques dizaines de mètres. Les plus hautes neiges des Alpes seront bien entièrement en territoire français !

Jean Daumas

La Recette de la Semaine

Magret de canard rôti

Pour 6 personnes

• 3 magrets de canards • 800 g de pommes de terre •
• 6 cuillères à soupe d'huile d'olive •
• 4 cuillères à soupe de moutarde à l'ancienne en grains •
• 2 cuillères à soupe de miel • 1 cuillère à soupe de vinaigre •
• sel • poivre écrasé • gros sel •

Incisez la peau des magrets, les frotter avec un peu de sel et de poivre écrasé.

Les réserver sur une assiette au froid.

Lavez les pommes de terre, brossez la peau sans les éplucher.

Mettez-les dans une casserole avec une grande quantité d'eau froide et du gros sel.

Comptez 30 /35 minutes de cuisson environ.

Epluchez les pommes de terre, écrasez-les à la fourchette en incorporant 5 cuil. à soupe d'huile d'olive et la moutarde petit à petit.

Réservez les pommes de terre écrasées dans un bol posé sur une casserole d'eau chaude.

Faites chauffer une poêle avec 1 cuillère à soupe d'huile d'olive, posez les magrets côté peau en premier, laissez-les cuire 10 minutes.

Retirez un peu de graisse, retournez les magrets et poursuivez la cuisson 5 minutes.

Puis réservez-les sur une assiette. Jetez le gras, versez le miel dans la poêle avec le vinaigre et 2 cuillères d'eau.

Laissez réduire 3 minutes.

Disposez les pommes de terre dans un plat, les magrets coupés en deux, nappez-les de sauce au miel.

Côtes-du-Rhône

Le saviez Vous?

Aix-les-Bains fait écran

Face aux nuisances sonores occasionnées par le passage des trains traversant la ville, la municipalité d'Aix-les-Bains a décidé de réagir. Un écran acoustique de 1 400 mètres installé le long des voies permettra de résorber les nuisances. Le premier élément a été inauguré en avril 2006. Les écrans sont constitués de béton-bois, avec traitement anti-graffiti et une dimension esthétique : des lignes parallèles ondulées, de teinte bleue évoquent le proche lac du Bourget. Leur hauteur relativement modeste – entre 1m40 et 2,10 m – ne masqueront pas la vue sur la ville. Cette opération, une première en France, a été distinguée lors du concours européen du Décibel d'Or.

Lundi 29 St Narcisse

Matinée

Après-midi

Soirée

Mardi 30 Ste Bienvenue

Matinée

Après-midi

Soirée

Mercredi 31 St Quentin

Matinée

Après-midi

Soirée

Notes

Côté Jardin en Octobre

Octobre en bruine, hiver en ruine

Travaux du mois :

• Commencez à poser les premiers paillis et protections antigel dans les régions froides.

• Vérifiez l'état des fruits mis en conservation et éliminez tous ceux qui sont tachés.

• Préparez les trous de plantation des arbres, arbustes, fruitiers et rosiers.

• Plantez les rosiers dans un sol bien enrichi en humus.

• Faîtes des bouquets avec des asters et des reines-marguerites, fleurs de saison par excellence.

• Semez les pois de senteur, les mufliers et les pavots de Californie, pour une floraison précoce.

• Plantez les bulbes à fleur de printemps et les bisannuelles (pensées, pâquerettes, myosotis).

• Rentrez à l'abri les meubles de jardin, afin de les protéger des rigueurs de l'hiver.

Travaux divers :

• Installez un système de drainage dans les sols humides.

• Retournez le sol dans les parcelles laissées libres et apportez une bonne fumure organique.

• Posez un grillage protecteur sur les gouttières pour éviter qu'elles ne s'obstruent avec les feuilles mortes.

Achat du mois :

• L'offre en matière de bulbes de printemps est la plus large possible. Profitez des très nombreuses promotions, mais gare à la qualité.

• C'est le bon moment pour passer commande des arbres, arbustes, conifères et rosiers dans les pépinières spécialisées.

• Le matériel à moteur est actuellement proposé à des prix attractifs.

Arbres et arbustes :

• Vérifiez que les liens des plantes grimpantes n'étranglent pas les tiges qui ont bien grossi ces derniers temps.

• Bouturez les buis. C'est facile et très économique, ce petit arbuste étant assez onéreux en pépinière, car il pousse lentement. Coupez des boutures de 7 à 8 cm de long en extrémité des rameaux. Utilisez de la poudre d'hormone pour faciliter la reprise. Ensuite empotez individuellement chaque jeune plante.

• Rabattez les rosiers buissons défleuris d'un tiers de leur longueur afin qu'ils conservent une silhouette trapue.

TRUCS et ASTUCES

Si vous achetez des rosiers à racines nues, faîtes un trou en fonction de la taille de la couronne des racines. Déposez dans le fond du fumier (attention les racines ne doivent pas toucher le fumier, celui-ci les brûlerait).

Déposez votre rosier dans le trou, le point de greffe émergent du sol. Tasser avec le pied, arroser copieusement et butter le pied du rosier.

POUR DES PLANTES EN BONNE SANTÉ : récupérez l'eau de pluie dans un bac dont le fond aura été rempli de clous. L'eau rouillée est un puissant fortifiant naturel.

NOVEMBRE 2007

vient de " november mensis " qui signifie neuvième mois de l'année.

" A la Saint-Charles, la gelée parle. "

Le 4 Novembre

En novembre

1922 : découverte du tombeau de Toutankhamon.
1933 : premier tirage de la Loterie nationale.
1965 : mort du compositeur Edgar Varèse.
1995 : assassinat d'Itzhak Rabin, premier ministre de l'État d'Israël.

Il y a des chagrins d'amour que le temps n'efface pas et qui laissent aux sourires des cicatrices imparfaites.

[Marc Levy]

OCTAVE ;

de " Octavius, le huitième " en latin. Martyr à Turin, au troisième siècle, il est honoré le 20 novembre.
OCTAVIE. Fête le même jour que saint Octave.

Étymologie mythologique

La langue française s'est beaucoup inspirée des mythologies. Chaque mois vous trouverez un mot qui doit son origine à un héros ou à une divinité.

Le mot " égérie " vient de EGERIA, nymphe qui conseillait Numa Pompilius, roi de Rome. *(une égérie est une inspiratrice)*

NOVEMBRE 2007

Le dicton du mois

Passé la St Clément (23)
Ne sème plus
ton froment.

La main de Ste Agathe

Particulièrement vénérée en Savoie, Ste Agathe est fêtée le 5 février. La commune de St-Pierre-d'Albigny maintient la tradition : réaliser ce jour-là un gâteau en forme de main ou de sein. La légende veut que le proconsul romain Quintien se soit épris de la belle Agathe, originaire de Sicile. Mais ses avances et ses entreprises pour séduire la jeune fille et la faire consentir au mariage furent vaines. Furieux, comme on peut l'être lorsqu'on est proconsul romain et éconduit, Quintien ne se contint plus. Il ordonna qu'on coupe les deux seins de l'infortunée Agathe. Comme si cela ne suffisait pas la malheureuse, esquissant un geste de protection, fut amputée d'une main. Ce qui s'appelle la double peine. Mais les instances divines veillaient et Agathe retrouva dès le lendemain ses attributs féminins ainsi que sa main. Le proconsul nullement troublé par ce miracle envoya sa non promise sur le bûcher. Mais, nouveau rebondissement, un tremblement de terre et une éruption de l'Etna vinrent opportunément déjouer les sombres desseins du méchant Romain. De plus en plus sainte, Agathe tendit le voile qu'elle portait protégeant ainsi la ville et ses habitants des foudres de l'Etna. Elle vint en Savoie où sa réputation suscita beaucoup de ferveur et de sollicitations. On l'invoquait contre les incendies : elle était aussi vénérée par les jeunes mères et les nourrices dont elle est la patronne. La coutume veut qu'elles mangent « la Guêta » terme patoisant signifiant gâteau, dans l'espoir d'avoir du bon lait, qui plus est en abondance. Celles qui font fi de cette tradition sont censées encourir les pires calamités ainsi que leurs enfants. Les légendes dit-on ne meurent jamais. Elles constituent aujourd'hui un patrimoine justement valorisé qui ajoute à l'attrait culturel d'une région. Pour clore l'histoire sachez qu'un boulanger de St Pierre d'Albigny parent d'une nourrice dont le lait avait dit-on permis de sauver une petite fille de Lyon décida de remettre « la guêta » au goût du jour. Il lui donna la forme de la main de Ste Agathe comme quoi en ce bas monde rien n'est jamais perdu.

Yves Bielinski

Image d'Hier

La Recette de la Semaine

Sabayon glacé aux fraises

Pour 4 à 8 personnes

• 250 g de fraises très parfumées + 2 à 3 fraises pour le décor •
• 4 jaunes d'œufs • 100 g de sucre en poudre •
• 20 cl de vin blanc moelleux •
• 20 cl de crème fraîche liquide uht •
• 1 cuillerée à soupe arasée de sucre glace •

Laver les fraises délicatement, les égoutter, les équeuter, puis les écraser en purée à la fourchette. Réserver.

Préparer le sabayon : dans une casserole à fond épais ou un bain-marie, fouetter les jaunes d'œufs et le sucre en poudre jusqu'à ce que le mélange blanchisse. Incorporer alors 2 cuillerées à soupe de vin blanc et continuer à fouetter jusqu'à ce que le mélange devienne mousseux. Porter la casserole sur feu très doux ou au bain-marie et faire cuire en continuant à fouetter tout en incorporant le vin restant : le mélange doit mousser et doubler de volume, mais surtout ne pas bouillir.

Retirer du feu dès que le sabayon a suffisamment épaissi et laisser refroidir complètement. Fouetter la crème fraîche en chantilly en incorporant le sucre glace à la fin.

Incorporer au sabayon refroidi la purée de fraises, puis la crème chantilly.

Répartir la préparation dans 4 ou 6 contenants en verre et les mettre au congélateur au moins 6 heures.

Une heure avant de servir, sortir les sabayons du congélateur les placer au réfrigérateur.

Au moment de servir, décorer chaque sabayon avec une demi-fraise.

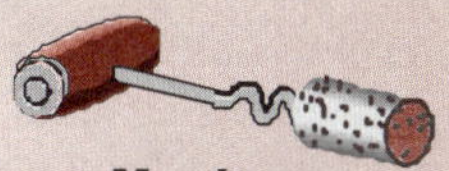

Mondeuse

Le petit plus : pour les enfants on peut remplacer le vin blanc moelleux du sabayon par un jus d'oranges soigneusement filtré.

Le saviez Vous ?

Faisons la foire

Présentée comme le plus grand évènement économique de l'année, la Foire de Savoie accueille plus de 80 000 visiteurs pour près de 400 exposants. L'édition 2006, du 9 au 18 septembre était construite autour de cinq pôles : la maison et son environnement, la construction -jardins et aménagement, les loisirs, le temps libre et les multimédias, la gastronomie, la santé, la beauté et le bien être. Après l'Egypte en 2005 la grande manifestation savoyarde a voulu fêter l'Himalaya. Une région du monde riche et chatoyante avec ses traditions, sa vie religieuse, les plus hauts sommets de la planète conquis de haute lutte. Une rue tibétaine a même été reconstituée pour l'occasion.

Notes

Jeudi 01 TOUSSAINT

Matinée ______

Après-midi ______

Soirée ______

Vendredi 02 Défunts

Matinée ______

Après-midi ______

Soirée ______

Samedi 03 St Hubert

Matinée ______

Après-midi ______

Soirée ______

Dimanche 04 St Charles

Matinée ______

Après-midi ______

Soirée ______

2007
NOVEMBRE
SEMAINE N° 45

Lundi 05 Ste Sylvie
Matinée
Après-midi
Soirée

Mardi 06 St Léonard
Matinée
Après-midi
Soirée

Mercredi 07 Ste Carine
Matinée
Après-midi
Soirée

Jeudi 08 St Geoffroy
Matinée
Après-midi
Soirée

Vendredi 09 St Théodore
Matinée
Après-midi
Soirée

Samedi 10 St Léon
Matinée
Après-midi
Soirée

Dimanche 11 ARMISTICE 1918
Matinée
Après-midi
Soirée

Avant le téléphérique de l'Aiguille du Midi

L'idée de réaliser une remontée mécanique, au départ de Chamonix, pour se rapprocher du sommet du Mont-Blanc, vit le jour au début du XXe siècle. Elle consistait à relier la jeune capitale de l'alpinisme à l'Aiguille du Midi. Pour mener à bien ce projet une société se créa en Suisse, un pays qui avait compris l'intérêt économique du développement touristique et qui possédait déjà un parc conséquent de funiculaires, de chemins de fer à crémaillère et de téléphériques.

Le 2 juin 1910, les travaux commençaient à la hauteur du village des Pèlerins. Ils se limitèrent à la construction de la gare de départ du futur téléphérique. Quelques années plus tard, la Grande Guerre mit un terme provisoire au chantier qui ne reprit qu'en 1922, mais avec une autre société, la Société française des chemins de fer de montagne-Réseau-Aiguille-du-Midi-Mont-Blanc. L'organisation des premiers jeux olympiques d'hiver à Chamonix, en 1924, donna un coup de fouet aux travaux. Un premier tronçon vit ainsi le jour jusqu'à la Para, point de départ de la future piste de bob, une des grandes attractions des jeux de Chamonix. Le téléphérique fut d'ailleurs inauguré pour ce grand rendez-vous des sports d'hiver.

Trois années plus tard, en 1927, le téléphérique était prolongé jusqu'à la gare des Glaciers, située à proximité de la jonction entre les glaciers des Bossons et des Pèlerins. Avec une altitude de 2 414 m, le téléphérique, ouvert au public, détenait le titre symbolique de plus haute remontée mécanique du monde. Elle ne le conserva que pendant quelques mois, avant l'ouverture du téléphérique du Brévent qui, avec ses 2 525 m s'octroyait un nouveau record.

De la gare des Glaciers au sommet de l'Aiguille du Midi, il restait encre 1 400 m de dénivellation à gravir. Une portée d'autant plus insurmontable qu'au mois de mai 1933, la Société fit faillite à la suite d'une très mauvaise gestion. En 1936, une nouvelle entreprise, la Compagnie française des funiculaires de montagne se porta acquéreur. Consciente des difficultés techniques pour atteindre le sommet de l'Aiguille, elle décida d'orienter le prolongement du téléphérique en direction du col du Midi, situé en contrebas.

La Seconde Guerre mondiale provoqua l'arrêt des travaux même si un câble de service parvint à relier la gare des Glaciers au col. Il fallut attendre les années 1950 et un projet nouveau, reliant directement Chamonix au sommet de l'Aiguille du Midi par le Plan des Aiguilles pour que se concrétise enfin la grande idée, née cinquante années plus tôt.

Jean Daumas

La Recette de la Semaine

Le ragoût de morue aux poireaux

• 1 kg de vraie morue salée avec sa peau •
• 1 kg de poireaux •
• 1 branche de persil •
• 20 gr d'olives noires •
• lait •
• farine •
• huile d'olive •
• 1 poignée de chapelure •

La veille, faites tremper la morue, comme à l'habitude : rincée, coupée en 4 morceaux, dans une grande bassine, posée sur 2 écumoires croisées pour qu'elle ne touche pas le fond, la peau en dessus.

Changez l'eau une fois le soir, une fois le matin.

Egouttez la morue, séchez-la, coupez-la en portions.

Passez ces morceaux dans le lait froid, puis dans la farine, et faites-les frire dans l'huile d'olive.

D'autre part, nettoyez les poireaux, et coupez-les en tranches. Faites-les fondre dans l'huile.

Emiettez la morue.

Ajoutez les poireaux, la chapelure, les olives, et de l'eau, de façon à obtenir une purée assez ferme.

Mélangez le tout.

Laissez mijoter un quart d'heure.

Servez.

Savoie blanc

Le saviez Vous ?

Sentier de grande randonnée de pays (GRP) du Mont Thabor

Sentier créé en 1986, le GRP « Tour du Mont Thabor » est situé entre les vallées de la Maurienne, sur les cantons de Modane et de Saint- Michel de Maurienne, de Névache (Hautes – Alpes) et de Bardonnèche (Piémont, Italie). Cette année, le Conseil Général de Savoie décide de modifier quelques GRP : il sera en effet proposé de courtes promenades familiales en même temps que de grandes randonnées sur plusieurs étapes. Le Mont Thabor sera recentré quant à lui, plus en altitude, sur des sentiers balcon, des portes d'accès et des petites boucles de promenades au départ de certaines stations comme Valfréjus.

2007 NOVEMBRE

SEMAINE N°46

Lundi 12 — St Christian

Matinée

Après-midi

Soirée

Mardi 13 — St Brice

Matinée

Après-midi

Soirée

Mercredi 14 — St Sidoine

Matinée

Après-midi

Soirée

Jeudi 15 — St Albert

Matinée

Après-midi

Soirée

Vendredi 16 — Ste Marguerite

Matinée

Après-midi

Soirée

Samedi 17 — Ste Elisabeth

Matinée

Après-midi

Soirée

Dimanche 18 — Ste Aude

Matinée

Après-midi

Soirée

Un nom qui a du tranchant

Pas besoin de préciser la nature de l'objet. On dit un opinel et tout est dit. Sa réputation est planétaire. Il a figuré aux côtés de la montre Rolex et des lunettes Ray-Ban dans une exposition anglo-saxonne consacrée aux produits phares du « design ». Le taillandier d'Albiez-le-Vieux en Maurienne, ne pouvait rêver plus belle destinée pour son couteau créé à l'origine pour faciliter la vie des montagnards. Il est vrai que Joseph était à bonne école. Son grand-père Victor-Amédée avait dans sa jeunesse, parcouru les routes de Savoie et d'ailleurs. Colporteur il avait profité de ses longues pérégrinations pour apprendre le métier de forgeron-taillandier ou d'étameur, on ne sait pas exactement. Toujours est-il qu'il installa une forge près de Saint-Jean-de Maurienne et se mit à produire des clous, serpes, lames, couteaux. Son fils Daniel reprit l'affaire utilisant les eaux de l'Arvan pour faire fonctionner les martinets, la forge et les meules de l'atelier paternel. C'était un solide bâtiment de bois posé sur des assises en pierre. Un canal dirigeait une partie de la rivière vers les roues à aubes mettant du même coup l'entreprise en mouvement. En 1 890 lorsque l'aventure commence, Joseph a 18 ans. Il a appris le métier auprès de son père qui lui offre une partie de son atelier pour ses projets de coutellerie. Joseph y met au point le premier des opinels. D'emblée il trouve ce savant dosage de robustesse, de fonctionnalité et d'élégance rustique qui constituent la marque de fabrique de l'opinel. La solidité de ses formes épurées loin d'alourdir son design contribue à l'harmonieuse perfection du couple manche/lame. De maniement commode et confortable Joseph a dès l'origine compris les attentes des utilisateurs, soucieux d'avoir bien en main et en poche un couteau simple, d'usage quotidien. L'ingénieux concepteur imagine une fente pour rentrer la lame. Pour cela il fabrique une machine dotée d'une petite scie circulaire qui lui permet d'évider au mieux le manche de buis. L'affaire se développe. En 1896, Joseph qui a embauché trois ouvriers, produit cinq douzaines de couteaux par jour. Huit ans plus tard, installée dans un nouveau bâtiment près du pont de Gevoudaz, l'entreprise emploie une trentaine de personnes. Elle fabrique 12 tailles de couteaux, la lame la plus courte mesure deux centimètres, la plus longue douze. Aujourd'hui Opinel ne fabrique plus que dix modèles, les tailles n° 1 et 11 ayant été supprimées respectivement en 1932 et 1935. Le couteau le plus petit était utilisé comme cure-pipes ou cure-dents. Il a connu une forme de reconversion en 1990, en servant de modèle à une gamme de couteaux-bijoux. Quant au n° 11, sa taille a été jugée superflue. En 1909, Joseph Opinel dépose sa marque avec comme emblème la « Main couronnée » -trois doigts levés et deux repliés- d'après les armoiries du chapitre de la cathédrale de Saint-Jean-de-Maurienne. Les couteaux Opinel sont rapidement adoptés par les Savoyards, et conquièrent bientôt d'autres territoires. Avant la guerre 14-18, les Suisses et les Italiens connaissent déjà les Opinels. Lors de l'exposition internationale de Turin en 1911, Joseph obtient une médaille d'or pour l'ensemble de ses couteaux. Après le premier conflit mondial il déménage ses machines à Cognin près de Chambéry au bord du canal de l'Hyères. Ses enfants Marcel et Léon développent l'entreprise familiale. Puis c'est au tour de Maurice, fils de Marcel de poursuivre la belle aventure, lui-même passant le témoin à Denis petit-fils du fondateur. Aujourd'hui Opinel vend de par le monde plusieurs millions de couteaux par an. Après Gevoudaz et Cognin, la société Opinel a créé une nouvelle unité à Reveriaz puis un atelier d'assemblage à Chambéry. La bague de sécurité mise au point en 1955, bloquant la lame en position ouverte et fermée a encore accru les avantages du couteau savoyard. Outil d'alpiniste par excellence, l'opinel a également été célébré par les artistes et écrivains. Le chanteur Renaud l'a même inclus dans une de ses chansons : « Viens faire un tour dans la ruelle, Jt'e montrerai mon opinel ». Un succès mérité et qui n'est pas près de s'arrêter. Les beaux objets ne meurent jamais.

Yves Bielinski

La Recette de la Semaine

Soupe paysanne au céleri-rave

• 500g de céleri-rave • 250 g d'oignons •
• 400 g de pommes de terre • 1 poireau •
• 100 g de lard de poitrine fumé •
• 25 g de beurre • 2 1/2 l d'eau •
• sel • poivre • 1 feuille de laurier •
• 1 dl de crème fraîche •

Nettoyez tous les légumes : pelez le céleri, les oignons et les pommes de terre, retirez les feuilles vertes trop dures du poireau. Coupez tous les légumes en morceaux et lavez-les. Coupez le lard en lardons, faites-les revenir au beurre dans une casserole à fond. Joignez les légumes, mouillez d'eau. Salez, poivrez et ajoutez la feuille de laurier.

Amenez à ébullition. Puis faites cuire à feu doux et à couvert pendant 40 minutes en environ. En fin de cuisson, liez la soupe avec la crème et rectifiez l'assaisonnement.

Le saviez Vous ?

Le vrai faux chardon

Le chardon bleu des Alpes est une des plus belles plantes d'altitude au point qu'on l'a surnommé la « Reine des Alpes ». En fait, il ne s'agit pas d'un chardon mais d'une plante beaucoup plus ordinaire, de la même famille que la carotte ou le persil ! Ce qui n'enlève rien à sa beauté. Le chardon bleu, puisque c'est ainsi qu'on le nomme, peut s'admirer sur l'ensemble de l'arc alpin, surtout en Savoie. Il se développe sur les prairies de fauches mais aussi sur des petites vires rocailleuses accrochées en pleine falaise. On le rencontre également dans les couloirs d'avalanche.

Les jeux Olympiques sont toujours à Albertville

Il existe une maison des jeux olympiques à Albertville. Bien sûr, on peut y revivre l'aventure des XVI ème jeux d'hiver en 1992. Les dix ans de préparation et les deux semaines d'événements sont conservés et exposés. Mais il existe aussi un centre permanent sur « les traces olympiques », qui explore le mouvement olympique, ses symboles, ses valeurs, l'aménagement de la montagne et les sports de glisses sous tous leurs aspects. Enfin, des expositions temporaires sur l'olympisme, les sports d'hiver et la montagne ponctuent l'année.

Lundi 19 St Tanguy

Matinée

Après-midi

Soirée

Mardi 20 St Edmond

Matinée

Après-midi

Soirée

Mercredi 21 Prés. de Marie

Matinée

Après-midi

Soirée

Jeudi 22 Ste Cécile

Matinée

Après-midi

Soirée

Vendredi 23 St Clément

Matinée

Après-midi

Soirée

Samedi 24 Ste Flora

Matinée

Après-midi

Soirée

Dimanche 25 Christ Roi

Matinée

Après-midi

Soirée

Au temps des pt'its ramoneurs

Tout le monde sait ce qu'est un ramoneur. En revanche peu de gens connaissent l'origine du terme. Le Littré précise qu'il s'agit d'un mot vieilli désignant un balai « fait de rameaux d'arbres, pour nettoyer les allées d'un jardin ». De là ramoner ou balayer, le terme finissant avec le temps par s'appliquer uniquement au ramonage des cheminées. En 1694, le Dictionnaire de l'Académie Française définit le ramoneur comme celui « dont le métier est de ramoner les cheminées ». Il indique en outre que les ramoneurs « viennent presque tous de Savoye ». Autrefois le rigoureux hiver montagnard contraignait les Savoyards à une longue période d'inactivité. Les plus pauvres se faisaient colporteurs parcourant les routes de France. Au XVIIIe puis surtout au XIXe siècle, le développement des constructions bourgeoises et la prolifération des cheminées font émerger une nouvelle spécialité savoyarde : le ramonage. Pour mener à bien sa tâche l'homme de l'art doit s'introduire dans le conduit de la cheminée d'où l'utilisation d'une main-d'œuvre enfantine. Les familles pauvres et nombreuses n'ont guère le choix et c'est sans états d'âme qu'elles laissent partir chaque année leurs « petits bout'de choux ». Ils ont entre six et douze ans et partent pour plusieurs mois. Le départ a lieu généralement le jour de la Saint-Gras soit le 7 septembre. Le retour s'effectue en mai. Cette pratique qui aujourd'hui heurte la conscience n'est qui plus est pas équitable. Les patrons de ce grand exode professionnel exploitent les familles et les enfants que par nécessité elles leur confient. Pas de contrat de travail sinon un engagement oral. Les maîtres fournissent un habit neuf, le gîte, une paire de chaussures, le matériel mais ils récupèrent intégralement l'argent auprès des propriétaires ne reversant aux familles qu'une modeste somme convenue d'avance. Certains « patrons » frappent même les enfants pour se faire remettre les pourboires obtenus lors des ramonages. En réalité après huit mois de travail, les petits ramoneurs reçoivent en argent bien peu de chose eut égard aux longs mois de labeur. Quelques dizaines de francs, équivalent à l'époque du prix d'un veau. Du moins reviennent-ils sains et saufs de leur salissante et éprouvante tournée. D'autres ont moins de chance. Morts de froid ou d'une chute au travail, ceux-là ne reverront jamais leur cher pays. Cette émigration annuelle est très organisée. Comme pour les soldats du roi au temps de Louis XIV, des recruteurs sillonnent la Savoie, regroupant les enfants avant de les emmener sur les routes de France. Les petits ramoneurs voyagent à pied, à raison de 50 km par jour. Parfois même ils vont pieds nus pour faire « durer » leur unique paire de sabots, mendient leur pain, dorment comme ils peuvent dans une étable, une grange, ou dans des chambres sordides. La journée de travail est deux fois plus longue qu'aujourd'hui, les enfants s'échinant dans les conduits poussiéreux et nocifs durant quatorze voire quinze heures d'affilée. Ils s'aident d'un hérisson ou raclent la cheminée de l'intérieur. Dans cette activité spéculative le patron veille à ne rien perdre. Mise dans des sacs la suie est vendue à des usines. Le ramoneur se nourrit chichement d'une maigre soupe ou d'une bouillie accompagnée d'un morceau de pain noir. S'il veut se rendre à la messe du dimanche il doit payer ce droit en donnant quelques sous à son patron... Les choses s'améliorent lentement. Au XVIIIe l'abbé du Breuil fonde l'œuvre des petits savoyards destinée à leur apporter une aide matérielle. Il faut attendre 1 863 pour que les autorités se préoccupent de la question. Un arrêté préfectoral interdit l'emploi de filles ou garçons de moins de douze ans. L'école laïque obligatoire et l'évolution des mentalités aideront à faire disparaître cette tradition popularisée par les cartes postales d'époque. Perversion du temps : on sourit à la vue de ces enfants barbouillés de suie alors que leur vécu quotidien était triste à pleurer.

Y. B

La Recette de la Semaine

Nougat glacé aux mangues

Pour 8 à 10 personnes

• 6 feuilles de gélatine • 2 mangues •
• 125 g d'écorces d'oranges confites •
•125 g d'amandes effilées • 30 cl de crème fraîche •
• 150 g de miel liquide mille-fleurs • 150 g de sucre en poudre •
• 5 blancs d'œufs • un peu d'huile neutre •

Mettre les feuilles de gélatine à tremper dans un petit saladier d'eau froide.

Peler une mangue et la couper en petits dés.

Couper les écorces d'oranges en dés ou les mixer à l'aide d'une mouillette électrique. Faire dorer les amandes effilées à sec dans une poêle antiadhésive ou sur la tôle du four.

Faire chauffer 4 cuillerées à soupe de crème fraîche dans une petite casserole, puis y faire dissoudre les feuilles de gélatine essorées hors du feu. Verser le miel et le sucre en poudre dans une casserole, porter sur feu doux et laisser frémir 4 minutes. Retirer du feu.

Monter les blancs d'œufs en neige ferme et leur incorporer le sirop au miel en mince filet, sans cesser de fouetter, de manière à obtenir une sorte de meringue.

Continuer à battre jusqu'à complet refroidissement (environ 10 minutes).

Fouetter le reste de crème fraîche très froide jusqu'à ce qu'elle forme des crêtes et l'incorporer délicatement à la préparation.

Incorporer également la gélatine fondue dans la crème, les dès de mangue et d'écorces d'oranges confites, puis les amandes grillées. Huiler un moule à cake allant au congélateur (ou une boîte de congélation rectangulaire), y verser la préparation et placer 12 heures au congélateur.

Sortir le moule du congélateur 1 heure à l'avance et le mettre au réfrigérateur.

Au moment de servir, démouler le nougat glacé sur un plat. Laver la deuxième mangue et la couper en dés, sans la peler.

Servir en assiettes individuelles : disposer une part de nougat rectangulaire accompagnée de dés de mangue.

Le saviez Vous ?

Marie Couttet dit Moutelet

Dans la hiérarchie des grands guide de Chamonix, Marie Couttet (1764-1848) occupe une place à part. Pionnier de l'alpinisme, il participa à la conquête du Mont-Blanc et fut l'instigateur de son ascension par l'arête des Bosses, l'itinéraire emprunté chaque année aujourd'hui par des milliers d'alpinistes. En 1843, alors âgé de 69 ans, il se rendait encore sur les plus hautes pentes du Mont-Blanc. Son fils, Joseph-Marie Couttet conduisit Henriette d'Angeville, surnommée « la fiancée du Mont-Blanc », au sommet de la cime qu'elle convoitait tant.

Lundi 26 — Ste Delphine

Matinée ______
Après-midi ______
Soirée ______

Mardi 27 — St Séverin

Matinée ______
Après-midi ______
Soirée ______

Mercredi 28 — St Jacques de M.

Matinée ______
Après-midi ______
Soirée ______

Jeudi 29 — St Saturnin

Matinée ______
Après-midi ______
Soirée ______

Vendredi 30 — St André

Matinée ______
Après-midi ______
Soirée ______

Notes

Côté Jardin en Novembre

Telle Toussaint, tel Noël, Pâques au pareil

TRUCS et ASTUCES

Pour avoir une eau de pluie parfaitement propre dans le tonneau : tendez un vieux bas en nylon autour de l'arrivée d'eau

Travaux du mois :

• Prévoyez une jauge (tranchée) pour accueillir les arbres et les arbustes qui vous seraient livrés par temps de gel. Ils seront particulièrement recouverts de sol léger et de paillassons.

• Posez des drains de plastique dans les sols très humides afin de les assainir. Louez une trancheuse à godets pour faciliter leur mise en place.

• Les pépinières et les jardineries regorgent d'arbres et d'arbustes, de conifères et de rosiers.

• C'est en ce moment que l'offre est la plus large et souvent la plus avantageuse.

• Les bulbes à fleurs, dont le choix s'amenuise bien sûr, mais sur lesquels les magasins commencent déjà à proposer des promotions.

Tous les amendements organiques, compost, fumiers et paillis dont vous allez avoir le plus grand besoin jusqu'à la fin de l'hiver.

Fruits :

• Plantez tous les arbres fruitiers. N'oubliez pas de praliner les racines. Ne travaillez jamais par temps de gel.

• Faites un traitement à la bouillie bordelaise pour aider à la cicatrisation du point d'articulation des feuilles qui sont tombées. C'est souvent par là que pénètrent les maladies cryptogamiques.

• Effectuez un traitement insecticide sur tous les pommiers, contre le puceron lanigère en insistant surtout sur le tronc et le collet.

Potager :

• Terminez la plantation des oignons dans la première quinzaine du mois.

• Récoltez les dernières tomates.

• Récoltez les potirons et placez-les en cave bien aérée de préférence sur une clayette.

• Arrachez les premières endives dans la seconde quinzaine et mettez à blanchir dans un endroit obscur.

• Terminez la plantation des oignons dans la première quinzaine du mois.

• Rebutez les asperges, coupez les tiges au ras du sol et brûlez-les.

Matériel :

• Donnez votre tondeuse à réviser à un réparateur agrée par la marque de votre machine, puis rangez-la dans un local sombre, sec et frais.

• Vérifiez le bon état de fonctionnement de votre tondeuse. N'hésitez pas à remplacer le filtre à air et à faire régler la carburation. Veillez à disposer de deux chaînes en bon état.

DÉCEMBRE 2007

vient de
" december mensis "
qui signifie
dixième mois de l'année.

" Notre-Dame de l'Avent, pluie et vent. Tire ton bonnet jusqu'aux dents ! "

En décembre

1824 : victoire décisive de Bolivar sur les Espagnols au Pérou.
1903 : prix Nobel de physique pour Pierre et Marie Curie ainsi qu'Henri Becquere.
1927 : prix Nobel de littérature pour le philosophe Henri Bergson.
1941 : attaque surprise des Japonais à Pearl Harbor.

ADÉLE ;

Signifie noble en celte. Elle est née au septième siècle et honorée le 24 décembre.
Fille de Dagobert II, roi d'Austrasie, elle fonda l'abbaye de Pfazel, près de Trèves, et en fut la première abbesse. Elle mourut vers 735.

Étymologie mythologique

La langue française s'est beaucoup inspirée des mythologies. Chaque mois vous trouverez un mot qui doit son origine à un héros ou à une divinité.

Le mot " bacchanale " désigne une fête célébrée en l'honneur de Bacchus, le dieu romain de la Vigne.
(Une bacchanale peut aussi désigner un débauche tapageuse)

La valeur de la vie ne peut se mesurer que par le nombre de fois où l'on a éprouvé une passion ou une émotion profonde.
[Soichiro Honda]

DÉCEMBRE 2007

Le dicton du mois

L'hiver est là-bas
Il vient pas à pas
À la St Nicolas (6)
Il n'y manque pas.

Notes

2007
DÉCEMBRE
SEMAINE N°48

Samedi 01 Ste Florence

Matinée

Après-midi

Soirée

Dimanche 02 Avent

Matinée

Après-midi

Soirée

Une vallée et un homme

Le village de Saint-Jean-de-Sixt, situé au cœur du massif des Aravis, entre les stations de La Clusaz et du Grand Bornand s'appuie sur un étonnant patrimoine historique. Son origine remonte au Moyen-Age, époque où la petite commune n'était qu'une annexe de la paroisse de Thones. Son activité économique reposait sur la présence de plusieurs carrières de pierres pour concevoir des meules ou des éléments de cheminées. Le mot « Sixt », qu'on retrouve par ailleurs, notamment dans la vallée du Giffre, près de Samoens, signifiait « pierre fendue ».

En 1506, dans le Villaret, un des hameaux de Saint-Jean-de-Sixt, naquit un certain Pierre Favre. Rien, au départ, ne laissait présager pour le jeune enfant une carrière hors du commun. Le jeune Pierre choisit la voie religieuse et fut ordonné prêtre en 1 534. Dès lors, il parcourut toute l'Europe pour prêcher la bonne parole. Son élocution, son verbe, son charisme, sa force de persuasion attiraient les foules sur son passage. En 1546, alors âgé de 40 ans, le prêtre, surnommé le Bienheureux Pierre Favre, se rendit à Rome avant d'assister au concile de Trente. C'est dans la ville éternelle qu'il trouva malheureusement la mort.

Sa mémoire ne disparut pas pour autant. Au contraire, surtout dans son village natal où chacun le considérait comme un saint. En 1 600 les villageois décidèrent de construire une chapelle sur l'emplacement de sa maison natale. Quatre années plus tard, Saint François de Salles en personne vint y consacrer l'autel ! Détruite pendant la Révolution, la chapelle fut reconstruite en 1 823 et fut consacrée à saint Pierre, saint Paul et saint Barthélémy. Chaque année, le premier dimanche du mois d'août, une messe évoque le souvenir du Bienheureux Pierre Favre. Entre-temps, en 1872, le brave homme avait été béatifié par l'Eglise.

C'est également dans un hameau de Saint-Jean-de-Sixt, le Forgeassoud, que vit le jour François Pochat-Baron (1860-1951), un personnage érudit, écrivain et historien, lui aussi ordonné prêtre.

Jean Daumas

La Recette de la Semaine

Spaghetti aux moules

Pour 8 personnes

• 500 g de spaghetti • 1 litre (1 kg) de moules •
• 4 cuillerées à soupe d'huile d'olive • 3 gousses d'ail •
• persil haché • sel • poivre •

Grattez et lavez soigneusement les moules dans plusieurs eaux en éliminant celles qui remontent à la surface de l'eau et celles dont la coquille est cassée.

Dans une sauteuse, faites chauffer 3 cuillerées à soupe d'huile d'olive dans lesquelles vous ferez revenir 2 gousses d'ail pelées et hachées. Ajoutez-y les moules, couvrez. Augmentez le feu et remuez souvent la sauteuse pour que toutes les moules s'ouvrent rapidement (comptez 5 minutes environ).

Retirez et versez son contenu dans une jatte. Enlevez les moules et leurs coquilles tout en réservant l'eau de cuisson.

Pendant ce temps, faites cuire les spaghettis dans une casserole rempli d'eau légèrement salée jusqu'à ce qu'ils soient "al dente". Egouttez-les .

Dans la sauteuse faites chauffer à feu doux le reste d'huile. Ajoutez-y la dernière gousse d'ail pelée et écrasée, les moules et leurs jus de cuisson que vous aurez filtrée, faites réchauffer à feu doux pendant 1 à 2 minutes.

Dans un plat de service (ou dans un saladier) disposez les spaghettis ; versez dessus les moules, parsemez abondamment de persil haché, poivrez. Remuez tous les ingrédients ensemble et servez aussitôt.

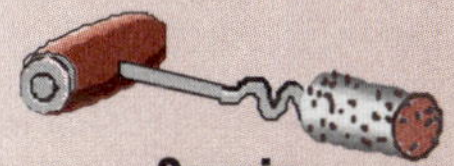

Savoie blanc

Le saviez Vous ?

Pionnier du roman de montagne

Ecrivain, académicien et alpiniste français, Henry Bordeaux (1870-1963) fut l'auteur de 75 romans dont plusieurs eurent pour cadre la montagne. Originaire de Savoie, il connut un grand succès lors de la parution de ses ouvrages étant considéré comme le « romancier de la famille, de la province et de la religion ». Son œuvre, malheureusement, ne parvint pas à se pérenniser. Alpiniste plus contemplatif que téméraire, il aimait les paysages grandioses de la haute montagne et n'hésita pas à les transcrire dans plusieurs de ses romans tels que « La nuit blanche », « La vie est un sport » ou « Aventure en montagne ».

2007 DÉCEMBRE

SEMAINE N°49

Lundi 03 St Xavier

Matinée

Après-midi

Soirée

Mardi 04 Ste Barbara

Matinée

Après-midi

Soirée

Mercredi 05 St Gérald

Matinée

Après-midi

Soirée

Jeudi 06 St Nicolas

Matinée

Après-midi

Soirée

Vendredi 07 St Ambroise

Matinée

Après-midi

Soirée

Samedi 08 Immac. Conception

Matinée

Après-midi

Soirée

Dimanche 09 St Pierre-Fourier

Matinée

Après-midi

Soirée

2007 DÉCEMBRE
SEMAINE N°50

Lundi 10 St Romaric

Matinée

Après-midi

Soirée

Mardi 11 St Daniel

Matinée

Après-midi

Soirée

Mercredi 12 Ste F.-F. Chantal

Matinée

Après-midi

Soirée

Jeudi 13 Ste Lucie

Matinée

Après-midi

Soirée

Vendredi 14 Ste Odile

Matinée

Après-midi

Soirée

Samedi 15 Ste Ninon

Matinée

Après-midi

Soirée

Dimanche 16 Ste Alice

Matinée

Après-midi

Soirée

Des lieux et des hommes

La toponymie révèle l'origine du nom des villes, villages, hameaux et autres lieux-dits. Précisément les nombreux villards de la Savoie désignent le village en tant que tel. Associé à Doron il indique la présence d'un ruisseau ou d'un torrent. Villaret renseigne sur la taille, en l'occurrence un petit village. Issu de montagne le terme Montagny est l'autre nom des prés et des alpages. Le village édifié autour d'un château a donné Châtelard. Praz signifie pré. Pralognan est un nom composé issu de Praz Longanium ou pré éloigné. Biolle, Biollay, évoque le bouleau, Cornes le cornououiller. Lavanche correspond à un lieu particulièrement pentu, au contraire de Plagne qui désigne un secteur relativement plat. Lancebranlette qui prête à sourire vient de Lanche et Branlette, nom indigène de la ciboulette sauvage. Fontanettes comme fontaine se rapporte à la source, le Crot est une zone de terrain en forme de cuvette. Le village de Saint -Jean d'Aulps, n'est pas une énigme pour les Savoyards. En patois local, aulp signifie alpage. Si un ancien du « pays » vous dit « arvi mon gars » (ou a'rvi pa) c'est qu'il prend congé. Le terme signifiant « au revoir ». Mais s'il vous dit « Adieu » ne partez surtout pas. En langage montagnard « Adieu » correspond à un bonjour une salutation amicale à l'endroit d'une personne familière. Digne d'une dictée de Bernard Pivot « antécime » est un sommet secondaire sur la partie la plus abrupte d'une paroi. Dans le même registre un vent « anabatique » est celui qui remonte de la vallée vers les hauteurs. Petit rappel scolaire : un adret est le versant d'une montagne exposée au sud, le contraire est l'ubac. Arbalay, arbaley ou arbaron désignent un secteur planté d'arbres à écorce blanche comme les peupliers ou les trembles. De même qu'un avancher ou avanchy est un lieu où croissent les osiers. Pour conclure si un Savoyard vous « avouane » c'est qu'il n'est pas content de vous. D'ailleurs vous vous en apercevrez bien, « avouaner » signifiant « gronder vigoureusement ».

Yves Bielinski

La Recette de la Semaine

Salade de St Jacques

• 24 noix de st Jacques •
• 1 betterave •
• 1 citron •
• 3 cuillères à soupe d'huile d'olive •
• 100 g de mesclun •
• 1 cuillère à soupe de vinaigre de framboise •
• sel • poivre •

Épongez soigneusement les St Jacques avec du papier absorbant.

Les emballer dans un film alimentaire et placez-les 8/10 minutes au congélateur.

Coupez la betterave en petits dés.

Mettez-les avec leur jus dans une casserole avec le vinaigre de framboise.

Laissez réduire 10 minutes à feu doux.

Salez légèrement avant d'ajouter 1 cuil. à soupe d'huile d'olive.

Détaillez les St jacques en fines tranches, déposez-les au fur et à mesure sur des assiettes froides en formant des rosaces.

Fouettez le jus de citron avec 2 cuillères à soupe d'huile d'olive, salez et poivrez.

Badigeonnez de cette préparation les St Jacques.

Couvrez les assiettes d'un film alimentaire.

Au moment de servir, retirez le film, poivrez les rosaces de St Jacques.

Disposez quelques feuilles de salade et nappez le tout de vinaigrette de betterave.

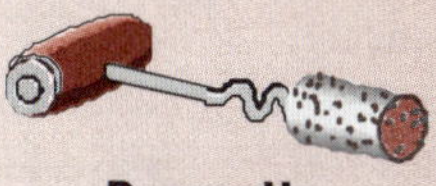

Roussette

Le saviez Vous?

La Pierre aux Pieds

Dans la haute vallée de la Maurienne, jusqu'à une altitude dépassant parfois les 2 800 m, on trouve, dans la roche, des curieuses empreintes. La plus célèbre est la Pierre aux Pieds. Elle comprend, gravées dans la roche, 82 empreintes de pieds dont 35 sont des empreintes de femmes ou d'enfants. La roche daterait de l'époque néolithique. La signification des marques reste une énigme. Certains chercheurs estiment cependant qu'il s'agirait d'un culte au soleil levant ou d'un culte à la montagne pour obtenir soit sa protection, soit sa clémence.

2007 DÉCEMBRE

SEMAINE N°51

Lundi 17 — Sts Judicaël, Gaël

Matinée ____

Après-midi ____

Soirée ____

Mardi 18 — St Gatien

Matinée ____

Après-midi ____

Soirée ____

Mercredi 19 — St Urbain

Matinée ____

Après-midi ____

Soirée ____

Jeudi 20 — St Théophile

Matinée ____

Après-midi ____

Soirée ____

Vendredi 21 — St Pierre C.

Matinée ____

Après-midi ____

Soirée ____

Samedi 22 — HIVER

Matinée ____

Après-midi ____

Soirée ____

Dimanche 23 — St Armand

Matinée ____

Après-midi ____

Soirée ____

Le roi des refuges

Sur la partie orientale du massif du Mont-Blanc, au-dessus des moraines du glacier du Tour se dresse un magnifique refuge construit en pierre de granit face à un environnement de toute beauté : le refuge Albert 1er. Le nom du refuge, fort éloigné des désignations habituelles, comme le refuge des Grands Mulets, du Goûter ou du Couvercle, peut surprendre. Le roi des Belges, Albert 1er, évoque avant tout une grande figure de la Première Guerre mondiale, dont le courage, la détermination et les qualités de diplomate ont été unanimement reconnus. Et pourtant…

Si le refuge Albert 1er n'est pas le roi des refuges, il fut le refuge d'un roi. En effet, Albert 1er (1875-1934), surnommé le « roi-alpiniste » préférait souvent, à son palais de Bruxelles, les pentes vertigineuses des Dolomites ou les glaces du massif du Mont-Blanc. C'est en 1906, alors âgé de 31 ans, qu'il découvrit les joies de l'alpinisme à une époque où cette activité était encore confidentielle. Un Français, Charles Lefèbure l'accompagnait dans ses premières escalades. Il trouva dans la chaîne des Dolomites son terrain de prédilection et réussit des ascensions difficiles, solidement encordé avec Antonio Dimai, un des plus grands guides du début du XXe siècle.

Au lendemain de la Grande Guerre, il retrouva avec plaisir le chemin des sommets et décida, pour donner plus de caractère à son engagement alpin, de partir sans guide. On le voyait souvent en compagnie du comte Aldo Banacossa (1885-1975), un alpiniste et industriel italien.

En 1934, malgré ses 59 ans, il n'avait rien perdu de son enthousiasme et souhaitait vivre une grande saison alpine. Le 17 février, profitant d'un de ses rares moments de liberté que lui laissait son travail de chef d'Etat, il se rendit dans les Ardennes, à Marche-les-Dames pour peaufiner son entraînement à l'escalade. c'est là qu'il fit une chute mortelle qui plongea dans la douleur et la tristesse le peuple belge. « Si la montagne fut sa mort, elle fut aussi sa vie », souligna, lors des obsèques, un de ses anciens compagnons de cordée.

Les pérégrinations alpines du roi Albert 1er l'avaient évidemment conduit dans le massif du Mont-Blanc. S'il prit beaucoup de plaisir à escalader le granit fauve des aiguilles de Chamonix ou à gravir les pentes du plus haut sommet des Alpes, il se prit d'affection pour le cirque glaciaire du Tour, plus discret, plus intimiste, dominé par l'élégante aiguille du Chardonnet. Ayant appris que le Club alpin projetait la construction d'un refuge, à 2 712 m d'altitude, en bordure du glacier, il décida d'apporter son concours personnel et financier. Les alpinistes belges étaient d'ailleurs nombreux à se rendre dans la vallée de Chamonix (c'est d'ailleurs toujours le cas). C'était aussi une façon de contribuer à leurs attentes.

Le 30 août 1930, le refuge, baptisé du nom du roi des Belges fut inauguré en sa présence. Construit à l'emplacement d'un lieu de bivouac, sur les derniers rochers précédant le domaine des neiges dites éternelles, il répondait à une forte demande de la part des guides et des alpinistes. Erigé en bois avec une toiture à deux pentes et une petite terrasse dominant les crevasses béantes du glacier, il pouvait accueillir une quarantaine d'alpinistes en leur offrant un camp de base idéal pour partir à l'assaut de courses faciles, comme l'aiguille du Tour et le classique circuit des Trois Cols, ou beaucoup plus difficiles, à l'image de la face Nord du Chardonnet ou de la face Ouest de l'aiguille Purtcheller. La fréquentation de ce refuge, d'un accès facile depuis le village du Tour, fut telle qu'en 1935, on procéda à une extension pour porter sa capacité d'accueil à 80 places. Le 12 juillet 1959, un nouveau refuge fut construit à quelques mètres. Sa dimension, ses prestations, son confort relatif préfiguraient une nouvelle génération de refuges. L'ancien bâtiment existe toujours. Il accueille, en hiver et au printemps, les skieurs de randonnée. Nul doute que l'âme du roi alpiniste doit souvent venir roder autour du refuge, surtout les premiers jours d'automne, lorsque le site retrouve sa tranquillité après la fréquentation estivale.

Albert 1er avait transmis à son fils, le roi Léopold III (1901-1983), sa passion pour la montagne. Ce dernier réalisa des belles et difficiles ascensions, notamment en compagnie de Domenico Rudatis, un ingénieur et cinéaste italien et du célèbre grimpeur des Dolomites Attilio Tissi.

Jean Daumas

La Recette de la Semaine

Foie gras de canard poêlé à la cannelle

Pour 2 personnes

• foie gras de canard
• graisse d'oie •
• cannelle •
• 1 cuillerée à café de calvados •
• raisin blanc •

Faire fondre un peu de graisse d'oie dans une poêle et saisir les tranches de foie gras des deux côtés, ensuite saler, poivrer, saupoudrer de cannelle (1 pincée), flamber avec le calvados. Lorsque les tranches de foie sont cuites, les tenir au chaud.

Servir avec des grains de raisin blanc revenus dans le suc de cuisson déglacé avec une cuillerée à soupe d'eau.

Meursault

Le saviez Vous ?

Les mines de Servoz

La commune de Servoz, blottie à l'entrée de la cluse qui défend l'accès à la vallée de Chamonix, n'a pas toujours vécu des activités pastorales. Dès le XVe siècle, des recherches avaient mis en évidence la présence de minerai dans le sous-sol. Il fallut pourtant atteindre le XVIIIe siècle pour assister à la naissance d'une compagnie minière qui se lança dans l'exploitation de cuivre, de plomb et d'argent. Les mines apportèrent un complément de revenu à plusieurs générations d'ouvriers-paysans avant de sombrer dans l'abandon moins d'un siècle plus tard.

Le duché de Savoie

Le duché de Savoie a officiellement vu le jour le 19 février 1416. Il était alors divisé en six provinces. La Savoie proprement dite, tout d'abord, qui comprenait le territoire jouxtant la ville de Chambéry, future capitale de la région. Le Genevois, ensuite, qui s'articulait principalement autour d'Annecy. Les vallées de la Maurienne et de la Tarentaise, de Saint-Jean-de-Maurienne à Moutiers, complétaient le duché. Il fallait encore ajouter le Faucigny, qui rassemblait les communes proches de Bonneville et le Chablais qui s'étendait jusqu'aux rives du lac Léman.

2007 DÉCEMBRE

SEMAINE N°52

Lundi 24 — Ste Adèle

Matinée ____

Après-midi ____

Soirée ____

Mardi 25 — NOËL

Matinée ____

Après-midi ____

Soirée ____

Mercredi 26 — St Étienne

Matinée ____

Après-midi ____

Soirée ____

Jeudi 27 — St Jean

Matinée ____

Après-midi ____

Soirée ____

Vendredi 28 — Sts Innocents

Matinée ____

Après-midi ____

Soirée ____

Samedi 29 — St David

Matinée ____

Après-midi ____

Soirée ____

Dimanche 30 — Sainte Famille

Matinée ____

Après-midi ____

Soirée ____

La Révolution sur les sommets

Le bouillonnement révolutionnaire des vallées va mettre un certain temps à agiter les sommets. Les voisins français, désireux de libérer les peuples voisins du joug féodal, pénètrent en Savoie le 22 septembre 1792. Mais tout ce que le pays compte d'ecclésiastiques, de notables installés et de nobles, a déjà fui en direction du Val d'Aoste. L'armée sarde est alors composée de piémontais et de mercenaires suisses, elle reçoit rapidement le renfort des milices du valdotain. Elle est dirigée par le Duc de Montferrat depuis son camp de base de la Thuile.

Au printemps 1793, les Français passent à l'offensive, l'objectif est très simple : s'emparer du col du Petit-Saint- Bernard, pour pouvoir s'ouvrir les portes de la péninsule italienne. Ils ont, en bons sans-culottes, déjà pris soin de le rebaptiser « col du Mont Bernard », car, comme partout en France, les saints ont été proscrits. Passés maîtres dans l'art de renommer tous les lieux, les Français n'ont pas eu de mal à trouver un patronyme original pour leur camp retranché : ce sera tout simplement « Nargue- Sardes ». Il est vrai que Bourg- Saint-Maurice n'avait aucune chance d'être oubliée par ces réformateurs ! Pendant la moitié de l'année, les assauts successifs des révolutionnaires ne parviennent pas à faire tomber le fort du Traverset qui contrôle le passage du col.

En août, toutes les tentatives françaises sont réduites à néant, l'armée lève le camp et se voit confier une nouvelle mission : elle doit mettre fin au soulèvement de Lyon. Les sardes reçoivent le soutien des Autrichiens et après avoir consolidé leur fortin, décident de lancer une contre-offensive. A Lyon, les rebelles sont canonnés dans la plaine des Brotteaux, le général Kellermann contre-attaque et espère une confrontation directe avec les austro- sardes. Il sait qu'il est supérieur à eux en bataille rangée, mais il arrive trop tard. Eux aussi, conscients de leur force, sont vite retournés s'enfermer dans le fort du Traverset à proximité duquel ils ont eu le temps de fortifier l'hospice et d'édifier une nouvelle redoute. On reprend donc les débats où on les avait laissés, à la fin de l'été. La situation s'est empirée pour les Français qui doivent désormais tenter de prendre un ensemble défensif beaucoup plus dense. C'est à la fin de l'hiver qu'ils choisiront d'agir, bien que la couche de neige soit toujours très épaisse en altitude. Le 24 avril 1794, le général Badelaune laissé sur place par Kellermann, décide d'effectuer une manœuvre pour déstabiliser l'adversaire. Il concentre ses troupes sur l'hospice pour faire diversion. Mais, en pleine nuit, les Français se lancent, à travers la neige, à l'assaut du Traverset. Il est trois heures du matin, la garnison suisse est surprise, elle décide de se rendre. L'événement est ressenti comme une trahison par les artilleurs sardes sous les ordres du courageux commandant Darbelley, qui eux, se battent jusqu'au dernier. Victorieux, Badelaune compte bien en finir une bonne fois pour toutes et fait retourner les canons sardes en direction de la redoute. Devant une telle puissance de feu, l'ennemi fuit, abandonnant aux Français le col du Petit- Saint-Bernard.

L'épilogue étant attendu depuis fort longtemps en France, les sources ne tarissent pas d'éloges au sujet des nouveaux héros : Badelaune n'aurait perdu que cinq hommes et Napoléon passera même une commande à un peintre pour immortaliser cet exploit. On racontera longtemps dans la vallée, une anecdote au sujet d'un soldat français grièvement blessé. Celui-ci, amputé des deux jambes, aurait été évacué de la bataille sur un traîneau. Durant toute la descente, il aurait hurlé à pleins poumons (mais de joie !), à qui voulait l'entendre, que le Traverset était enfin tombé.

Mais du côté sarde, l'épisode a laissé un tout autre souvenir. On évoque volontiers l'alcool comme unique responsable de la perte du fameux col. Dans certaines versions, le commandant, plus aussi valeureux que cela, aurait retourné sa veste et octroyé la veille de l'attaque une distribution d'eau-de-vie à ses hommes. Pour d'autres, ce sont les soldats qui se seraient enivrés plus que de raison. Pire, il se dit aussi que, quelques jours plus tard, la contre attaque sarde aurait été anéantie par une réserve d'eau-de-vie de Tarentaise trouvée par l'avant-garde dans le campement ennemi. Pour preuve, le directoire du département du Mont-blanc ordonne la saisie de tout le vin du district de Moûtiers pour approvisionner les avant-poste en 1 794.

En conclusion, d'un point de vue stratégique, l'affaire est un succès pour la jeune République française et pour l'Empire à venir. L'Histoire retiendra qu'ils vont pouvoir franchir les Alpes comme bon leur semble à partir de 1 794. Mais dans les mémoires des villageois, il restera sans aucun doute un beau mot de l'abbé de Gex : « le Mont Bernard aura été assauté à coup de pinard ».

Cyril Jacquin

La Recette de la Semaine

Nougat glacé aux cerises

Pour 8 personnes

Crème anglaise :

• 1/2 l de lait • 1/2 gousse de vanille • 6 œufs •
• 50 g de sucre en poudre •
• 50 g de miel de fleurs d'acacias ou mille fleurs •
• 10 cl de crème fraîche liquide uht •

Garniture :

• 250 g de cerises • 25 g de sucre en poudre •
• 2 cuillerées à soupe de kirsch •
• 50 g de pistaches décortiquées non salées • huile neutre •

Préparer la crème anglaise : verser le lait dans une casserole, fendre la demi-gousse de vanille en deux dans le sens de la longueur, racler toutes les petites graines et les mettre dans le lait avec la demi-gousse.

Porter à frémissement sur feu doux, retirer aussitôt du feu et laisser infuser 30 minutes. Casser les œufs, en séparant les blancs des jaunes. Réserver 3 blancs au frais pour une autre préparation.

Dans une terrine, battre les jaunes avec le sucre en poudre jusqu'à ce que le mélange blanchisse.

Filtrer le lait à travers une passette au-dessus de la préparation en délayant le lait.

Réserver la crème dans la casserole rincée. Porter sur feux doux et faire cuire sans cesser de mélanger à l'aide d'une cuillère de bois, jusqu'à ce que la crème épaississe et nappe la cuillère. Ne surtout pas faire bouillir.

Laisser refroidir complètement.

Pendant ce temps, laver, équeuter et dénoyauter les cerises.

Les mettre dans une sauteuse avec le sucre en poudre et les faire cuire 10 à 15 minutes sur feu doux jusqu'à ce qu'elles soient légèrement confites.

En fin de cuisson, les arroser avec du kirsch chaud et les flamber. Les retirer du feu, les égoutter et réserver le jus.

Verser le miel dans une petite casserole et le faire chauffer sur feu doux.

Pendant ce temps, monter les 3 blancs d'œufs en neige très ferme. Dès que le miel dore, le verser bouillant, en filet, sur les blancs d'œufs tout en fouettant vivement jusqu'à ce que la préparation refroidisse.

Mélanger délicatement une partie des blancs d'œufs à la crème anglaise à l'aide d'une spatule, puis incorporer les blancs restants.

Dans un saladier, fouetter la crème fraîche (qui doit être très froide) en chantilly. Lorsqu'elle très ferme et forme des crêtes, l'incorporer très délicatement à la préparation.

Incorporer alors les cerises et les pistaches.

Huiler un grand moule à cake et y verser la préparation, puis la placer au congélateur 6 heures au moins.

Une heure avant de servir, sortir le moule du congélateur et le placer au réfrigérateur.

Au moment de servir, démouler le nougat glacé sur un plat long, puis le couper en tranches à l'aide d'un couteau dont la lame aura été trempée dans un bol d'eau chaude. Retremper la lame entre chaque tranche.

Servir bien froid, en décorant le plat de gouttes de cuisson des cerises.

Le petit plus : il est important de bien égoutter les cerises pour qu'elles ne s'enfoncent pas. Pour avoir des cerises encore plus moelleuses, on peut ajouter en fin de cuisson et hors du feu une cuillerée de gelée de groseilles et délayer.

Lundi 31 St Sylvestre

Matinée ____________

Après-midi ____________

Soirée ____________

Notes

Côté Jardin en Décembre

Noël au balcon, Pâques aux tisons

Travaux du mois :

• Choisissez votre sapin de Noël, dans une jardinerie, qui propose un choix plus large et plus qualitatif.

• Bêchez les parcelles du jardin ne contenant plus aucune culture et profitez-en pour effectuer un apport d'amendement organique.

• Posez des planches sur la pelouse enneigée ou gelée afin de pouvoir marcher dessus sans abîmer le gazon.

• Plantez les rosiers, arbustes à feuillage caduc et fruitier, tant qu'il ne gèle pas.

• Chaulez les sols argileux, à raison de 2 poignées de chaux éteinte par m2.

• Pulvérisez une bouillie bordelaise sur tous les arbres et arbustes à feuillage caduc.

• Eliminez le gui qui parasite certains arbres, en creusant la branche avec une serpette et en couvrant la plaie de mastic cicatrisant.

• Fermez les arrivées d'eau extérieures et vidangez les systèmes d'arrosage.

• Secouez les branches des conifères couverts de neige, afin qu'elles ne plient pas ou ne se cassent pas sous le poids. Dans les régions très enneigées, liez les conifères colonnaires.

• Labourez toutes les parcelles libres, en apportant une bonne fumure organique.

• Vérifiez en permanence l'état des fruits mis à conserver à la cave.

• Réduisez sensiblement la fréquence des arrosages sur les plantes de la maison.

• Plantez les bulbes à floraison printanière (tulipes, jacinthes, narcisses, crocus, etc.)

• Achetez des chrysanthèmes à petites fleurs pour décorer les massifs ou le balcon.

• Préparez le sol en vue de refaire la pelouse.

Travaux divers :

• Ne laissez pas le bassin se prendre complètement dans la glace et aménagez une ouverture permanente afin que les poissons puissent respirer. Une technique simple consiste à immerger de moitié un fagot de bois, avec le mélange gazeux, l'eau ne gèle pas autour.

• Eliminez les souches d'arbres, en les forant avec de longues mèches à bois. Emplissez les trous de chlorate de soude et laisser agir tout l'hiver, en ajoutant régulièrement du produit.

• N'oubliez pas de ramasser les feuilles mortes, passez au broyeur et mettez-les à composter.

TRUCS et ASTUCES

Avant les gelées, buttez vos rosiers pour protéger la greffe du gel.

Matériel entretien :

• Nettoyez bien les outils après utilisation, ne laissez pas la terre coller sur le fer de la bêche. Huilez les parties métalliques, sans les brosser pour que la surface reste bien lisse.

• Donnez la tondeuse à réviser à un spécialiste qui changera la lame, la bougie et le filtre à air.

Les Repas

Les repas de tous les jours étaient très simples: celui de midi – le dîner – comportait presque toujours une salade de saison en entrée (mâche, pissenlits, betterave rouge, haricots verts ou en grains etc.) accompagnée de pommes de terre cuites à l'eau avec leur peau, ou de la soupe en hiver . Suivait un plat de légumes: choux, raves, haricots, carottes, courge... ou fricassée de pommes de terre, pâtes, polenta. Comme viande, plutôt des salaisons: lard, saucisses de toutes sortes ou matefaims, beignets. Parfois du poisson (au bord des lacs), des escargots ou des grenouilles, mais partout de la morue salée en Carême ou le vendredi.

Le soir, le souper portait bien son nom, car il comportait essentiellement de la soupe: aux légumes et pommes de terre, ou une sorte de bouillie au lait à la farine ou à la polenta en haute montagne où les légumes poussaient moins bien. A l'alpage, le souper comprenait souvent des pommes de terre avec de la tomme blanche. Après la soupe, du pain et de la tomme, parfois des châtaignes, des noix, une pomme cuite ou des fruits sauvages selon la saison.

REPAS DE FETES

Les jours de fêtes religieuses ou de vogue (fête du saint patron du village), pour une visite, ou pour le passage de la batteuse, le menu était plus abondant et plus raffiné, bien que confectionné avec les moyens du bord: on taillait dans le jambon conservé précieusement pour ces occasions, on utilisait les ?ufs et on tuait les poulets et lapins jusqu'alors vendus au coquetier, on faisait marquer sur le carnet de la fruitière du beurre et du fromage – remplaçant le saindoux et la tomme de tous les jours – Le menu du repas servait parfois de modèle à tout un village et faisait d'une simple mère de famille ou d'une célibataire imaginatives des cuisinières admirées que l'on se disputait pour les repas de mariages ou autres circonstances. Bien souvent, ces femmes avaient suivi les leçons des religieuses qui, dans les paroisses, s'occupaient des fillettes. D'autres s'étaient placées dans des familles bourgeoises à Paris, Lyon ou Genève et avaient su observer leurs cuisinières, adapter des recettes anciennes à des produits inconnus jusqu'alors dans les campagnes, ou impossibles à cultiver à cause du climat et de l'altitude (comme les tomates, par exemple).

FETES ET SORTIES

Une fois mariées, les femmes ne sortaient guère: la messe, le dimanche, un pélerinage à l'un des nombreux sanctuaires à la Vierge, au 15 août ou au 8 septembre. En Savoie du nord: la Bénite-Fontaine, N.D. des Voirons, de Peillonnex, N.D. de la Gorge, des Hermones, de l'Aumône... En Savoie du sud: N.D. du Charmaix, de Bonne-Nouvelle, de la Vie, des Vernettes, de Myans... En alpage, des dizaines de pittoresques oratoires et chapelles sont dédiées à N.D. des Neiges que l'on fête au début d'août. Les femmes pouvaient arborer le beau costume et la coiffe de fête rangés habituellement à l'écart de la maison, au sec et à l'abri des rats et des incendies, dans le grenier –le mazot– en compagnie des sacs de grains ou de farine, des réserves de beurre cuit et de saindoux, des légumes secs, la bonbonne de goutte, les pots de miel ou de confiture...

Une tradition existait aussi en été: c'était la bénédiction du chalet par le curé du village, accompagné de son clerc. A l'alpage, il montait à pied par des sentiers souvent périlleux, arrivait «tout mouillé de chaud»dans sa lourde soutane. Il aspergeait le chalet d'eau bénite, récitait les prières rituelles –parfois disait une messe près d'un oratoire ou d'une croix. Après qu'il se soit un peu désaltéré, la montagnère lui offrait une plaque de beurre ou du fromage. Une cérémonie un peu semblable se déroulait plus tard, en vallée. Je me souviens y avoir assisté avec ma grand-mère: c'était la bénédiction des tèches (des tas de gerbes): ma grand-mère tenait un cierge allumé et le curé était en surplis. Le clerc portait un panier dans lequel ma grand-mère mit quelques ?ufs.

Les vaches renaient une grande place dans la vie des paysans d'autrefois; c'est elles qui occupaient le plus grand espace de la maison dont les trois quarts leur était réservé, pour leur logement et leur entretien: il fallait tellement de foin pour passer les hivers! Elles étaient le seul gagne-pain de la famille et c'est pourquoi l'on ne manquait pas les pélerinages aux saints protecteurs des troupeaux et des campagnes: saint Antoine, le 17 janvier, protecteur des chevaux, ânes et mulets, sainte Agathe, le 5 février, sollicitée contre les incendies et la foudre , catastrophiques, pour les maisons construites en grande partie en bois. Dans plusieurs villages, les femmes se réunissent encore ce jour-là pour un repas et les boulangers confectionnent des brioches spéciales, les Guéta en forme de seins (on a coupé les seins de sainte Agathe martyre) ou de mains. Autre pélerinage, le 28 août, à saint Guérin, abbé d'Aups, protecteur des troupeaux. Les femmes rapportaient une brioche bénie dont elles donnaient un morceau aux vaches et des médailles qu'elles suspendaient à l'écurie...

Les femmes n'allaient au marché que lorsqu'elles avaient quelque chose à vendre (beurre, ?ufs, légumes)et rarement aux foires auxquelles les hommes ne manquaient pas de se rendre, surtout ceux qui faisaient le comerce de bétail : selon la saison, ils rapportaient à la maison un bouilli, des outils, un tablier pour la femme, une douceur pour les gamins...

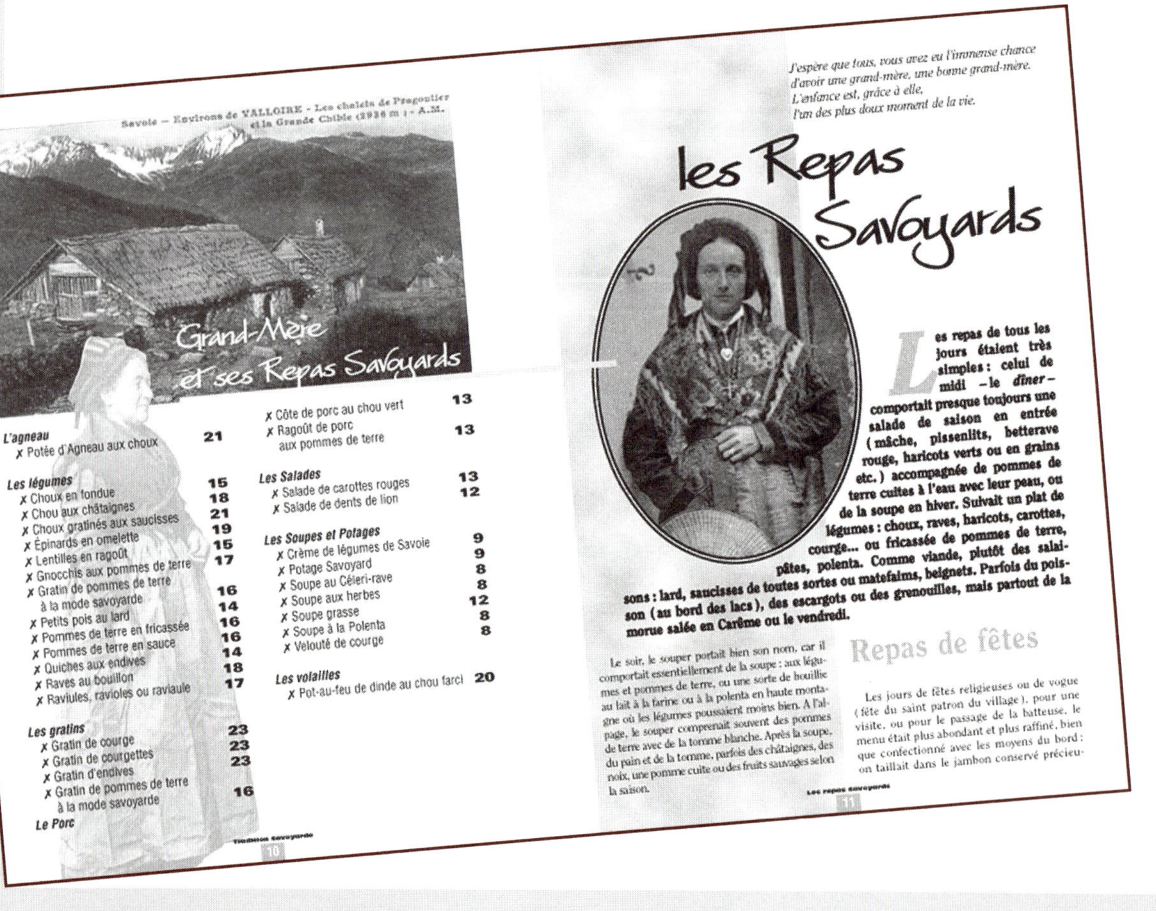

Savoie — Environs de VALLOIRE - Les chalets de Pragoutier et la Grande Chible (2936 m) - A.M.

Grand-Mère et ses Repas Savoyards

L'agneau — 21
✗ Potée d'Agneau aux choux

Les légumes
✗ Choux en fondue — 15
✗ Chou aux châtaignes — 18
✗ Choux gratinés aux saucisses — 21
✗ Épinards en omelette — 19
✗ Lentilles en ragoût — 15
✗ Gnocchis aux pommes de terre — 17
✗ Gratin de pommes de terre à la mode savoyarde — 16
✗ Petits pois au lard — 14
✗ Pommes de terre en fricassée — 16
✗ Pommes de terre en sauce — 16
✗ Quiches aux endives — 14
✗ Raves au bouillon — 18
✗ Raviules, ravioles ou raviaule — 17

Les gratins
✗ Gratin de courge — 23
✗ Gratin de courgettes — 23
✗ Gratin d'endives — 23
✗ Gratin de pommes de terre à la mode savoyarde — 16

Le Porc
✗ Côte de porc au chou vert — 13
✗ Ragoût de porc aux pommes de terre — 13

Les Salades
✗ Salade de carottes rouges — 13
✗ Salade de dents de lion — 12

Les Soupes et Potages
✗ Crème de légumes de Savoie — 9
✗ Potage Savoyard — 9
✗ Soupe au Céleri-rave — 8
✗ Soupe aux herbes — 8
✗ Soupe grasse — 12
✗ Soupe à la Polenta — 8
✗ Velouté de courge — 8

Les volailles
✗ Pot-au-feu de dinde au chou farci — 20

Tradition savoyarde 10

J'espère que tous, vous avez eu l'immense chance d'avoir une grand-mère, une bonne grand-mère. L'enfance est, grâce à elle, l'un des plus doux moment de la vie.

les Repas Savoyards

Les repas de tous les jours étaient très simples : celui de midi –le *dîner*– comportait presque toujours une salade de saison en entrée (mâche, pissenlits, betterave rouge, haricots verts ou en grains etc.) accompagnée de pommes de terre cuites à l'eau avec leur peau, ou de la soupe en hiver. Suivait un plat de légumes : choux, raves, haricots, carottes, courge... ou fricassée de pommes de terre, pâtes, polenta. Comme viande, plutôt des salaisons : lard, saucisses de toutes sortes ou matefaims, beignets. Parfois du poisson (au bord des lacs), des escargots ou des grenouilles, mais partout de la morue salée en Carême ou le vendredi.

Le soir, le souper portait bien son nom, car il comportait essentiellement de la soupe : aux légumes et pommes de terre, ou une sorte de bouillie au lait à la farine ou à la polenta en haute montagne où les légumes poussaient moins bien. A l'alpage, le souper comprenait souvent des pommes de terre avec de la tomme blanche. Après la soupe, du pain et de la tomme, parfois des châtaignes, des noix, une pomme cuite ou des fruits sauvages selon la saison.

Repas de fêtes

Les jours de fêtes religieuses ou de vogue (fête du saint patron du village), pour une visite, ou pour le passage de la batteuse, le menu était plus abondant et plus raffiné, bien que confectionné avec les moyens du bord : on taillait dans le jambon conservé précieu-

Les repas savoyards 11

DES VISITES INTERESSANTES

Des personnages hauts en couleurs disparus de nos jours, passaient régulièrement autrefois dans les villages, même les plus perdus, apportant un peu d'animation. Dans sa carriole bâchée, le coquetier ramassait, pour les revendre dans les hôtels ou au marché de la ville voisine, les petits produits des fermes: légumes, petites tommes de chèvre, fruits sauvages, mais surtout les ?ufs (les «coquets») dont on usait très modérément…

J'ai vu aussi aussi une fois, un magnin , un homme à la barbe noire et très touffue, porteur d'un pantalon de velours à grosses côtes, qui réparait les casseroles ou la vaisselle percées . Il était assis par terre, contre le mur de nos voisins, activant son petit soufflet pour chauffer l'étain. Ma grand-mère m'envoya lui porter on saladier de terre vernissée fendu auquel il fixa habilement deux crochets pour resserrer les parties cassées.

Je ne parle pas des pattiers qui ramassaient les peaux de lapin ou de sauvagine, ainsi que la ferraille et les pattes (les chiffons) qu'ils pesaient sur une petite balance et payaient, non sans contestations des ménagères ou des gamins, de quelques piécettes.

Disparus, les rémouleurs qui aiguisaient les couteaux et les outils et réparaient aussi les parapluies, les cordonniers ambulants, les marchands de poterie et leur char couvert de paille, les matelassiers qui, dans de grands nuages de poussière, rénovaient les matelas ou les sommiers avachis...

Je n'ai vu qu'une seule fois un colporteur, peut-être un des derniers, avant la guerre, chez ma grand-mère. Il était très connu: on l'appelait Fénestrelle, car il venait de ce village du Piémont mais il finit par se fixer dans la région. Il posa sa balle sur la table de la cuisine et l'ouvrit: à l'intérieur, il y avait de nombreux petits tiroirs remplis de trésors : pelotes de laine, de fil, des aiguilles, des ciseaux,des images saintes, des rubans, etc. Tout paraissait utile, voire indispensable, et je suis sûre que ma grand-mère lui acheta quelque chose pour marquer son passage

Tous ces marchands ou artisans ambulants étaient assez bien reçus dans les villages où ils amenaient un peu d'animation et d'air de l'extérieur. A certains d'entre eux, on payait volontiers le cidre ou le café, parfois la soupe, comme à des amis.

Entre deux fournées ou quand on n'avait plus de farine, on achetait un gros pain rond au boulanger du village voisin qui passait avec une charrette à cheval: dans sa croûte brune et odorante était planté un petit papier qui indiquait son poids. A dates fixes, un épicier passait aussi et s'arrêtait sur la place du village: il ouvrait le hayon de sa camionnette. On ne prenait chez lui que des choses indispensables: du sucre, parfois des pâtes ou de l'huile d'arachide, voire de la moutarde qu'il tirait d'un gros bocal de grès muni d'un petit robinet et versait dans le verre qu'on avait apporté.

Les Rémouleurs

La colporteur était attendu

Disparus, les rémouleurs qui aiguisaient les couteaux et les outils et réparaient aussi les parapluies, les cordonniers ambulants, les marchands de poterie et leur char couvert de paille, les matelassiers qui, dans de grands nuages de poussière, rénovaient les matelas ou les sommiers avachis...

Je n'ai vu qu'une seule fois un colporteur, peut-être un des derniers, avant la guerre, chez ma grand-mère. Il était très connu : on l'appelait Fénestrelle, car il venait de ce village du Piémont mais il finit par se fixer dans la région. Il posa sa balle sur la table de la cuisine et l'ouvrit : à l'intérieur, il y avait de nombreux petits tiroirs remplis de trésors : pelotes de laine, de fil, des aiguilles, des ciseaux, des images saintes, des rubans, etc. Tout paraissait utile, voire indispensable, et je suis sûre que ma grand-mère lui acheta quelque chose pour marquer son passage

Tous ces marchands ou artisans ambulants étaient assez bien reçus dans les villages où ils amenaient un peu d'animation et d'air de l'extérieur. A certains d'entre eux, on payait volontiers le cidre ou le café, parfois la soupe, comme à des amis.

Entre deux fournées ou quand on n'avait plus de farine, on achetait un gros pain rond au boulanger du village voisin qui passait avec une charrette à cheval : dans sa croûte brune et odorante était planté un petit papier qui indiquait son poids. A dates fixes, un épicier passait aussi et s'arrêtait sur la place du village : il ouvrait le hayon de sa camionnette. On ne prenait chez lui que des choses indispensables : du sucre, parfois des pâtes ou de l'huile d'arachide, voire de la moutarde qu'il tirait d'un gros bocal de grès muni d'un petit robinet et versait dans le verre qu'on avait apporté.

Tradition savoyarde
22

Les Gratins à la Savoyarde

Gratin de courge

Une belle courge
Sel - poivre
Noix muscade
Crème fraîche
Emmental ou beaufort râpé

Coupez la courge en morceaux, épluchez-la et ôtez les pépins.

Mettez les morceaux dans une grande casserole, couvrez d'eau, salez, poivrez et faites cuire environ 10 minutes.

Chauffez le four.

Egouttez soigneusement dans une passoire pour éliminer l'eau.

Ecrasez légèrement en purée, ajoutez un pot de crème, vérifiez l'assaisonnement et ajoutez une bonne quantité de noix muscade râpée.

Saupoudrez de fromage et laissez gratine.

Gratin d'endives

6 endives
50 g de beurre
20 g de farine
6 tranches fines de jambon cuit
2 oignons
100 g d'emmental
1 verre de lait
Chapelure ou biscottes écrasées finement

Faites cuire les endives à l'eau salée.

Pendant ce temps, préparez la béchamel avec le beurre, la farine, le lait.

Faites blondir les oignons finement hachés, ajoutez-les à la sauce.

Egouttez les endives. Entourez chacune d'une tranche de jambon. Disposez-les dans un plat creux et recouvrez-les de béchamel.

Saupoudrez de fromage râpé et de chapelure.

Parsemez de quelques noisettes de beurre et mettez à four chaud 10 minutes.

Epinards au gratin

1 kg d'épinards *(ou de feuilles de bette)*
250 g de pommes de terre cuites à l'eau
Un verre à madère de lait
Une cuillerée à soupe de fromage râpé
Un œuf de beurre
Sel poivre

Triez et lavez soigneusement les épinards. Faites-les cuire à l'eau bouillante huit à dix minutes.

Egouttez-les, pressez-les et hachez-les finement. Incorporez la moitié du beurre et assaisonnez.

Passez les pommes de terre à la moulinette. Ajoutez le lait bouillant en fouettant. Salez et poivrez.

Hors du feu, ajoutez le reste du beurre.

Mélangez les deux purées. Saupoudrez de râpé.

Mettez à dorer au four et servez bien chaud.

Gratin de courgettes

750 g de courgettes
400 g de viande hachée
Un oignon
50 g de gruyère râpé
Un œuf
Sel - poivre
Persil
Beurre ou huile

Emincez l'oignon. Faites-le revenir dans la matière grasse avec la viande.

Epluchez et coupez les courgettes en rondelles. Ajoutez la viande.

Mélangez, salez et poivrez. Hachez le persil, battez l'œuf, mélangez le tout.

Mettez dans un plat à gratin, saupoudrez de gruyère râpé et cuisez 30 minutes à four chaud.

Les repas Savoyards
23

Vous aimez votre région, votre terroir, votre ville ou votre village.

Vous voulez en parler

Alors participez à la rédaction de votre Almanach et devenez l'un de ses auteurs.

Racontez-nous des histoires, des anecdotes, des aventures sur les traditions, les hommes, la vie, la gastronomie... de votre terroir.

Nous vous proposons de participer à la rédaction de la collection des Almanachs des Terroirs de France saison 2008 (parution octobre 2007).

Comment?

En nous envoyant un texte équivalant à deux feuillets 21 x 29,7 maximum (photos éventuellement), traitant impérativement de votre terroir, sur les thèmes suivants : Histoire, traditions, légendes, personnages, anecdotes, gastronomie, produits du terroir. Ces textes devront être originaux* et seront éventuellement publiés sous la responsabilité de leurs auteurs.

Un jury, composé de la rédaction des Almanachs et d'auteurs régionaux, sélectionnera les textes qui seront publiés. Ce jury sera le seul et unique juge. il ne pourra pas y avoir de réclamations et celui-ci n'aura pas à justifier ses choix.

Les auteurs des textes publiés recevront gracieusement cinq exemplaires de l'Almanach concerné et un cadeau offert par la société d'édition.

Renvoyez avant le 15 janvier 2006 le bon à découper ci-dessous avec votre nom, adresse, téléphone et terroir concerné accompagné de votre texte manuscrit, sur disquette ou sur CD rom enregistré sous rtf, à l'adresse suivante : C.P.E, BP 57, 41202 Romorantin cedex.

Vous pouvez également participer par internet en envoyant vos noms, adresse, téléphone, terroir concerné et le texte en pièce jointe (enregistré sous rtf) à l'adresse mail suivante : almanachs@cpe-editions.com

* Ces textes doivent traiter du terroir concerné et seront publiés sous l'entière responsabilité de l'auteur. il convient de rappeler qu'il est interdit de copier ou de reprendre des textes sans l'autorisation écrite des auteurs de ceux-ci.
En cas de reprise partielle d'un texte, celle-ci ne doit pas dépasser une phrase et porter la mention obligatoire de la source et des auteurs.

A remplir et à retourner avec votre texte

Nom .... Prénom ....

Adresse ....

Code postal .... Ville ....

Tél .... fax ....

Email ....

Je veux participer à la rédaction de l'Almanach du ....

et je vous envoie mes textes et photos (éventuelles)

❐ manuscrit ❐ sur disquette ❐ sur CD ❐ par mail

2008

Janvier

1	M	**NOUVEL AN**	1
2	M	Basile	
3	J	Geneviève	
4	V	Odilon	
5	S	Edouard	
6	D	Epiphanie	
7	L	Raymond	2
8	M	Lucien	●
9	M	Alix	
10	J	Guillaume	
11	V	Paulin	
12	S	Tatiana	
13	D	Yvette	
14	L	Nina	3
15	M	Rémi	☽
16	M	Marcel	
17	J	Roseline	
18	V	Prisca	
19	S	Marius	
20	D	Sébastien	
21	L	Agnès	4
22	M	Vincent	○
23	M	Barnard	
24	J	François de Sales	
25	V	Conversion S. Paul	
26	S	Paule	
27	D	Angèle	
28	L	Thomas d'Aquin	5
29	M	Gildas	
30	M	Martine	☾
31	J	Marcelle	

Février

1	V	Ella	
2	S	Prés. au Seigneur	
3	D	Blaise	
4	L	Véronique	6
5	M	Mardi-Gras	
6	M	Cendres	
7	J	Eugénie	●
8	V	Jacqueline	
9	S	Apolline	
10	D	1er Dim. de Carême	
11	L	N.-D. de Lourdes	7
12	M	Félix	
13	M	Béatrice	
14	J	Valentin	☽
15	V	Claude	
16	S	Julienne	
17	D	Alexis	
18	L	Bernadette	8
19	M	Gabin	
20	M	Aimée	
21	J	Pierre-Damien	○
22	V	Isabelle	
23	S	Lazare	
24	D	Modeste	
25	L	Roméo	9
26	M	Nestor	
27	M	Honorine	
28	J	Mi-Carême	
29	V	Auguste	☾

Mars

1	S	Aubin	
2	D	F. des Grands-Mères	
3	L	Guénolé	10
4	M	Casimir	
5	M	Olivia	
6	J	Colette	
7	V	Félicité	●
8	S	Jean de Dieu	
9	D	Françoise	
10	L	Vivien	11
11	M	Rosine	
12	M	Justine	
13	J	Rodrigue	
14	V	Mathilde	☽
15	S	Louise	
16	D	Rameaux	
17	L	Patrice	12
18	M	Cyrille	
19	M	Joseph	
20	J	PRINTEMPS	
21	V	Vendredi Saint	○
22	S	Léa	
23	D	**PÂQUES**	
24	L	**DE PÂQUES**	13
25	M	Humbert	
26	M	Larissa	
27	J	Habib	
28	V	Gontran	
29	S	Gwladys	☾
30	D	Amédée	
31	L	Benjamin	14

Avril

1	M	Hugues	
2	M	Sandrine	
3	J	Richard	
4	V	Isidore	
5	S	Irène	
6	D	Marcellin	●
7	L	J.-B. de la Salle	
8	M	Julie	15
9	M	Gautier	
10	J	Fulbert	
11	V	Stanislas	
12	S	Jules	☽
13	D	Ida	
14	L	Maxime	16
15	M	Paterne	
16	M	Benoît-Joseph	
17	J	Anicet	
18	V	Parfait	
19	S	Emma	
20	D	Odette	○
21	L	Anselme	17
22	M	Alexandre	
23	M	Georges	
24	J	Fidèle	
25	V	Marc	
26	S	Alida	
27	D	Zita	
28	L	Valérie	☾
29	M	Cath. de Sienne	18
30	M	Robert	

Mai

1	J	F. DU TRAVAIL/ASCENSION	
2	V	Boris	
3	S	Philippe, Jacques	
4	D	Sylvain	
5	L	Judith	●
6	M	Prudence	19
7	M	Gisèle	
8	J	**VICTOIRE 1945**	
9	V	Pacôme	
10	S	Solange	
11	D	**PENTECÔTE**	
12	L	**DE PENTECÔTE**	☽
13	M	Rolande	20
14	M	Matthias	
15	J	Denise	
16	V	Honoré	
17	S	Pascal	
18	D	Trinité	
19	L	Yves	21
20	M	Bernardin	○
21	M	Constantin	
22	J	Emile	
23	V	Didier	
24	S	Donatien	
25	D	Fête des Mères	
26	L	Bérenger	22
27	M	Augustin de C.	
28	M	Germain	☾
29	J	Aymard	
30	V	Ferdinand	
31	S	Visitation	

Juin

1	D	Justin	
2	L	Blandine	23
3	M	Kévin	●
4	M	Clotilde	
5	J	Igor	
6	V	Norbert	
7	S	Gilbert	
8	D	Médard	
9	L	Diane	24
10	M	Landry	☽
11	M	Barnabé	
12	J	Guy	
13	V	Antoine de Padoue	
14	S	Elisée	
15	D	Fête des Pères	
16	L	Jean-Franç. Régis	
17	M	Hervé	25
18	M	Léonce	○
19	J	Romuald	
20	V	Silvère	
21	S	ÉTÉ	
22	D	Alban	
23	L	Audrey	26
24	M	Jean-Baptiste	
25	M	Eléonore	
26	J	Anthelme	☾
27	V	Fernand	
28	S	Irénée	
29	D	Pierre, Paul	
30	L	Martial	27

2008

Juillet

1	M	Thierry	
2	M	Martinien	
3	J	Thomas	●
4	V	Florent	
5	S	Antoine	
6	D	Mariette	
7	L	Raoul	28
8	M	Thibaut	
9	M	Amandine	
10	J	Ulrich	☽
11	V	Benoît	
12	S	Olivier	
13	D	Henri, Joël	
14	L	**FÊTE NATIONALE**	
15	M	Donald	29
16	M	N.-D.du Mt-Carmel	
17	J	Charlotte	
18	V	Frédéric	○
19	S	Arsène	
20	D	Marina	
21	L	Victor	30
22	M	Marie-Madeleine	
23	M	Brigitte	
24	J	Christine	
25	V	Jacques	☾
26	S	Anne, Joachim	
27	D	Nathalie	
28	L	Samson	31
29	M	Marthe	
30	M	Juliette	
31	J	Ignace de Loyola	

Août

1	V	Alphonse	●
2	S	Julien Eymard	
3	D	Lydie	
4	L	Jean-Marie Vianney	
5	M	Abel	32
6	M	Transfiguration	
7	J	Gaétan	
8	V	Dominique	☽
9	S	Amour	
10	D	Laurent	
11	L	Claire	33
12	M	Clarisse	
13	M	Hippolyte	
14	J	Evrard	
15	V	**ASSOMPTION**	
16	S	Armel	○
17	D	Hyacinthe	
18	L	Hélène	34
19	M	Jean-Eudes	
20	M	Bernard	
21	J	Christophe	
22	V	Fabrice	
23	S	Rose de Lima	☾
24	D	Barthélemy	
25	L	Louis	35
26	M	Natacha	
27	M	Monique	
28	J	Augustin	
29	V	Sabine	
30	S	Fiacre	●
31	D	Aristide	

Septembre

1	L	Gilles	36
2	M	Ingrid	
3	M	Grégoire	
4	J	Rosalie	
5	V	Raïssa	
6	S	Bertrand	
7	D	Reine	☽
8	L	Nativité N.-D.	37
9	M	Alain	
10	M	Inès	
11	J	Adelphe	
12	V	Apollinaire	
13	S	Aimé	
14	D	La Croix Glorieuse	
15	L	Roland	○
16	M	Edith	38
17	M	Renaud	
18	J	Nadège	
19	V	Emilie	
20	S	Davy	
21	D	Matthieu	
22	L	AUTOMNE	☾
23	M	Constant	39
24	M	Thècle	
25	J	Hermann	
26	V	Côme, Damien	
27	S	Vincent de Paul	
28	D	Venceslas	
29	L	Michel	●
30	M	Jérôme	40

Octobre

1	M	Thérèse de l'E.-J.	
2	J	Léger	
3	V	Gérard	
4	S	François d'Assise	
5	D	Fleur	
6	L	Bruno	41
7	M	Serge	☽
8	M	Pélagie	
9	J	Denis	
10	V	Ghislain	
11	S	Firmin	
12	D	Wilfried	
13	L	Géraud	42
14	M	Juste	○
15	M	Thérèse d'Avila	
16	J	Edwige	
17	V	Baudouin	
18	S	Luc	
19	D	René	
20	L	Adeline	43
21	M	Céline	☾
22	M	Elodie	
23	J	Jean de Capistran	
24	V	Florentin	
25	S	Enguerran	
26	D	Dimitri	
27	L	Emeline	44
28	M	Simon, Jude	●
29	M	Narcisse	
30	J	Bienvenu	
31	V	Quentin	

Novembre

1	S	**TOUSSAINT**	
2	D	Trépassés	
3	L	Hubert	45
4	M	Charles	
5	M	Sylvie	
6	J	Léonard	☽
7	V	Carine	
8	S	Geoffroy	
9	D	Théodore	
10	L	Léon	46
11	M	**ARMISTICE 1918**	
12	M	Christian	
13	J	Brice	○
14	V	Sidoine	
15	S	Albert	
16	D	Marguerite	
17	L	Elisabeth	47
18	M	Aude	
19	M	Tanguy	☾
20	J	Edmond	
21	V	Prés. de Marie	
22	S	Cécile	
23	D	Clément	
24	L	Flora	48
25	M	Catherine	
26	M	Delphine	
27	J	Séverin	●
28	V	Jacques de la M.	
29	S	Saturnin	
30	D	André	

Décembre

1	L	Florence	49
2	M	Viviane	
3	M	Xavier	
4	J	Barbara	
5	V	Gérald	☽
6	S	Nicolas	
7	D	Ambroise	
8	L	Elfried	50
9	M	Pierre Fourier	
10	M	Romaric	
11	J	Daniel	
12	V	J.-F. de Chantal	○
13	S	Lucie	
14	D	Odile	
15	L	Ninon	51
16	M	Alice	
17	M	Judicaël, Gaël	
18	J	Gatien	
19	V	Urbain	☾
20	S	Théophile	
21	D	HIVER	
22	L	Françoise-Xavière	
23	M	Armand	52
24	M	Adèle	
25	J	**NOËL**	
26	V	Etienne	
27	S	Jean	●
28	D	Innocents	
29	L	David	1
30	M	Roger	
31	M	Sylvestre	

777. – Costumes de la Savoie. – St-COLOMBAN-des-VILLARDS

L'ALMANACH DES 2 SAVOIE 2007

Directeur de Collection : Jacques HEL

Rédacteur en Chef : Gérard BARDON

Directeur Technique et Maquette : Alain OSSANT

Édition, réalisation : COMMUNICATION-PRESSE-ÉDITION

RCS B 398-382-416

BP 57 - 5, Allée de la Tuilerie

41202 Romorantin Cedex

Téléphone : 02.54.83.41.41 - Fax : 02.54.83.41.43

e-mail : almanachs@cpe-editions.com

Site Internet : www.cpe-editions.com

Imprimé en France - Octobre 2006

ISBN : 2-84503-478-4

EAN : 9782845034785

Dépôt légal à parution

CPE
EDITIONS

L'éditeur des Terroirs de France

L'Almanach des Terroirs de France
J'aime mon Terroir

Catalogue 2007

5, Allée de la Tuilerie - BP 57 - 41202 Romorantin-Lanthenay Cedex
Téléphone : 02 54 83 41 45 - 02 54 83 41 41 - Fax 02 54 83 41 43
Email : almanachs@cpe-editions.com

Site Internet : www.cpe-editions.com

Notre Coup de Coeur

Hymne à la Loire
au Pays des Châteaux
27,5 x 37 cm - 320 pages
Réf. **CPE 01** 52,00€

Reflets d'Auvergne
23 x 32 cm - 220 pages
Réf. **CPE 02** 45,00€

Reflets du Berry
23 x 32 cm - 220 pages
Réf. **CPE 03** 46,00€

Les Ponts de la Loire
de sa source à l'Atlantique
19,5 x 27 cm - 320 pages
Réf. **CPE 04** 32,00€

Le jour où la Loire débordera
23 x 32 cm - 320 pages
Réf. **CPE 05** 29,00€

La Beauce des Moulins
23 x 32 cm - 144 pages
Réf. **CPE 06** 37,00€

Reflets de Sologne
23 x 32 cm - 200 pages
Réf. **CPE 07** 45,00€

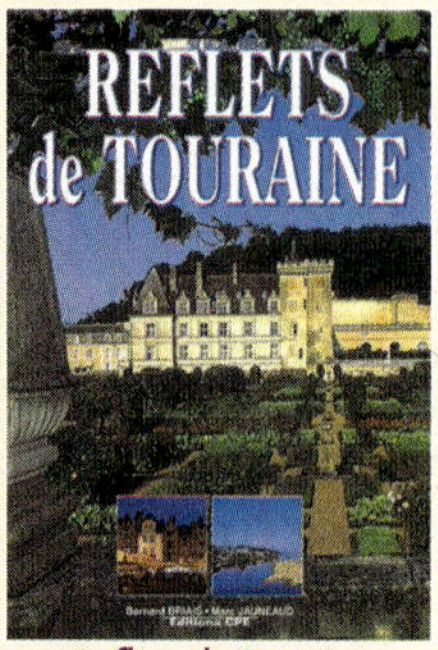

Reflets de Touraine
23 x 32 cm - 220 pages
Réf. **CPE 08** 47,00€

Tendres sauvages
23 x 32 cm - 170 pages
Réf. **CPE 09** 40,00€

Terres extrêmes
23 x 32 cm - 240 pages
Réf. **CPE 10** 47,00€

Mémoires des Villages
de Sologne
23 x 32 cm - 380 pages
Réf. **CPE 11** 49,00€

La Sologne de 1900
à l'an 2000
23 x 32 cm - 272 pages
Réf. **CPE 12** 45,00€

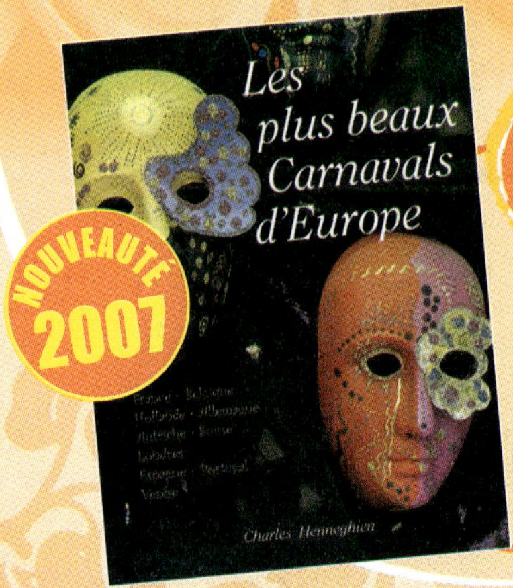

Notre Coup de Coeur

Les plus beaux Carnavals
d'Europe
23 x 29 cm - 168 pages
Réf. **CPE 13** 32,00€

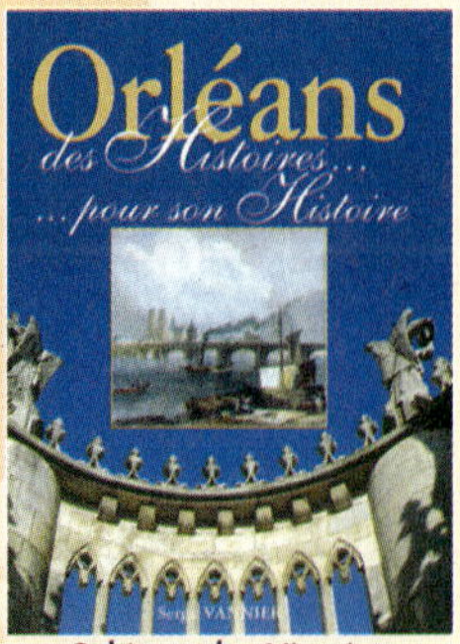

Orléans, des Histoires
pour son Histoire
23 x 29 cm - 232 pages
Réf. **CPE 14** 38,00€

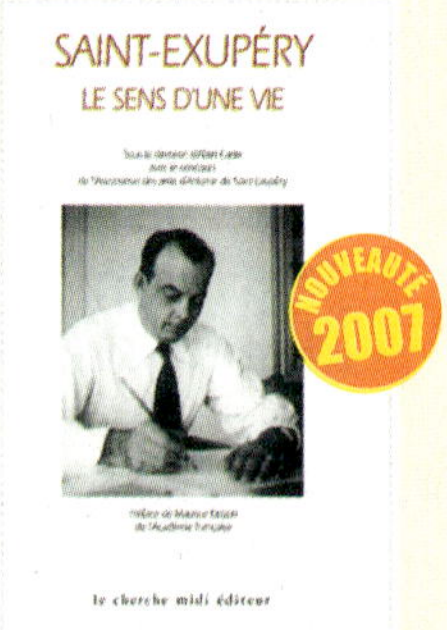

Saint-Exupéry
Le sens d'une vie
15,4 x 24 cm - 240 pages
Réf. **CMID 01** 20,50€

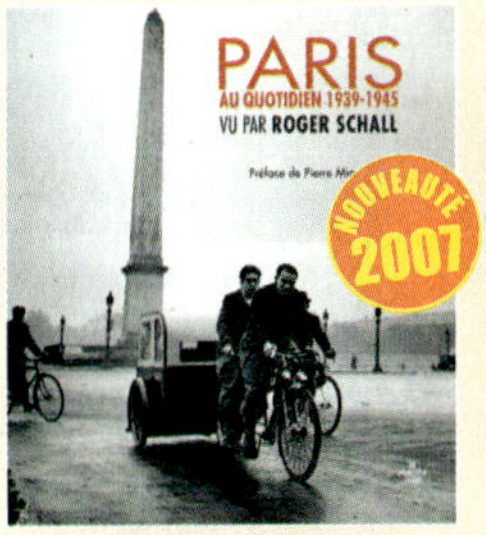

Paris au quotidien
1939-1945
25 x 28,5 cm - 130 pages
Réf. **CMID 02** 29,00€

Les belles années 50
25 x 28,5 cm - 128 pages
Réf. **CMID 03** 28,00€

Notre Coup de Cœur

Concorde
essais et batailles
15,4 x 24 cm - 368 pages
Réf. **CMID 04** 19,50€

Le Facteur
20 x 29,5 cm - 190 pages
Réf. **DEB 01** 35,00€

Paysans nos racines
28,5 x 36,5 cm - 304 pages
Réf. **DEB 02** 45,00€

Les gestes de la terre
22,5 x 24 cm - 300 pages
Réf. **CHEM 01** 32,00€

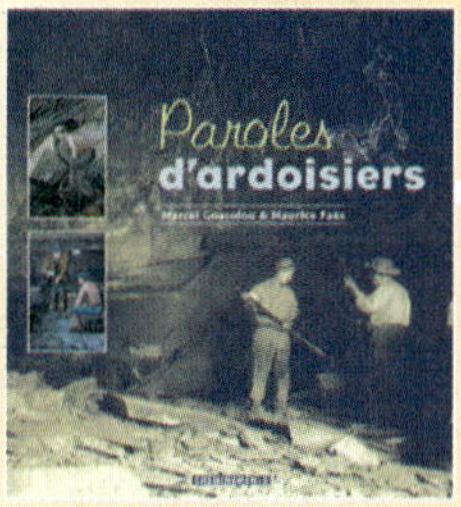

Paroles d'ardoisiers
22 x 24,5 cm - 350 pages
Réf. **CHEM 02** 35,00€

Métiers et savoir-faire
de toujours
24 x 28,8 cm - 304 pages
Réf. **DEB 03** 40,00€

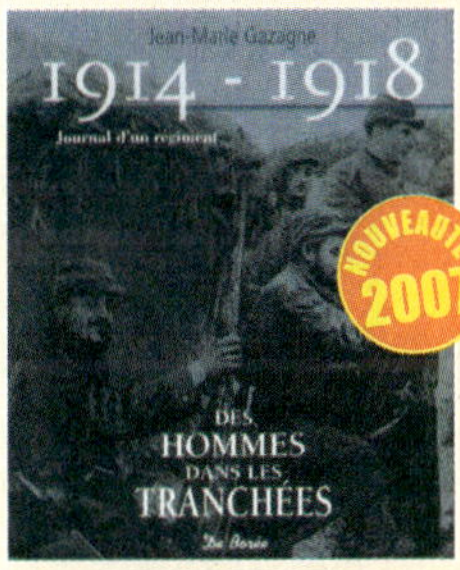

1914-1918 Des hommes
dans les tranchées
24 x 28,8 cm - 180 pages
Réf. **DEB 04** 30,00€

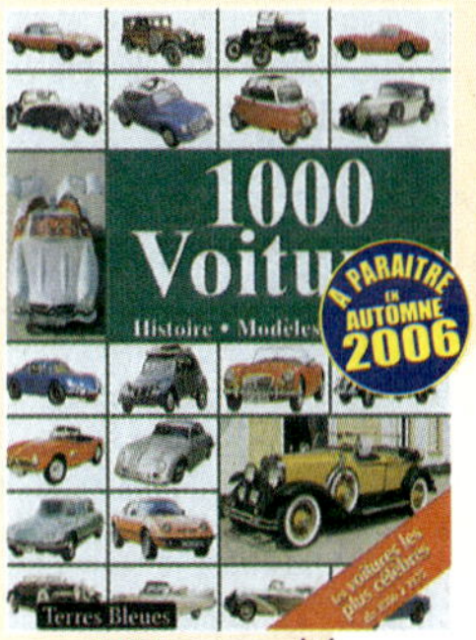

1000 automobiles
Réf. **DEB 05**

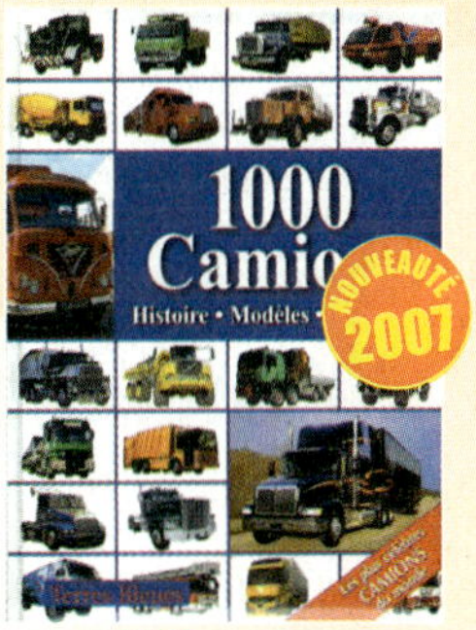

1000 camions
Réf. **DEB 06**

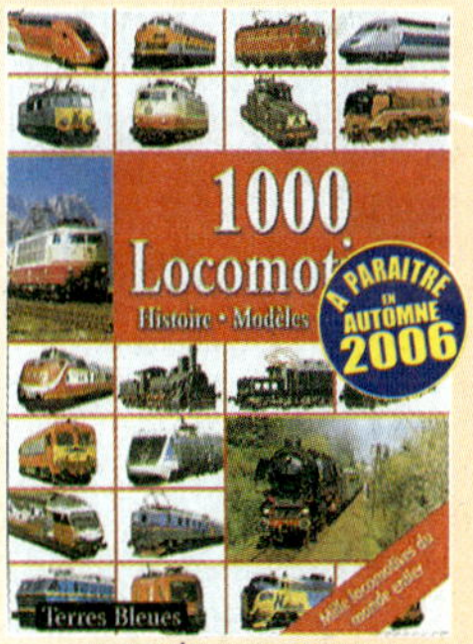

1000 locomotives
Réf. **DEB 07**

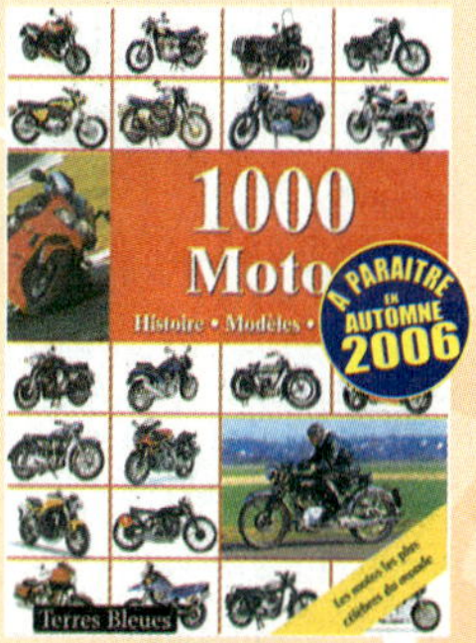

1000 motos
Réf. **DEB 08**

22,2 x 29,7 cm - 336 pages 31,50€ l'exemplaire

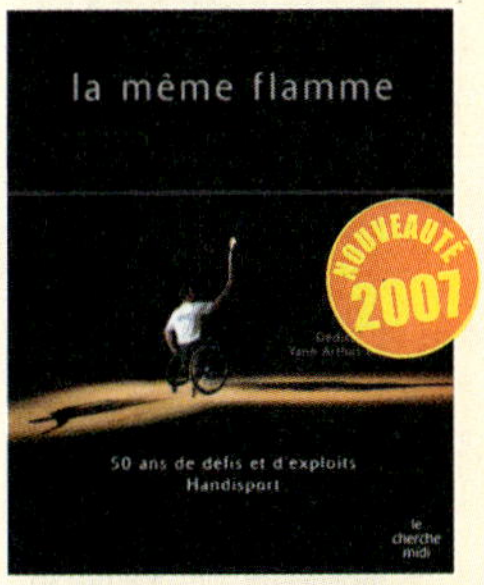

La même flamme
25 x 31 cm - 144 pages
Réf. **CMID 05** 38,00€

Inestimables Dinky Toys
16,5 x 24 cm - 160 pages
Réf. **CHEM 03** 24,00€

Notre Coup de Cœur

Un amour de 2 cv
16 x 24 cm - 150 pages
Réf. **CHEM 04** 24,00€

Notre Coup de Cœur

Le guide
du respect
10,5 x 14,8 cm - 80 pages
Réf. **CMID 06** 1,00€

Guide de Lyon des faits divers
de l'Antiquité à nos jours
15,4 x 24 cm - 320 pages
Réf. **CMID 07** 19,00€

Guide du Paris des faits divers
du Moyen Âge à nos jours
15,4 x 24 cm - 362 pages
Réf. **CMID 08** 22,00€

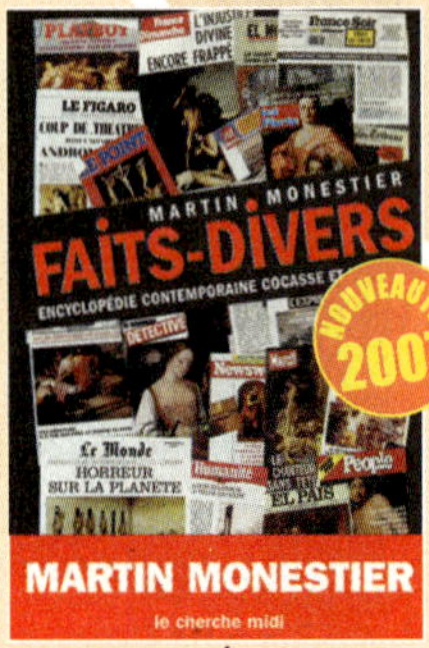

Faits-divers
19 x 28 cm - 384 pages
Réf. **CMID 09** 30,00€

Un crime politique en Corse
15,4 x 24 cm - 312 pages
Réf. **CMID 10** 17,50€

Peines de mort
19 x 28 cm - 304 pages
Réf. **CMID 11** 30,00€

Métiers passions
15,2 x 22,8 cm - 338 pages
Réf. **CMID 12** 18,00€

La tentation de l'ombre
15,4 x 24 cm - 204 pages
Réf. **CMID 13** 14,00€

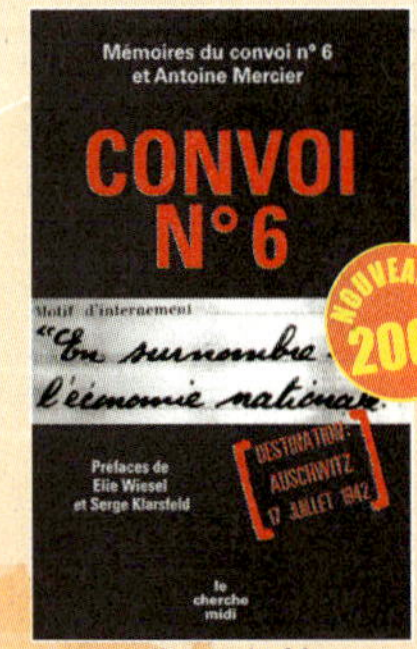

Convoi n°6
15,4 x 24 cm - 384 pages
Réf. **CMID 14** 22,00€

C'était ça Dachau, 1933-1945
15,4 x 24 cm - 468 pages
Réf. **CMID 15** 21,00€

Drancy, un camps de concentra-
tion très ordinaire, 1941-1944
15,4 x 24 cm - 420 pages
Réf. **CMID 16** 22,00€

La libération inconnue
15,4 x 24 cm - 288 pages
Réf. **CMID 17** 19,00€

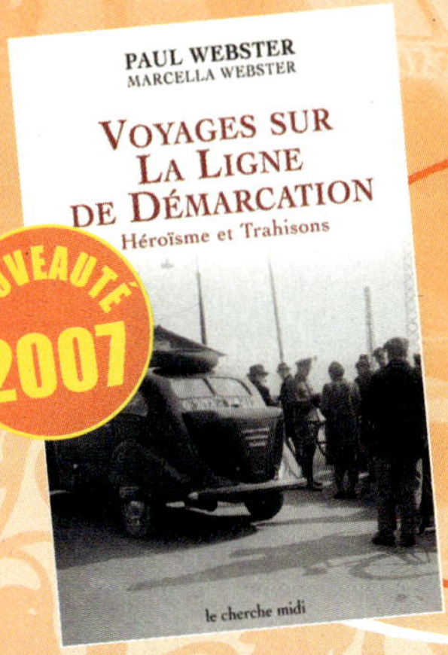

Notre Coup de Cœur

Voyages sur La Ligne
de Démarcation
15,4 x 24 cm - 276 pages
Réf. **CMID 18** 18,00€

Le manuel du Goulag
15,4 x 24 cm - 336 pages
Réf. **CMID 19** 22,00€

Nos amis les Français
11 x 18 cm - 140 pages
Réf. **CMID 20** 7,50€

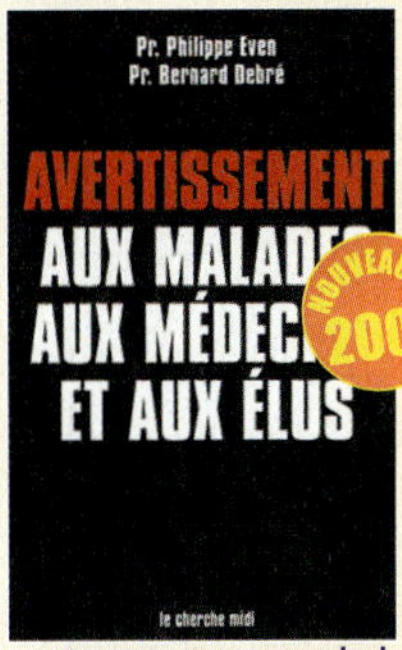

Avertissements aux malades, aux médecins et aux élus
15,4 x 24 cm - 446 pages
Réf. **CMID 21** 20,00€

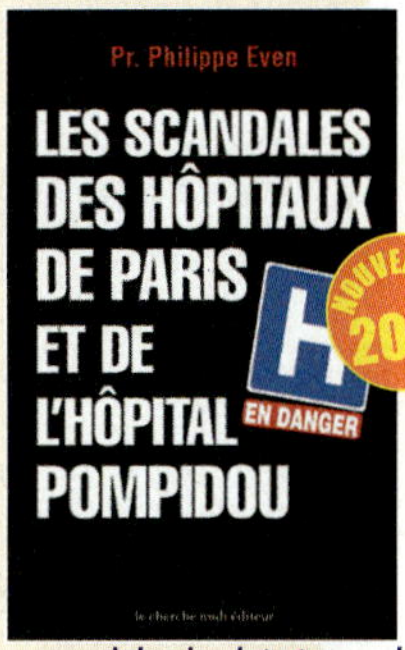

Le scandale des hôpitaux de Paris et de l'hôpital Pompidou
15,4 x 24 cm - 252 pages
Réf. **CMID 22** 17,00€

Notre Coup de Coeur

Moi pour toi
Lettres d'amour
13 x 20 cm - 168 pages
Réf. **CMID 23** 14,00€

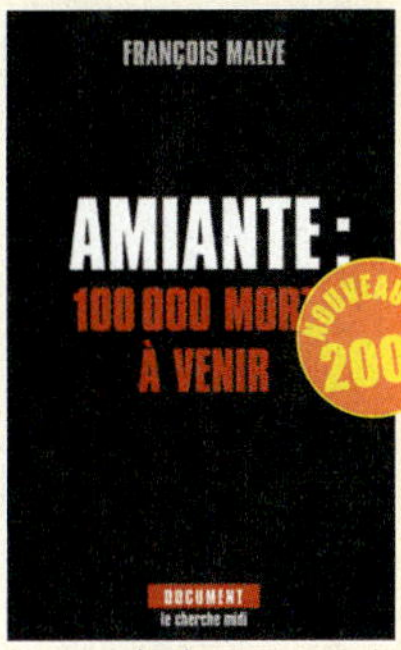

Amiante :
100 000 morts à venir
15,4 x 24 cm - 228 pages
Réf. **CMID 24** 17,00€

La France des incapables
15,4 x 24 cm - 252 pages
Réf. **CMID 25** 16,00€

Jacques Brel, j'attends la nuit
15,4 x 24 cm - 176 pages
Réf. **CMID 26** 15,00€

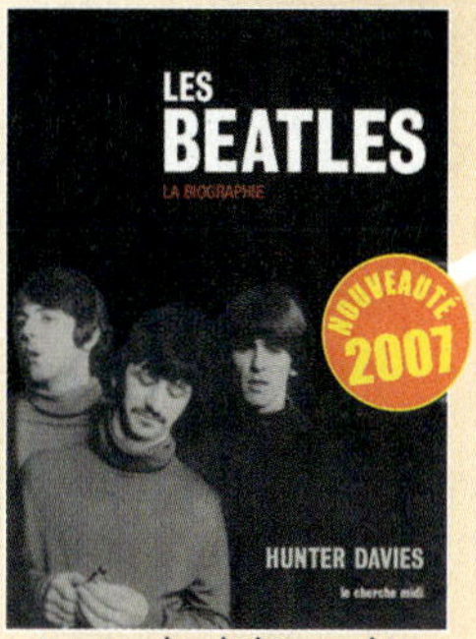

Les Beatles, la biographie
19,5 x 25,5 cm - 416 pages
Réf. **CMID 27** 30,00€

Brassens par Brassens
15,4 x 24 cm - 272 pages
Réf. **CMID 28** 15,00€

Les rythmes du zodiaque
15,4 x 24 cm - 276 pages
Réf. **CMID 29** 18,00€

Mitterrand par Mitterrand
15,4 x 24 cm - 180 pages
Réf. **CMID 30** 14,50€

Pierre Dac
mon maître 63
15,4 x 24 cm - 480 pages
Réf. **CMID 31** 21,00€

Jean Yanne
Ni Dieu ni Maître
15,4 x 24 cm - 450 pages
Réf. **CMID 32** 19,00€

Michel Audiard
15,4 x 24 cm - 512 pages
Réf. **CMID 33** 20,00€

Jacques Villeret
mon bébé blanc
15,4 x 24 cm - 240 pages
Réf. **CMID 34** 18,00€

Notre Coup de Coeur

Louis de Funès
Ne parlez pas trop de moi, les enfants !
15,4 x 24 cm - 320 pages
Réf. **CMID 35** 17,00€

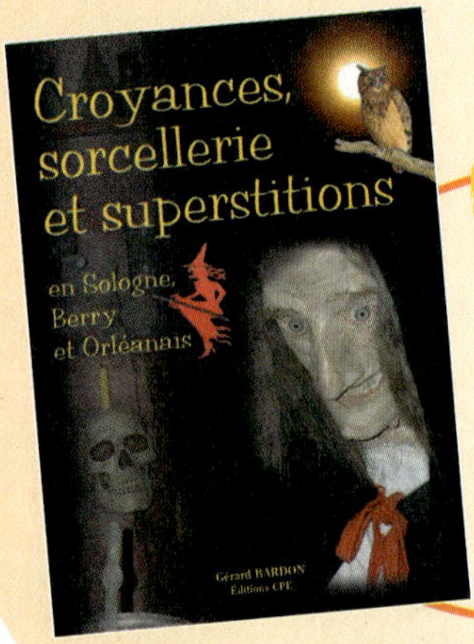

Notre Coup de Cœur

Croyances, sorcellerie et superstitions en Sologne, Berry et Orléanais
19 x 26 cm - 144 pages
Réf. **CPE 15** 24,00€

L'esprit de la brouette
24 x 31 cm - 154 pages
Réf. **CHEM 05** 32,00€

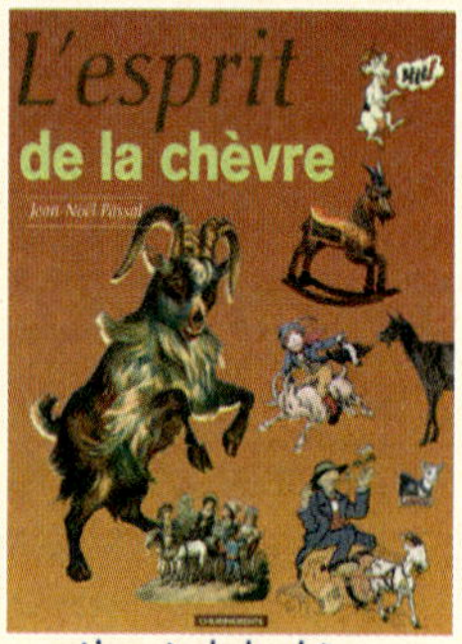

L'esprit de la chèvre
24 x 31 cm - 286 pages
Réf. **CHEM 06** 38,00€

Chambord un peu, beaucoup, passionnément
19,5 x 29 cm - 320 pages
Réf. **CPE 16** 25,00€

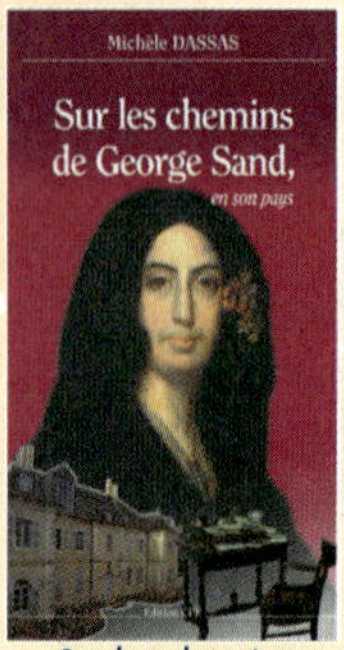

Sur les chemins de George Sand
12,3 x 21,8 cm - 240 pages
Réf. **CPE 17** 20,00€

Sur la route Jacques Cœur
12,3 x 21,8 cm - 192 pages
Réf. **CPE 18** 15,00€

Histoires extraordinaires de la Forêt d'Orléans
17 x 24 cm - 176 pages
Réf. **CPE 19** 22,00€

L'esprit de la girouette
24 x 31 cm - 170 pages
Réf. **CHEM 07** 35,00€

Ces Bourguignons qui ont fait Paris
19,5 x 25,5 cm - 320 pages
Réf. **CPE 20** 18,00€

Chroniques mémorables de la Belle Epoque
20 x 30 cm - 256 pages
Réf. **CPE 21** 30,00€

Coutumes et Traditions du Mariage
20 x 29 cm - 128 pages
Réf. **CPE 22** 22,00€

Villages et Visages des Landes
20 x 29 cm - 240 pages
Réf. **CPE 23** 25,00€

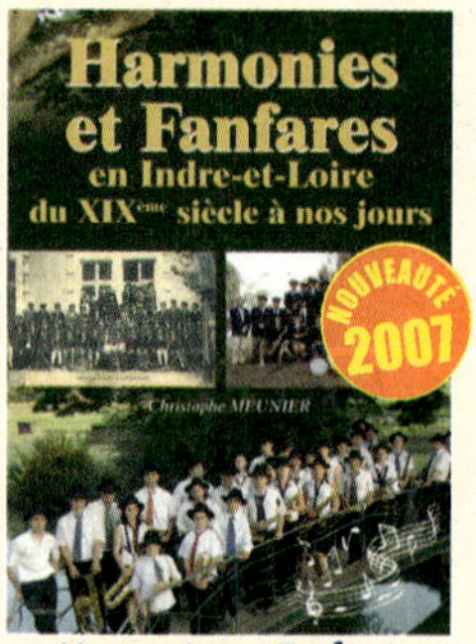

Harmonies et Fanfares en Indre-et-Loire...
17 x 24 cm - 136 pages
Réf. **CPE 24** 20,00€

Notre Coup de Cœur

La Touraine de contes en légendes...
17 x 23 cm - 176 pages
Réf. **CPE 25** 19,00€

L'été de la Libération dans le Loiret
19,5 x 27 cm - 144 pages
Réf. **CPE 26** 25,00€

Carnets de guerre en Charente 1939-1944
16 x 24 cm - 400 pages
Réf. **DEB 09** 24,00€

Il était une fois . . . .

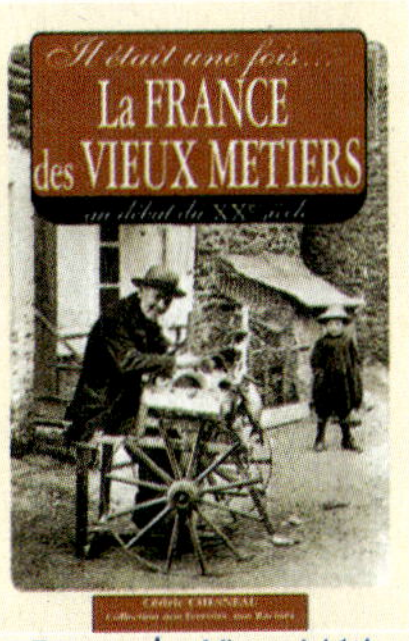

La France des Vieux Métiers
20 x 29 cm - 224 pages
Réf. **CPE 27** 22,00€

Les Voitures à chien
au début du XXe siècle
20 x 29 cm - 192 pages
Réf. **CPE 28** 22,00€

Notre Coup de Coeur

L'Épopée
des temps héroïques
de l'Aviation
20 x 29 cm - 284 pages
Réf. **CPE 29** 26,00€

Les Sources, les Eaux Minérales
et les Stations Thermales
20 x 29 cm - 224 pages
Réf. **CPE 30** 23,00€

La Condition de la Femme
à la Belle Époque
20 x 29 cm - 272 pages
Réf. **CPE 31** 22,00€

Le Gers autrefois
20 x 29 cm - 200 pages
Réf. **CPE 32** 25,00€

Bordeaux
20 x 29 cm - 200 pages
Réf. **CPE 33** 22,50€

Arcachon, la nostalgie...
20 x 29 cm - 255 pages
Réf. **CPE 34** 22,00€

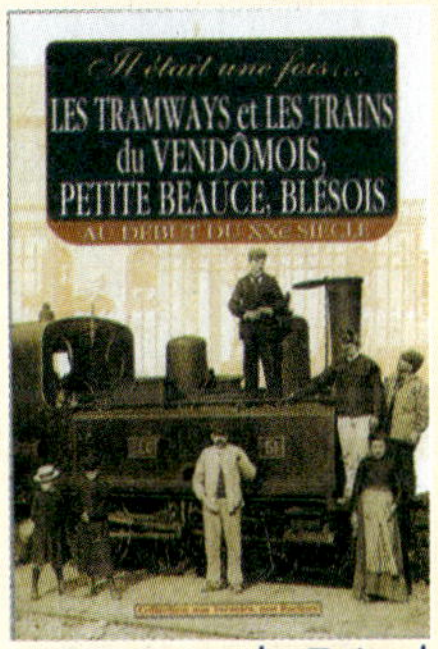

Les Tramways et les Trains du
Vendômois, Petite Beauce ...
20 x 29 cm - 160 pages
Réf. **CPE 35** 22,00€

Les Tramways et les Trains
des Landes de Gascogne
20 x 29 cm - 160 pages
Réf. **CPE 36** 22,00€

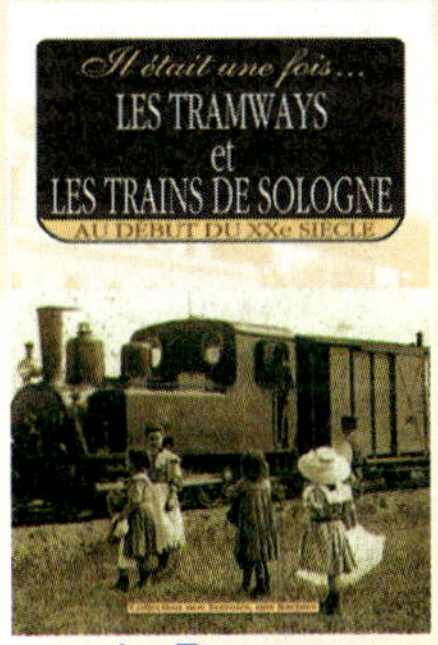

Les Tramways
et les Trains de Sologne
20 x 29 cm - 176 pages
Réf. **CPE 37** 22,00€

Les Tramways et les Trains
du Pays Nantais
20 x 29 cm - 192 pages
Réf. **CPE 38** 22,00€

Les Tramways et les Trains de
Haute-Vienne et de Limoges
20 x 29 cm - 160 pages
Réf. **CPE 39** 22,00€

Traditions, mœurs
et coutumes des Landes
20 x 29 cm - 248 pages
Réf. **CPE 40** 22,10€

Les Landes, des marais
à la forêt
20 x 29 cm - 192 pages
Réf. **CPE 41** 22,50€

Notre Coup de Coeur

L'école des Gaulois
au milieu du XXe siècle
20 x 29 cm - 224 pages
Réf. **CPE 42** 23,00€

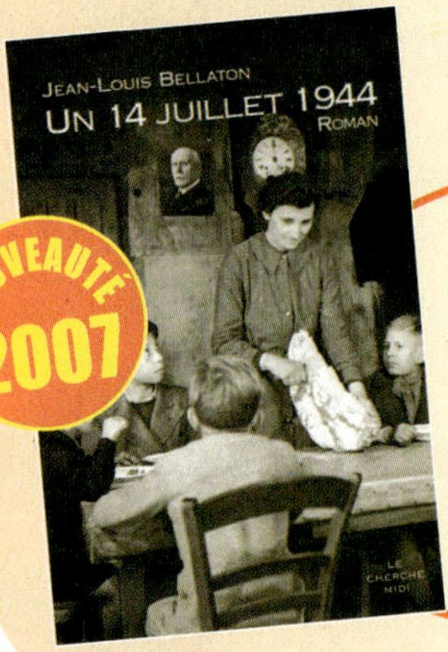

Notre Coup de Coeur

Un 14 juillet 1944
15,4 x 24 cm - 208 pages
Réf. **CMID 36** 15,00€

Un buisson d'aubépine
13,5 x 21 cm - 288 pages
Réf. **DEB 10** 17,00€

Tutsou et Marie
13,5 x 21 cm - 216 pages
Réf. **DEB 11** 17,00€

Un été sans juillet
14 x 21 cm - 288 pages
Réf. **CMID 37** 17,00€

Les Confitures
en haut de l'armoire
13,5 x 21 cm - 336 pages
Réf. **DEB 12** 17,00€

Le temps des épreuves
16 x 24 cm - 332 pages
Réf. **CHEM 08** 22,00€

Aux p'tits bonheurs
des années bahut
15 x 23 cm - 144 pages
Réf. **BOU 01** 16,00€

Les blouses grises
13,5 x 21 cm - 256 pages
Réf. **DEB 13** 17,00€

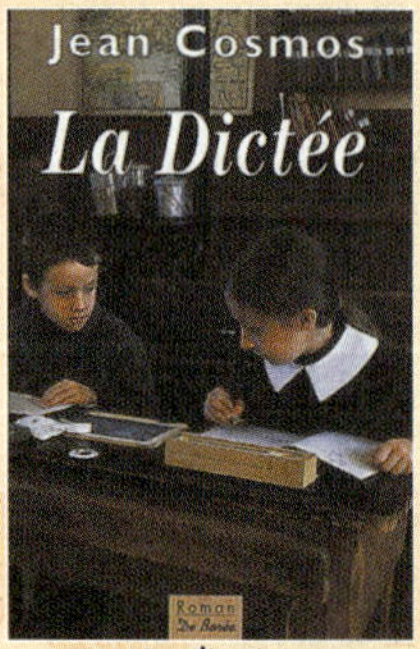

La dictée
16 x 24 cm - 459 pages
Réf. **DEB 14** 20,00€

Troufion en Algérie
16 x 24 cm - 300 pages
Réf. **CHEM 09** 22,00€

1962, l'année des copains
16 x 24 cm - 280 pages
Réf. **CHEM 10** 22,00€

Les châtaignes amères
16 x 24 cm - 300 pages
Réf. **CHEM 11** 22,00€

L'enclume et la faucille
16 x 24 cm - 278 pages
Réf. **CHEM 12** 22,00€

Le centenaire
aux 1000 voitures
16 x 24 cm - 244 pages
Réf. **CHEM 13** 22,50€

Le boulanger de Kergoff
L'éclat des semailles
16 x 24 cm - 400 pages
Réf. **CHEM 14** 22,00€

Léonie, femme de la terre
15,5 x 23,5 cm - 222 pages
Réf. **BOU 02** 17,00€

Les Roses de l'hiver
13,5 x 21 cm - 384 pages
Réf. **DEB 15** 18,00€

Villemont Braco de Légende
16,5 x 23 cm - 124 pages
Réf. **BOU 03** 21,00€

Au café de l'église
(livre de poche)
11 x 18 cm - 200 pages
Réf. **DEB 16** 5,00€

Confidences de guérisseurs
(livre de poche)
11 x 18 cm - 330 pages
Réf. **DEB 17** 5,90€

Notre Coup de Coeur

Les galettes de Pont-Aven
14 x 21 cm - 252 pages
Réf. **CMID 38** 17,00€

Detfunt l'Ugène
13 x 20 cm - 190 pages
Réf. **BOU 04** 15,00€

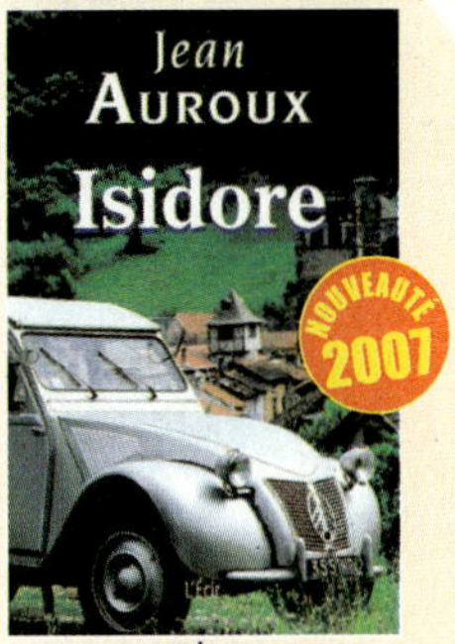

Isidore
13,5 x 21 cm - 224 pages
Réf. **DEB 18** 18,00€

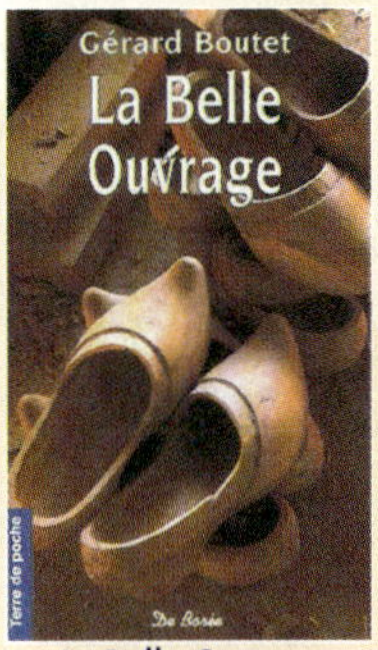

La Belle Ouvrage
(livre de poche)
11 x 18 cm - 275 pages
Réf. **DEB 19** 6,50€

Mémoires de femmes
(livre de poche)
11 x 18 cm - 310 pages
Réf. **DEB 20** 6,50€

Saisons paysannes
(livre de poche)
11 x 18 cm - 310 pages
Réf. **DEB 21** 6,50€

L'appel des drailles
16 x 24 cm - 432 pages
Réf. **DEB 22** 20,00€

La Fille du bénitier
13,5 x 21 cm - 256 pages
Réf. **DEB 23** 17,00€

Les délices de la Grattarelle
14,5 x 22,5 cm - 173 pages
Réf. **BOU 05** 17,00€

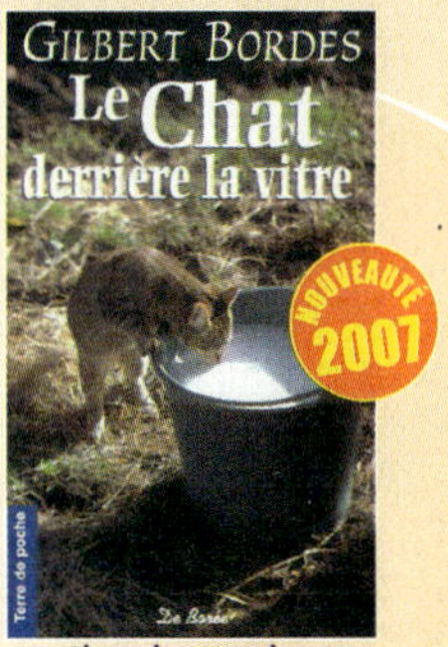

Le Chat derrière la vitre
(livre de poche)
11 x 18 cm - 280 pages
Réf. **DEB 24** 6,00€

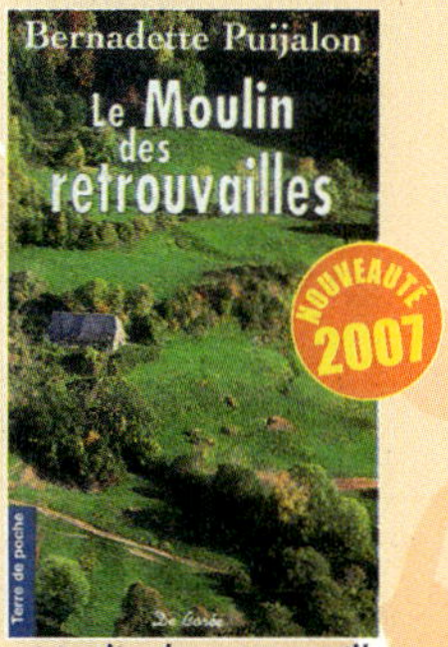

Le Moulin des retrouvailles
(livre de poche)
11 x 18 cm - 340 pages
Réf. **DEB 25** 7,00€

Les Yeux de Chloé
13,5 x 21 cm - 272 pages
Réf. **DEB 26** 17,00€

Marie fille des montagnes
16 x 24 cm - 320 pages
Réf. **DEB 27** 19,00€

Treize grains de maïs
13,5 x 21 cm - 288 pages
Réf. **DEB 28** 17,00€

Notre Coup de Coeur

Le temps d'un été
14,2 x 21 cm
256 pages
Réf. **DEB 29**
16,00€

Notre Coup de Cœur

Les 40èmes delirants
14 x 21 cm - 204 pages
Réf. **CMID 39** 13,00€

La terre, les paysages
et notre alimentation
15,4 x 24 cm - 180 pages
Réf. **CMID 40** 15,00€

Thiennot
15,5 x 23,5 cm - 210 pages
Réf. **BOU 06** 17,00€

CPE EDITIONS Animaux . . . .

Notre Coup de Cœur

Cocottes de Luxe
22 x 24 cm - 120 pages
Réf. **ART 01** 20,00€

Identifier les oiseaux
19 x 24 cm - 256 pages
Réf. **ART 02** 28,00€

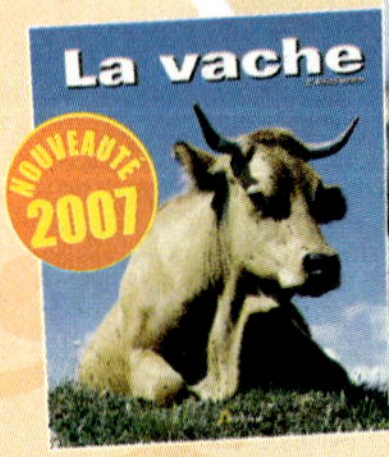

La vache
Réf. **ART 03**

L'âne
Réf. **ART 04**

Jack & parson
russell terriers
Réf. **ART 05**

Le golden retriever
Réf. **ART 06**

22 x 24 cm - 120 pages 20,00€ l'exemplaire

Animaux de la ferme
16,7 x 22 cm - 144 pages
Réf. **ART 07** 16,00€

Les éléphants
20,5 x 22,5 cm - 64 pages
Réf. **ART 08** 10,00€

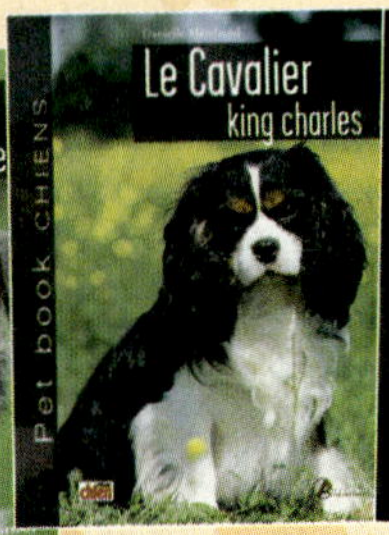

Le Border terrier
Réf. **ART 09**

Le Cavalier king charles
Réf. **ART 10**

L'Épagneul breton
Réf. **ART 11**

Le Teckel
Réf. **ART 12**

Le Briard
Réf. **ART 13**

Le chien de St-Hubert
Réf. **ART 14**

Le Labrador
Réf. **ART 15**

16,5 x 22 cm - 144 pages 20,00€ l'exemplaire

La culture des agrumes
17 x 23 cm - 96 pages
Réf. **ART 16** 11,50€

La culture des courges
17 x 23 cm - 96 pages
Réf. **ART 17** 11,50€

Notre Coup de Coeur

La culture
des plantes aromatiques
17 x 23 cm - 96 pages
Réf. **ART 18** 11,50€

La taille des fruitiers
17 x 23 cm - 128 pages
Réf. **ART 19** 13,50€

La culture des fruits rouges
17 x 23 cm - 96 pages
Réf. **ART 20** 11,50€

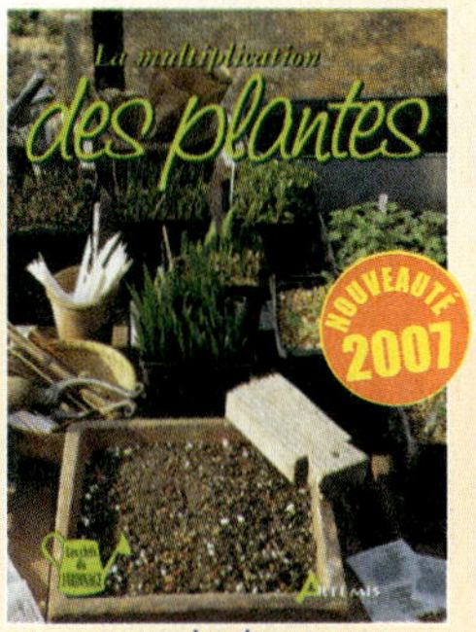

La multiplication
des plantes
17 x 23 cm - 64 pages
Réf. **ART 21** 9,50€

Petits jardins
17 x 23 cm - 96 pages
Réf. **ART 22** 11,50€

Cactées
Connaître & cultiver
19 x 24 cm - 160 pages
Réf. **ART 23** 22,00€

Les plus beaux jardins
d'Europe
24 x 29 cm - 192 pages
Réf. **ART 24** 39,00€

Encyclopédie visuelle
des plantes d'intérieur
19 x 24,5 cm - 384 pages
Réf. **ART 25** 35,00€

Encyclopédie visuelle
des champignons
19 x 24,5 cm - 384 pages
Réf. **ART 26** 35,00€

Chéri(e) on va
aux champignons
19 x 26 cm - 144 pages
Réf. **DEB 30** 24,00€

Mon jardin avec la lune
14,5 x 21 cm - 128 pages
Réf. **DEB 31** 9,00€

Comprendre la météo
22 x 24 cm - 160 pages
Réf. **ART 27** 22,00€

Réalisations en osier
pour le jardin
20,5 x 22,5 cm - 64 pages
Réf. **ART 28** 12,00€

Aménagements en bois
pour le jardin
20,5x 22,5 cm - 96 pages
Réf. **ART 29** 12,00€

Maison en bois
24 x 24,5 cm - 96 pages
Réf. **ART 30** 14,00€

Trucs & Conseils à l'ancienne
(livre de poche)
11 x 18 cm - 320 pages
Réf. **DEB 32** 5,00€

Notre Coup de Cœur

Le Bonheur est en Sologne
19 x 26 cm - 240 pages
Réf. **CPE 43** 35,00€

Histoires de Chasse en Sologne
21 x 25 cm - 156 pages
Réf. **CPE 44** 29,00€

Techniques de chasse
16 x 28 cm - 224 pages
Réf. **ART 31** 15,00€

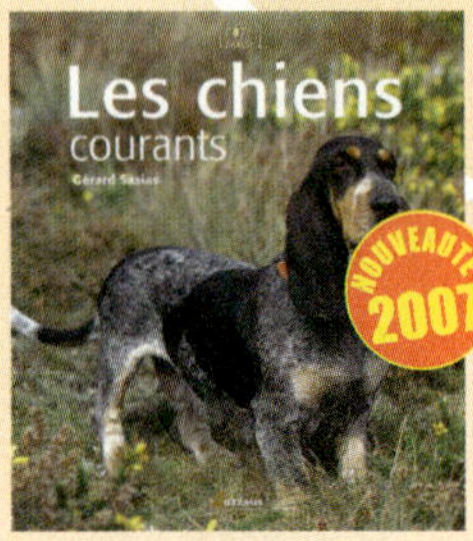

Les chiens courants
Réf. **ART 32**

La bécasse et ses chasses
Réf. **ART 33**

Le chevreuil et ses chasses
Réf. **ART 34**

Le sanglier et ses chasses
Réf. **ART 35**

22 x 24 cm - De 120 à 144 pages 22,00€ l'exemplaire

Le gibier et ses chasses
20 x 22 cm - 288 pages
Réf. **ART 36** 32,00€

Parcours de pêche en France
16 x 25 cm - 448 pages
Réf. **ART 37** 35,00€

Les poissons et leurs pêches
20 x 22 cm - 288 pages
Réf. **ART 38** 32,00€

Collection CPE EDITIONS Je vous aime ....

Notre Coup de Cœur

NOUVELLE COLLECTION !!!

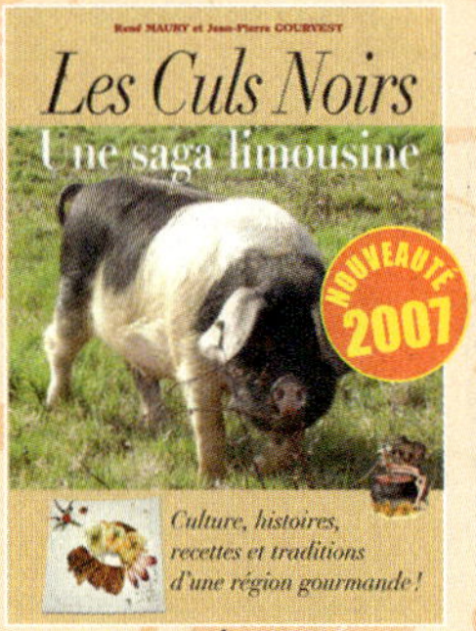

Les Culs Noirs
Une saga limousine
20 x 27 cm - 142 pages
Réf. **CPE 45** 28,00€

Croquer la Pomme
20 x 27 cm - 112 pages
Réf. **CPE 46** 24,00€

Les Confitures
de ma Grand-Mère
20 x 27 cm - 128 pages
Réf. **CPE 47** 25,00€

Grands-Mères je vous aime !
20 x 27 cm - 128 pages
Réf. **CPE 48** 24,00€

Le monde des abeilles
20 x 27 cm - 144 pages
Réf. **CPE 49** 27,00€

Connaître & apprécier le vin
Réf. **ART 39** 20,00€

Accords des mets & des vins
Réf. **ART 40** 20,00€

▲ 20,5 x 22,5 cm - De 144 à 160 pages ◆

Notre Coup de Coeur

La Tarte Tatin,
Naissance et vie
d'un grand dessert
20 x 27 cm - 96 pages
Réf. **CPE 50** 24,00€

Les vins du Berry
23,5 x 30 cm - 160 pages
Réf. **BOU 07** 34,00€

Fromages & vins
Le livre des accords
Réf. **ART 41** 20,00€

Cakes salés / sucrés
Réf. **ART 42**

Cuisine à la vapeur
Réf. **ART 43**

Plats mijotés
Réf. **ART 44**

◆ 19,5 x 22,5 cm - 64 pages ◆ 6,80€ l'exemplaire ◆

Le livre du chocolat
25 x 30 cm - 192 pages
Réf. **ART 45** 35,00€

Le livre des fromages
25 x 30 cm - 200 pages
Réf. **ART 46** 35,00€

Quiches, tourtes, tatins
& crumbles salés
Réf. **ART 47**

Tartes
aux fruits & clafoutis
Réf. **ART 48**

Wok
asiatique & européen
Réf. **ART 49**

Pains du monde
à faire soi-même
23,5 x 30,5 cm - 256 pages
Réf. **DEB 33** 28,00€

L' esprit du Camembert
22 x 24,5 cm - 160 pages
Réf. **CHEM 15** 23,00€

Guide des 1000 tables
et auberges de France
14,8 x 21 cm - 624 pages
Réf. **CMID 41** 15,00€

Notre Coup de Coeur

Les Recettes
Préférées
des Françaises
20,5 x 24 cm
112 pages
Réf. **CMID 42**
15,00€

NOUVEAUTÉ 2007 — SPÉCIALE COLUCHE !!!

Notre Coup de Cœur

Réf. **CMID 43**

Réf. **CMID 44**

Réf. **CMID 45**

Réf. **CMID 46**

Réf. **CMID 47**

Réf. **CMID 48**

Réf. **CMID 43** Ça roule ma poule	13,5 x 20,5 cm - 204 pages	13,00€
Réf. **CMID 44** Coluche par Coluche	15,4 x 24 cm - 240 pages	15,00€
Réf. **CMID 45** Elle est courte mais elle est bonne	15,4 x 24 cm - 204 pages	14,50€
Réf. **CMID 46** Et vous trouvez ça drôle ?	13,5 x 20,5 cm - 252 pages	12,50€
Réf. **CMID 47** Le best of de Coluche	13,5 x 20,5 cm - 240 pages	17,00€
Réf. **CMID 48** Pensées et anecdotes	13,5 x 20,5 cm - 252 pages	13,50€

Dialogues de sourds
15,4 x 24 cm - 160 pages
Réf. **CMID 49** 14,00€

Fin de siècle en solde
15,4 x 24 cm - 216 pages
Réf. **CMID 50** 15,00€

Jean Yanne aux Grosses Têtes
11 x 18 cm - 180 pages
Réf. **CMID 51** 9,00€

Le petit livre des épitaphes les plus drôles
10 x 15 cm - 128 pages
Réf. **CMID 52** 4,00€

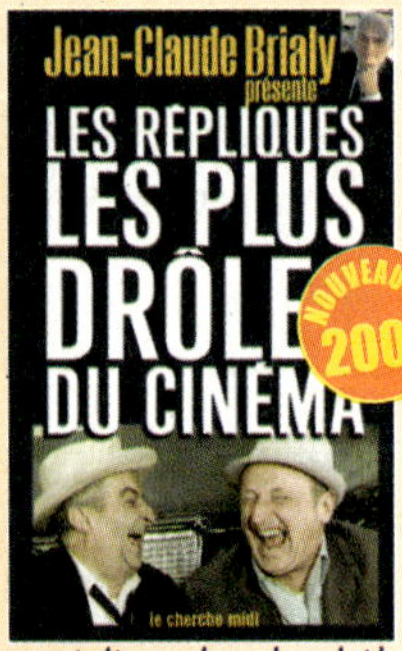

Les répliques les plus drôles du cinéma
15,4 x 24 cm - 224 pages
Réf. **CMID 53** 15,00€

Pensées, répliques et anecdotes
13,5 x 20,5 cm - 192 pages
Réf. **CMID 54** 13,00€

Pensées, répliques et anecdotes
11,5 x 19 cm - 304 pages
Réf. **CMID 55** 7,50€

Traits d'esprit
13,5 x 20,5 cm - 216 pages
Réf. **CMID 56** 13,50€

LES TEXTES ORIGINAUX DE PLUS DE 250 CHANSONS FRANÇAISES (par livre)

Notre Coup de Cœur

À vos guitares
Réf. **DEB 34**

Chansons d'hier à Aujourd'hui
Réf. **DEB 35**

Chansons d'hier et de toujours
Réf. **DEB 36**

10,5 x 5,5 cm - 270 pages
7,50€ l'exemplaire

Notre Coup de Coeur

10,5 x 9,5 cm - 96 pages

9,00€ l'exemplaire

Galettes salées et sucrées
Réf. **DAN 01**

Pains et brioches
Réf. **DAN 02**

Tartes salées et sucrées
Réf. **DAN 03**

Le Maladie d'Alzheimer
15 x 21 cm - 152 pages
Réf. **DAN 04** 19,00€

L'argile pour votre santé
15 x 21 cm - 136 pages
Réf. **DAN 05** 18,00€

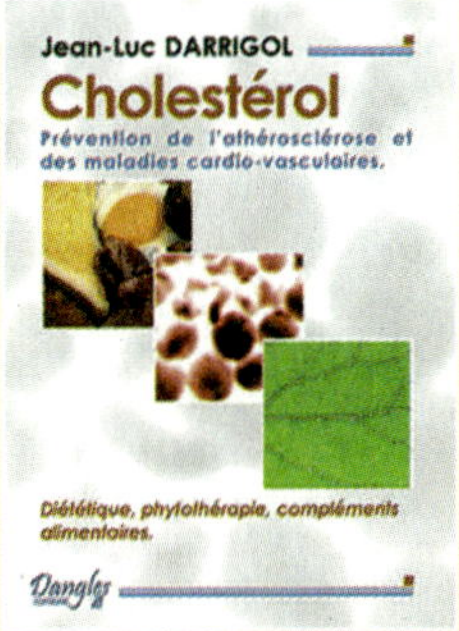

Cholestrérol
15 x 21 cm - 256 pages
Réf. **DAN 06** 20,50€

Traitements naturels
de la constipation
15 x 21 cm - 144 pages
Réf. **DAN 07** 18,00€

Vaincre la fatigue
15 x 21 cm - 288 pages
Réf. **DAN 08** 13,00€

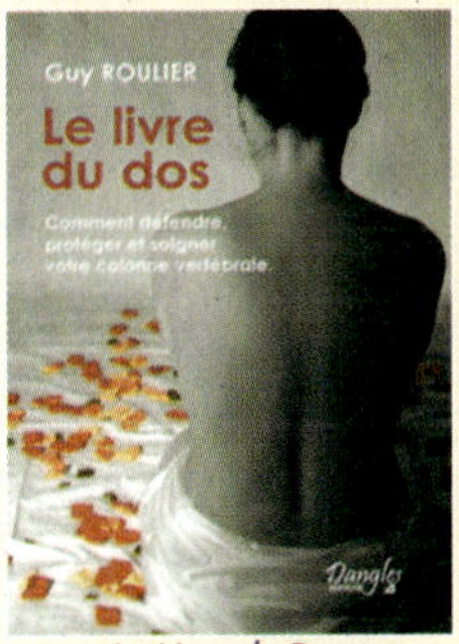

Le Livre du Dos
15 x 21 cm - 448 pages
Réf. **DAN 09** 25,00€

La santé de notre mémoire
15 x 21 cm - 240 pages
Réf. **DAN 10** 16,00€

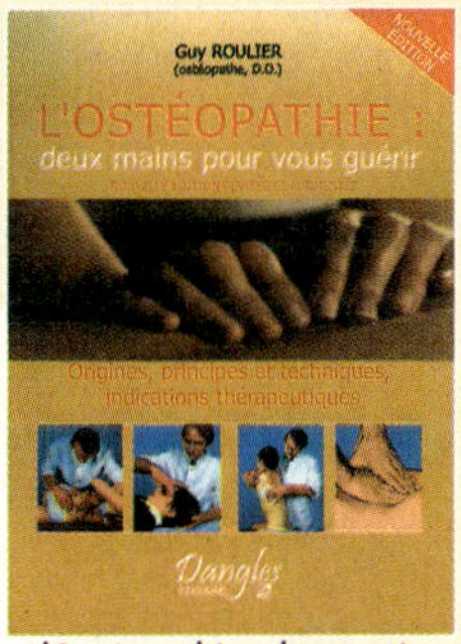

L'Ostéopathie : deux mains
pour vous guérir
15 x 21 cm - 302 pages
Réf. **DAN 11** 18,00€

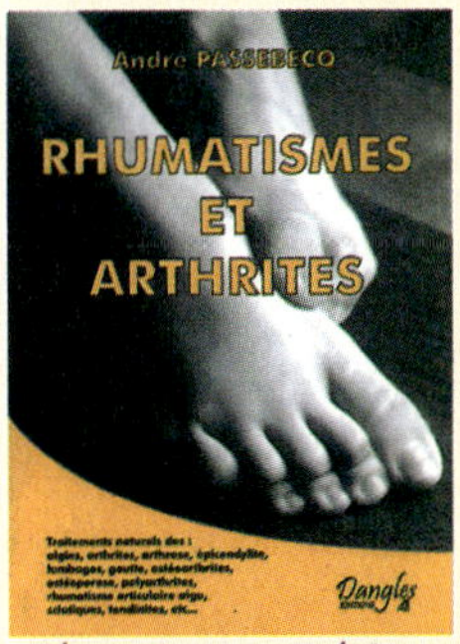

Rhumatismes et arthrites
15 x 21 cm - 171 pages
Réf. **DAN 12** 15,00€

Vertus et Bienfaits
des plantes (livre de poche)
11 x 18 cm - 320 pages
Réf. **DEB 37** 5,00€

Notre Coup de Coeur

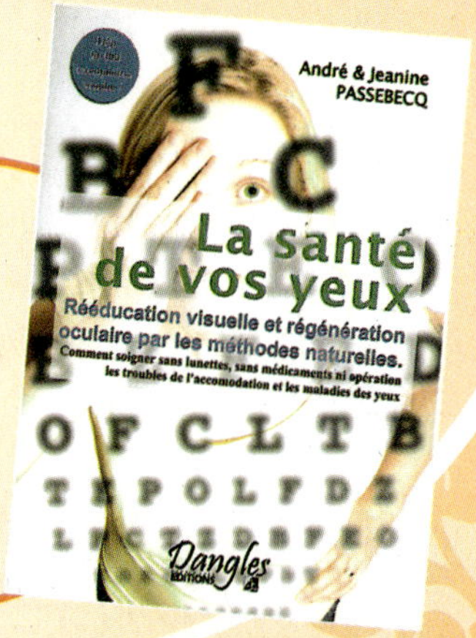

La santé de vos yeux
15 x 21 cm - 191 pages
Réf. **DAN 13** 16,00€

à retourner à : **CPE** - 5 Allée de la Tuilerie - BP57 - 41202 ROMORANTIN Cedex

Page n°	Référence	Titre	Quantité	Montant

Les couvertures des livres peuvent être non contractuelles.

TOTAL = ...,.... €

+ Frais d'expédition : (1 exemplaire et +) + 4,80 €

TOTAL À PAYER : ....,.... €

❑ Je vous renvoie ce bon complété et je joins mon **chèque bancaire ou postal** à l'ordre de CPE

❑ Je vous renvoie ce bon complété et j'indique ici le numéro de ma **carte bancaire** :

/_/_/_/_/ /_/_/_/_/ /_/_/_/_/ /_/_/_/_/

CB Date de validité /_/_/ /_/_/ Clé : /_/_/_/

Signature obligatoire :

Destinataire et adresse de livraison :

Nom .... Prénom ....

Adresse ....

.... ☎ ....

Code postal .... Ville ....

CONTACT : SYLVAINE DESBOIS - Tél. 02 54 83 41 45 - Fax 02 54 83 41 43

RCS B 398-382-416 - SARL au capital de 416 000€

Bon de Commande